Manuel Vázquez Montalbán

Die Leidenschaft des Schnüfflers

Kochen mit Carvalho

Deutsch von Bernhard Straub

rororo
Rowohlt

rororo thriller

Herausgegeben von Bernd Jost

Deutsche Erstausgabe
Veröffentlicht im Rowohlt Taschenbuch Verlag GmbH,
Reinbek bei Hamburg, September 1992

Die Originalausgabe erschien 1989 unter dem Titel «Las recetas de Carvalho»
bei Editorial Planeta, Barcelona

Redaktion Peter H. Hetzel
Umschlagfoto Manel Armengol
Umschlagtypographie Peter Wippermann / Susanne Müller
Satz Aldus (Linotronic 500)
Gesamtherstellung Clausen & Bosse, Leck
Printed in Germany
1090-ISBN 3 499 4 3060 6

Man muß trinken, um sich zu erinnern,
und essen, um zu vergessen.

Pepe Carvalho

Vorwort

Kein Schriftsteller übernimmt die volle Verantwortung für das Verhalten seiner Gestalten, und noch weniger für das seiner Hauptfigur. Carvalho beispielsweise ist sehr eigen, sein Geschmack ganz persönlich und nur durch wohlwollende Beschreibung zu vermitteln. Oft fragen mich Leser der Carvalho-Romane nach dem Grund der zuweilen maßlosen Kochleidenschaft des Señor Carvalho. Ich gebe gewöhnlich eine intelligente Antwort, zu der ich auch voll und ganz stehe, aber Carvalho selbst hat nie etwas gesagt, was in diesem Zusammenhang von Bedeutung wäre. Für mich ist die Kochkunst eine Metapher für die Kultur überhaupt. Essen bedeutet, ein Lebewesen – Tier oder Pflanze – zu töten und zu verzehren. Wenn man das getötete Tier oder den ausgerissenen Salat direkt verzehrte, würde man als Barbar beschimpft. Wenn man das Tier aber einlegt, um es dann mit Kräutern der Provence und einem Glas kräftigen Weines zu kochen, dann ist dies eine große kulturelle Leistung, obwohl sie in gleicher Weise auf Gewalt und Tod beruht. Kochen ist eine Metapher für die Kultur und ihre Verlogenheit, und in der Carvalho-Serie gehört sie zum großen Triptychon der Gedanken über die Rolle der Kultur, genau wie Carvalhos Passion, Bücher zu verbrennen, und das Konzept, mit dem Roman in einer Mischung aus Kultur und Subkultur, die die Carvalho-Serie kennzeichnet, die Wirklichkeit zu erkennen.

Selbst Pepe Carvalho sagte in einem seiner seltenen Momente des Theoretisierens, er verbrenne Bücher, um sich dafür zu rächen, wie wenig sie ihn gelehrt und wie weit sie ihn von einer spontanen, begeisterungsfähigen Beziehung zur Wirklichkeit entfernt haben. Dagegen entbehrt Carvalho einer eigenständigen Theorie des Kochens und schert sich einen Dreck um das literarische System, zu dem er gehört. Ob er in die Geschichte der Literatur oder der Trivialliteratur eingeht, ist ihm ebenfalls schnurzegal. Gelegentlich habe ich versucht, ihn auf den rechten Weg zu führen, ihm eine größere Dosis psychologischer und ideologischer Ambivalenz zu verabreichen, um jene Kritiker zu versöhnen, die den Roman als ganz persönliche, nicht übertragbare Erkenntnis betrachten und fordern, daß er essentiell undurchsichtig sein müsse. Aber es war alles umsonst. Das schlimmste ist, daß ich alle Konsequenzen alleine tragen muß. Ich bin es schließlich, der immer wieder auf einen Madrider Anhänger des russischen Formalismus oder auf Literaturkenner überhaupt stößt, die mich schief ansehen und dabei ohne Zweifel an diese gewöhnlichen Szenen aus Carvalho-Romanen denken, in denen jemand kocht, masturbiert oder philosophiert, ohne daß dies für die innere Harmonie des Romans notwendig wäre. Ich hab's ihm hundertmal gesagt, aber umsonst.

Es ist an der Zeit, eine Bilanz der eigenen und übernommenen Rezepte Carvalhos zu ziehen. Fremde Rezepte übernahm er allerdings nie, ohne sie abzuwandeln. Er ist gastronomisch ein Eklektiker – seine einzige postmoderne Konnotation. Sein Geschmack beruht auf einem Grundstoff: der Erinnerung, der sinnlichen Heimat der Kindheit. Daher entstammen seine wichtigsten Vorlieben der armen und phantasievollen Küche des spanischen Volkes, der Küche seiner Großmutter Doña Francisca Pérez Larios, nach der ein bemerkenswerter Bocadillo aus dieser Rezeptsammlung benannt ist. Unser Held vereint Gerichte der katalanischen Küche mit der Autorenküche verschiedener Restaurateure Spaniens und exotische Elemente. Aber was Carvalho ißt, unterscheidet sich oft von dem, was er kocht. So hat man ihn beispielsweise nie bei der Zubereitung eines *Oreiller de la belle Aurore* gesehen, wie es Sánchez Bolín in *Das Zeichen des Zorro* tat, wenn er sich auch ab und zu in die Zubereitung eines so aufwendigen und komplizierten Gerichtes wie des Enten-Confits stürzt. Carvalho kocht aus einem neurotischen Antrieb heraus, wenn er deprimiert oder angespannt ist, und sucht sich fast immer einen Komplizen, der das fertige Gericht mit ihm verzehrt, um die Onanie des bloßen Essens zu vermeiden und die kommunikative Dimension des Eßaktes nicht zu vernachlässigen. Er findet stets aufgeschlossene Tischgenossen – Fuster, Charo oder Biscuter. Der aufmerksame Leser der Serie

wird erkennen, daß seine Beziehung zu Bromuro fast ausschließlich alkoholischer und nur ganz selten gastronomischer Art war, als wolle er ihn bei seinem langsamen Selbstmord unterstützen. Aber decken wir einen dichten Schleier über Bromuro, denn er ist heute noch Gegenstand einer schwebenden Diskussion zwischen Carvalho und mir. Er wirft mir immer noch vor, daß ich ihn getötet habe, und umsonst entgegne ich ihm, daß bei der Schriftstellerei aus literarischen Gründen dauernd getötet wird, ohne daß je ein wirklicher Tropfen Blut fließt oder ein anderes Leichentuch gebraucht würde als die Stille der weißen Seiten.
Eine weitere Frage, über die es immer wieder zu Diskussionen kommt – diesmal nicht zwischen Carvalho und mir –, ist die Beurteilung der wirklichen gastronomischen und kulinarischen Fähigkeiten Carvalhos. Ich habe ihn bei mehreren Irrtümern ertappt, die seinem plebejischen Gaumen oder der Tatsache zuzuschreiben waren, daß er sich zwar immer mehr Kenntnisse aneignete, aber manchmal zu spät. So empfiehlt er beispielsweise in den ersten spanischen Ausgaben von *Carvalho und die tätowierte Leiche* einen Sauternes, wo er jeden anderen Weißwein hätte empfehlen müssen, der nicht das Prädikat *moelleux* besitzt, und in *Tahiti liegt bei Barcelona* läßt er wiederum den Marqués de Munt schulmeisterlich bemerken, zum *morteruelo* werde Chablis getrunken. Ein krasser Irrtum! Zum *morteruelo* wie zu jeder Paté oder Mousse paßt ein Sauternes oder Montbrazillac, aber niemals ein Chablis. Die *fideuà* in *Die Vögel von Bangkok* hat gleichermaßen einen Tadel verdient. Carvalhos Zubereitungsart kommt einem Attentat auf dieses herrliche Gericht gleich: Er macht daraus eine seltsame Betonmischung aus Reisnudeln und Getier aller Art, während die echte *fideuà* stets mit Nudeln aus Weizenmehl, am besten den feinen, *cabello de angel* genannten Suppennudeln, zubereitet und sparsam mit Zutaten versehen wird, so wie ich es in dem hier aufgeführten Rezept beschreibe und damit das von Carvalho im genannten Roman verwirklichte gründlich korrigiere.
Über den umstrittenen Geschmack Carvalhos – aber umstritten

heißt nicht, daß er keinen hat – sagen die spärlichen Hinweise auf Desserts einiges aus, die in seinen zahlreichen gastronomischen Ausschweifungen zu finden sind. Es sind wenige und einfache – zur Verzweiflung der Liebhaber dieser rigoros unschuldigen Küche. Carvalhos barbarische Lasterhaftigkeit entstammt seiner Philosophie von Gewalt und Gefräßigkeit. Schwere Gerichte. Er liebt die schweren Gerichte, und aus Rohem und Gekochtem wählt er immer das Gekochte, aus Süßem und Gesalzenem immer das Gesalzene – ein offensichtlicher Beweis seiner Primitivität, die seiner Anerkennung als echter Feinschmecker im Wege steht. Der Leser möge diese kritischen Gedanken nicht als feindselige Haltung gegenüber meiner Hauptgestalt mißverstehen, wenn auch unsere Beziehung sicherlich nicht immer ungetrübt war. Es ist einfach so, daß sich mein Verantwortungsgefühl und meine Glaubwürdigkeit in der Beziehung zu meinem Leser zeigen, meinem Herrn und Meister, der stets über der Romanfigur steht. Letztere besitzt nur einen instrumentellen Wert, auch wenn sie es nicht glaubt und es mir gegenüber des öfteren an Respekt mangeln ließ – was sie eines Tages teuer zu stehen kommen könnte... So hat mich Carvalho beispielsweise noch nie zum Abendessen in sein Haus eingeladen. Vielleicht erwartet er, daß *ich* das Thema anspreche, aber er wird umsonst warten, denn es ist nicht die Aufgabe des Schriftstellers, seinen Figuren hinterherzulaufen. Mehr noch: Wie oft trafen wir uns schon in irgendeiner Bar, um eine erzählerische Entwicklung oder Widersprüche zwischen meinem Schreiben und seinem Verhalten, meiner Phantasie und seinen Wünschen zu klären, und nie machte er Anstalten, mich einzuladen. Nicht einmal auf einen elenden Kaffee. Das ist an sich schon ein Affront, ein Zeichen schlechter Kinderstube, und hat dazu geführt, daß ich alle Hebel in Bewegung setzte, um ihn in den restlichen Romanen der Serie in immer ernstere Finanzschwierigkeiten geraten zu lassen. Wenn er hofft, sich auf seine alten Tage mit einem guten Polster zurückziehen zu können, hat er sich gründlich getäuscht. Ich werde alles daransetzen, daß er am Ende seiner Tage nichts anderes zu essen hat als Reis mit Klippfisch und das eine oder andere Bocadillo

«Señora Paca». Das ist keine Grausamkeit, sondern bloßer Selbsterhaltungstrieb. Nur wer selbst den literarischen Helden einer Serie geschaffen hat, wird die Qual verstehen, die es bedeutet, seine fortgesetzten Unverschämtheiten ertragen zu müssen.
Ich bitte, mir diesen Anfall kritischer Vertraulichkeit zu verzeihen, und betone nachdrücklich, daß die folgende Rezeptsammlung meinen Helden von seiner besten gastronomischen Seite zeigt und auf einer Höhe der Kultur, wo die Grenzen zwischen Eklektizismus und Synkretismus verschwimmen. Man könnte die Auffassung vertreten, Carvalhos gastronomische Vorlieben seien eklektisch in der Auswahl und synkretistisch in der Durchführung, wenn es auch der Realität am ehesten entspräche, diese wohlschmeckenden Vorschläge als ein menschliches Vermächtnis zu achten, um so mehr, als es sich um das Vermächtnis des Señor José Carvalho Tourón handelt.

Manuel Vázquez Montalbán

botifarra: katalanische Bratwurst; es gibt sie weiß (mit Ei) oder «schwarz» (mit Blut). Regionale Varianten: *botifarró* und *botifarra de bisbe.*
cap-i-pota Fleisch vom Schweinskopf und -fuß
chorizo scharfe Paprikasalami
guindilla eine kirschförmige, scharfe Paprikaart
Kräutersträußchen/frische Kräuter: Thymian, Lorbeer, Rosmarin, Salbei, Oregano
morcilla spanische Blutwurst
ñora gehört zu den scharfen, kleinfruchtigen Paprikaarten
Reis: für diese Rezepte immer Rundkornreis verwenden.
sofrito: Grundsoße aus Olivenöl, in dem Zwiebeln glasig gedünstet und mit Tomaten – frisch und grobgehackt oder bereits als fertige Soße – geschmort werden, bis sich alles zu einem dicklichen Brei verbunden hat, der nicht vom Löffel fließen soll.

Alltägliche Kleinigkeiten

Pan con Tomate

Weißbrot mit Tomate

Er ließ Charo und La Andaluza in eine Taverne nach San Cugat kommen. Carvalho hatte es von Vallvidrera aus nicht weit, aber Charo kam mit einem Ärger dort an, der in ihrem kleinen Fiat kaum Platz hatte.

«Ich verstehe einfach nicht, warum du nicht zu mir kommen willst! Ich verstehe dieses Versteckspiel nicht.»

La Andaluza vermittelte. «Er wird schon seine Gründe haben.»

«Also, du hättest uns wenigstens bei dir zu Hause etwas zu essen machen können.»

«Ich habe schon etwas eingekauft, aber ich war einfach nicht in der Stimmung, um etwas zu kochen. Alles zu seiner Zeit. Wenn es klappt, mache ich es mir später, als Mitternachtsmahl.»

Charo wandte sich an ihre Freundin. «Siehst du? Er meint das ernst! Das hättest du nicht gedacht, wie? Der Typ ist imstande und fängt um vier Uhr morgens an zu kochen!» Charo betrachtete Carvalho, wie man ein geliebtes Kind betrachtet, das die monströse Unart besessen hat, mit zwei Köpfen zur Welt zu kommen. Dafür lachte La Andaluza so sehr, daß man ihre zwei Goldzähne sehen konnte. «Ich finde es hier bezaubernd!» sagte sie, als würde sie in einem Fernsehfilm auftreten.

Carvalho hegte jedoch einen gewissen Widerwillen gegen diesen Ort, vor allem, weil er mit Möbeln aus der Zeit Philipps II. bestückt war. Diese Möbel wurden ein paar hundert Meter weiter in San Cugat hergestellt. Die Spezialitäten des Hauses waren auch nicht gerade vertrauenerweckend. Geröstetes Tomatenweißbrot, Bohnen mit Blutwurst, Fleisch vom Rost und Kaninchen mit Knoblauchmayonnaise. Im Laufe der letzten zehn Jahre waren in Katalonien zigtausend neue Lokale neu aufgemacht worden, alle mit dem Anspruch, dem Gast die Wunder der rustikalen katalanischen Küche nahezubringen. Aber in der Stunde der Wahrheit erwies sich das Tomatenweißbrot – eigentlich ein phantastisches Wunderwerk, das an Einfachheit und Wohlgeschmack die Tomatenpizza weit in den Schatten stellt – lediglich als feuchter, schlecht durchgebackener Mehlteig, der mit Tomatenpüree aus der Dose vollends aufgeweicht wurde. Und was die Knoblauchmayonnaise anging, so war diese normalerweise ohne Geduld und mit der französischen oder mallorquinischen Unsitte, ein Eigelb hineinzuschlagen, hergestellt und daher so gelb, daß sie sich besser zur Temperamalerei eignete.

Carvalho war über sich selbst erstaunt, als ihm bewußt wurde, daß er seinen gebannt lauschenden Begleiterinnen einen Vortrag über die gastronomischen Ursprünge der Menschheit hielt. Nicht der Ausruf von La Andaluza «Madre mia, was dieser Mann alles weiß!» machte ihm die Rolle bewußt, die er da spielte, sondern das Wort «Koine», das von seinen eigenen Lippen kam, ein Begriff, der für den gemeinsamen Ursprung einiger Gerichte gebraucht wird.

«Genauso wie es eine linguistische Koine gibt und wir das Indoeuropäische als den gemeinsamen Ursprung der arischen Sprachen definieren können, gibt es offensichtlich eine gastronomische Koine, und einer der wissenschaftlichen Beweise dafür ist das Tomatenweißbrot. Es ist verwandt mit der Pizza, aber dieser weit überlegen. Das Mehl in der Pizza muß erst gebacken werden, das Tomatenweißbrot dagegen besteht nur aus Weißbrot und Tomaten, ein wenig Salz und Öl.»

«Und ist etwas, das phantastisch gut schmeckt», fiel La Andaluza ein, begeistert von den Mysterien, die Carvalho ihr offenbarte. «Es erfrischt und sättigt. Und es hat einen hohen Nährwert. Das sagte Doktor Cardelús, als ich mit meinem Kind zu ihm kam, weil es ein bißchen blutarm war. Geben Sie ihm dicke Scheiben Weißbrot mit Tomaten und Petersilie! Ein wahres Wunder. Jetzt ist das Kind zur Erholung auf dem Land in Gavá, und ich sage den Leuten immer, sie sollen ihm vor allem Tomatenweißbrot geben, viel Tomatenweißbrot.»

(Carvalho und die tätowierte Leiche)

Weiches, aber nicht ganz frisches Weißbrot; reife Tomaten; Olivenöl; Salz

Von dem lockeren Bauernweißbrot, das einen Tag alt sein soll, dicke Scheiben abschneiden. Die reifen Tomaten halbieren und damit die Scheiben einreiben.
Gleichmäßig mit trockenem Salz bestreuen.
Einen dünnen Strahl Öl über die ganze Scheibe ziehen.
Das Brot von den Kanten her zusammendrücken und wieder loslassen, damit sich Öl und Tomatensaft gut verteilen.
Es gibt viele Variationsmöglichkeiten. Besonders zu erwähnen ist die, daß man das Brot röstet und mit einer Knoblauchzehe einreibt, bevor die Tomate dazukommt.

Bocadillo de Pescado «Señora Paca»

Fischbocadillo «Señora Paca»

«Du bist doch ein begeisterter Krawattenträger.»
«Eine Krawatte ist für mich wie ein Henkerstrick. Sehen Sie sich doch meinen Hals an!»

Sein Hals sah tatsächlich aus, als hätte ihn ein langsamer und gründlicher Henker nach allen Regeln der Kunst stranguliert.
«Außerdem habe ich noch Kerzen gekauft, die Mücken töten.»
«Hier gibt es keine Mücken.»
«Für alle Fälle. Sie waren im Preis sehr günstig. Das mit dem Restaurant, Chef, also damit bin ich nicht einverstanden. Es wird verdammt teuer, und wer weiß, was Sie dort für Schweinereien serviert bekommen.»
«*La Odisea* ist ein erstklassiges Restaurant. Der Chef ist ein Dichter!»
«Na so was! Dichter sind doch immer Hungerleider!»
Carvalho sah die Telefonanrufe durch, die Biscuter notiert hatte.
«Wer ist dieser Gálvez?»
«Er sagte, er sei Journalist; er habe schon oft Schwierigkeiten mit der Polizei gehabt, die Leute von der ETA hätten ihn wegen irgendwelcher Geschichten entführt, und außerdem will er Ihnen die ganze Wahrheit über den Panamakanal erzählen.»
«Über den Panamakanal weiß ich genug.»
«Er sagte, er würde wieder anrufen.»
«Wenn er wieder anruft, dann sag ihm, er soll sich mit dem Fundbüro der PSOE in Verbindung setzen. Und was ist mit diesem Federico III. von Kastilien-León?»
«Ein Verrückter, Chef. Er behauptet, er sei der legitime König von Kastilien und León und die Ultrarechten wollten ihn entführen, Juan Carlos absetzen und ihn zum König machen. Aber er will nicht, weil er Republikaner ist. Ich meine, ich habe Ihnen alles so aufgeschrieben, wie er es mir sagte.»
«Heute vormittag haben sie anscheinend alle Verrückten freigelassen. Mach mir was zum Frühstück!»
«Soll ich Ihnen die Crêpes mit Schweinsfüßen und Aioli aufwärmen, die von gestern übrig sind?»
«Ich möchte lieber ein Bocadillo mit gebratenem Fisch, kalt, mit Auberginen und Paprika. Und das Brot mit Tomate eingerieben!»
Biscuter imitierte das Geräusch eines Rennmotors, der beim

Grand Prix in die Zielgerade von Monte Carlo einbiegt, und lief in die Küche. Carvalho knallte das Notizbuch in eine Ecke des Schreibtisches, wo noch etwas Platz war in dieser Mustermesse verschiedener, meist vergilbter Papierwaren. Er wußte, daß sich irgendwo unter diesen Papieren ein Abschnitt befinden mußte, der ihn berechtigte, zwei geänderte Anzüge bei einem Schneider in Sarrià abzuholen, aber sie zu suchen war eine Aufgabe für 1984. «Morgen ist auch noch ein Tag!»

(Die Rose von Alexandria)

Seehecht, Seeteufel oder Seezungenfilets; Auberginen; grüne Paprikaschoten; Brötchen; Tomate; Mayonnaise mit etwas Knoblauch; Salz; Olivenöl

Den nur in Mehl – oder in Mehl mit Ei, wenn man will – gewälzten Fisch braten. Ebenso die Auberginen, möglichst ohne Mehl, und die Paprikaschoten.

Die aufgeschnittenen Brötchen mit Tomate einreiben und mit einer dünnen Schicht Mayonnaise bestreichen.

Auf das Brotschiffchen eine Schicht gebratener Auberginen, dann Paprika und Stückchen vom Fisch legen.

Die andere Hälfte darauf legen und andrücken, damit sich die Mischung verteilt. Fertig.

Revoltillo

Rührei

Als er wieder in Vallvidrera war, schob Carvalho die Begegnung mit den Gegenständen immer wieder auf, obwohl die Kartons ihn gezwungen hatten, sie auf das Tischchen mitten im Wohnzimmer zu stellen, und jedesmal, wenn er bei seinen offensichtlich unmotivierten Gängen durch das Haus dort vorbeikam, seine Aufmerksamkeit auf sich zogen. Schließlich fühlte er sich reif genug, um in den Trümmern zu wühlen und einen gewissen Leichenfleddererkomplex zu überwinden, der in dem Risiko begründet war, schmutzige Peinlichkeiten zu finden. Du wirst alt. Skrupel sind ein Symptom von Schwäche. Daß er sich selbst alt genannt hatte, war eine zu große Provokation, und er stürzte sich mit der wilden Entschlossenheit eines gnadenlosen Killers auf die Kartons. Er besah sich den Inhalt auf dem Teppich vor dem Kaminfeuer, das er mit Hilfe des zweiten Bandes von *Cuba* von Hugh Thomas angezündet hatte. Vorher hatte er sich einen schnellen Imbiß aus Rührei mit Tomate und zwei Stücken Schweinelende aus Villores zubereitet, womit ihn sein Nachbar versorgt hatte. Die Lende war in getrüffeltem Schweineschmalz eingelegt.

Die archäologische Landschaft der Besitztümer des alten Rocksängers hätte nicht desolater sein können: fünf alte Singles (Dalida, Ennio Sangiusto, Paul Anka, The Platters und Edith Piaf), ein halbes Dutzend Bücher aus der Reihe *Troubadoure unserer Zeit*, ein Kalender eines Reisebüros mit Kreuzfahrtschiffen, eine russische Puppe, eine Mundharmonika Marke «Comet», ein flacher Strohhut, ein Autogramm von Rafael und ein Foto von Eduardo, dem singenden Kind, der wie für ein ländliches Fest gekleidet war; die «Gatos con Botas» vor zwanzig Jahren, ein mexikanischer Reiterhut und ein Plastikfrosch, der quakte und hüpfte. Er hatte nur noch das, was er nicht versetzen konnte. Das war der Kommentar eines Druckereibesitzers aus Pueblo Seco gewesen.

(«Was wäre gewesen, wenn...» aus *Lauras Asche*)

Pro Person 2 Eier und 1 Tasse Tomatensoße (Grundtomatensoße mit entkernten Tomaten, einer Selleriestange, einer Knoblauchzehe, einem Stückchen *guindilla*, Salz, Olivenöl und einem halben Teelöffel Zucker)

Es ist die einfachste Form von Rührei, die es gibt.
Die vorbereitete Tomatensoße erhitzen.
Die Eier verschlagen, nicht so gründlich wie für Omelett, aber so, daß sich Eiweiß und Dotter vermischen.
Tomatensoße rühren und auf kleiner Flamme die Eier hinzugeben, bis man eine schon nicht mehr flüssige Konsistenz erreicht, die aber noch kein Omelett ist. Es sollte eher saftig bleiben.
Salzen, während man rührt.
Ausgezeichnet für schnelle Vorspeisen und Canapés.

Tortilla en Escabeche

Kartoffelomelett in Marinade

«Ich weine nicht, nein, keine Träne mehr. Die Ärmste! Glauben Sie, es gibt eine Gerechtigkeit?»
Das war eine dostojewskijsche Frage, und Carvalho zog es vor, noch ein Glas Wein zu trinken und einen hoffnungsvollen Blick auf den Backofen zu werfen. Marta holte die Chorizos heraus. Das Papier war fast verkohlt, und aus seinem Innern kamen sechs vollkommene, wächserne Chorizos zum Vorschein, herrlich glühend in ihrer eigenen Hitze. Carvalho nahm sich ein Stück Tortilla und goß mit dem Löffel Marinade über diese Mischung aus Kartoffeln, Eiern und Zwiebeln.
«In diese Marinade wird Fisch eingelegt.»
«Ja, Makrele. Makrelenmarinade schmeckt. Die von Sardinen nicht, die schmecken zu stark.»
Carvalho schwelgte in diesem sehr iberischen Abendessen, während sie nur kleine Bissen nahm; es war ein harter Kampf zwischen ihren hungrigen Augen und dem Gedanken an die Waage.
«Meine Mutter ruft!» Sie sprang auf.
«Ich habe nichts gehört.»
«Man hört sie kaum.»

Sie lief hinaus; durch die halboffene Tür konnte man einen Teil der Serie *Ramón und Cajal* sehen. Marta kam zurück, ließ sich auf den Stuhl fallen und blieb sitzen, die kurzen Beine gespreizt. Sie fuhr sich mit der Hand über die Augen.
«Madre mia, hab ich viel getrunken!»
Carvalho aß einen Chorizo aus der Hand.
«Heute vormittag hätten Sie auch nicht gedacht, daß Sie heute abend bei Marta Miguel sitzen würden, hä?»
«Stimmt.»
«Soll ich Ihnen die Wahrheit sagen?»
«Es ist eine Frage der Menge. Die ganze Wahrheit ist zuviel für einen Abend.»
«Die Wahrheit ist, daß ich dieses Zusammentreffen herbeigeführt habe. Ich wollte gerne mit Ihnen reden.»
Carvalho aß den Chorizo auf und griff nach dem nächsten, mit denselben Fingern, mit demselben besitzergreifenden Blick, mit derselben Bereitschaft des Geruchs- und Geschmackssinnes, das Aroma dieser Mumie aus Schwein und Paprika zu genießen, die wahrscheinlich aus Extremadura stammte.
«Ich sagte, daß ich gerne mit Ihnen reden wollte.»
«Ich hab's gehört.»
«In letzter Zeit geht es mir sehr schlecht. Das mit Celia hat mich sehr mitgenommen. Jeder hält mich zwar für eine starke Frau, aber ich bin es nicht. Es bleibt einem nichts anderes übrig, als stark zu wirken. Dann ist da meine Mutter. Ich verausgabe mich von Tag zu Tag mehr, aber ich will mich nicht von ihr trennen, ich weiß, es ist Blödsinn, aber wenn ich sie eines Tages weggeben würde, wäre sie nach einer Woche tot.»

(Die Vögel von Bangkok)

6 Eier; ½ kg Kartoffeln; 1 Zwiebel; 1 Knoblauchknolle; Tomatensoße; Olivenöl; Essig; 1 Kräutersträußchen; 1 Eßlöffel Mehl

Mit Kartoffeln und Zwiebeln eine normale Tortilla zubereiten. Darauf achten, daß sie saftig bleibt!
Auf den Boden einer Keramikform legen und in vier Stücke teilen, je eines für jeden Tischgenossen, ohne die runde Form zu zerstören.
In der Pfanne die Marinade zubereiten: Zuerst die Knoblauchzehen in reichlich Olivenöl andünsten; dann die Tomatensoße, das zuvor in der Pfanne gebräunte Mehl und das Kräutersträußchen hinzufügen.
Die Pfanne vom Feuer nehmen. Ebensoviel Essig angießen, wie Olivenöl vorhanden ist, und etwas Wasser.
Die Pfanne wieder aufs Feuer stellen, mit Salz abschmecken und die Marinade, wenn sie etwas eingedickt ist, über die Tortilla geben und ruhen lassen. Sollte kalt oder lauwarm, aber nie heiß gegessen werden.

Papas Arrugadas con Mojos

Runzelkartoffeln mit scharfen Tunken

«Ich esse zu Hause, und ich glaube, ich esse kanarisch; wenn Sie möchten...»
«Vielen Dank, aber ein Restaurant wäre mir lieber.»
«Probieren Sie ‹La Caseta de Madera›! Dort bekommen Sie guten Fisch hier aus der Gegend, Rotbrasse, *vieja** und Fischragout mit scharfer Soße. Die Restaurants haben für kanarische Küche nicht viel übrig. Viele werden von Ausländern geführt. Die Leute ver-

* Typisch kanarischer Speisefisch

gessen die eigene Küche allmählich. Als ich Kind war, aß man sogar noch *sarda.*»
«Was ist das?»
«Eine Haifischart von hier. Die Gewässer hier sind sehr fischreich, weil es kaltes und warmes Wasser gibt, je nach den Strömungen. Es gibt Fische wie die Rotbrasse oder die *vieja,* die von hier sind – die *vieja* nennen wir auch Papageienfisch, aber es gibt auch guten Thunfisch, gute Makrelen, *bonito**, weißen Thunfisch, *barrilotes, petos...*»
«Hören Sie auf, mein Lieber! Mir läuft schon das Wasser im Mund zusammen.»
Er erreicht, daß man ihm *papas arrugadas* macht und ihn *mojo picón* und *mojo de cilantro* probieren läßt. An Fisch gibt es gebratene *viejas,* aber keine Rotbrassen. Die kanarischen Weine und Käsesorten, die Carvalho in seinem Notizbuch stehen hat, hat der *maître* im Gedächtnis, aber nicht im Haus. Für Carvalho ist das ein Symptom dafür, daß die Inseln sich selbst verleugnen. Ein Volk, das weder seinen eigenen Wein trinkt noch seinen Käse ißt, hat ein schweres Identitätsproblem.
Insgesamt ist das Essen ausgezeichnet, und Carvalho sinnt im Schatten der Rauchkringel einer «Condal Nr. 6» über sein weiteres Vorgehen nach. Auf der einen Seite hat er ein Schiff voller Gespenster; auf der anderen einen toten Schiffsreeder. Er muß sich zwischen Gespenstern und dem Toten entscheiden, und da scheint ihm der Tote immer noch greifbarer.

(Der fliegende Spanier)

2 kg kleine Kartoffeln, möglichst gleich groß;
5–6 Handvoll Salz; Wasser

Kartoffeln sauber waschen, bis keine Erdreste mehr daran haften. In einen Topf mit so viel Wasser geben, daß sie bedeckt sind.
Salz dazugeben und umrühren.

* Thunfischart

Wenn die Kartoffeln gar sind, das Wasser abgießen und den Topf wieder aufs Feuer stellen, bis sie trocken und runzlig sind.
Auf einer Platte anrichten und mit den passenden *Mojo*-Tunken servieren:

Mojo colorado

Rote Mojo-Tunke

1 Knoblauchknolle; getrocknete rote Paprikaschoten; ½ Eßlöffel Kreuzkümmel; 1 Eßlöffel Paprikapulver; 1 Tasse Olivenöl; Essig, Wasser und Salz

Die getrockneten Paprikaschoten eine halbe Stunde lang in heißem Wasser einweichen.
Kreuzkümmel und Paprikaschoten im Mörser zerquetschen.
Salz und Knoblauchzehen hinzufügen und ebenfalls zerquetschen.
Paprikapulver hinzufügen und langsam das Olivenöl angießen und einarbeiten, bis alles ein dicker Brei ist.
Mit Essig und Wasser verdünnen, bis die gewünschte Konsistenz erreicht ist.

Mojo verde

Grüne Mojo-Tunke

1 Knoblauchknolle; 1 grüne Paprikaschote; ½ Eßlöffel Kreuzkümmel; 1 Tasse Olivenöl; Essig, Petersilie, Wasser und Salz

In entsprechender Weise wie *mojo colorado* zubereiten. (Bei *mojo picón* wird zum Grundrezept scharfer Paprika, bei *mojo de cilantro* Korianderkraut hinzugefügt. B. S.)

Huevos Fritos con Chorizo
Spiegeleier mit Chorizo

Damit haucht sie ihm während der Fahrt einen Kuß aufs Ohr.
«Da, schau!»
Es ist noch hell genug, um das Wunder der Geographie zu bestaunen. In einer Falte der violett getönten Hügel ist das herrliche Grün einer Oase zum Vorschein gekommen.
«Als kleiner Junge war ich mal hier, mit meinen Eltern. Diese Überraschung werde ich nie vergessen. Es lohnt sich wirklich, herzukommen und zu staunen.»
«Wenn du einen Brunnen siehst, halt an!»
«Hast du Durst?»
«Nein. Ich mag Brunnen.»
«Ich weiß noch, wir hatten damals eine Autopanne, nachher als das Piedra-Kloster schon hinter uns lag und wir nach Alhama de Aragón hinunterfuhren, um ein paar Verwandte zu besuchen. Mein Vater stammt aus der Gegend, aus einem winzigen Dorf... Der Schaden war ziemlich ernst, und wir mußten drei Tage warten. Zuerst machte mein Vater einen Riesenaufstand. Damals konnte er es sich noch nicht leisten, so lange auf der Baustelle zu fehlen. Aber es blieb uns nichts anderes übrig, als zu warten und vor allem den hungrigen Magen zu füllen. Wir waren halb verhungert und gingen in eine Fonda in Alhama. Das Menü war unvergeßlich.»
«Bestimmt was Tolles!»
«Spiegeleier mit Chorizo!»
«Na ja.»
«Was hast du gegen Spiegeleier mit Chorizo?»
«Von Chorizo muß ich immer aufstoßen.»
«Wenn ich das gewußt hätte, hätte ich dich nicht geheiratet.»
Der Wald beschützt die Fahrt des Autos und läßt es endgültig Nacht werden. Das Scheinwerferlicht beleckt die Dinge, wie um sie zu ertasten.

(«Ich machte einen Mann aus ihm» aus *Zweikampf*)

Pro Person 2 Eier und 1 Chorizo; Olivenöl

Die Chorizos einstechen und braten, bis sie, je nach Geschmack, viel oder wenig Fett verlieren.
Die Chorizos und die Hälfte des Öls beiseite stellen.
Neues Öl zu dem in der Pfanne verbliebenen hinzugeben und, sobald es ganz heiß ist, die Eier braten.
Die Spiegeleier und Chorizos auf Tellern anrichten und etwas vom Öl aus der Pfanne darüberträufeln.

Spaghetti a la Maricona Arrabiata*
Spaghetti mit scharfer Tomatensoße

«Fertig», sagte das Mädchen sehr zufrieden und steckte das Heft in ihre Tasche.
Die Speisekarte sah sich Cerdán überhaupt nicht an. «Irgendwas. Spaghetti, glaube ich.»
«Spaghetti à la aufgebrachte Schwuchtel», bestellte Leveder.
«Das haben wir nicht.»
«Ich habe es schon in allen Restaurants verlangt, aber noch nie bekommen. Wenn du glaubst, ich werde dir erzählen, wer Garrido umgebracht hat, dann irrst du dich gewaltig.»
Cerdán explodierte. «Wenn du glaubst, ich höre mir den ganzen Abend deinen geistigen Durchfall an, dann irrst du dich aber gewaltig. Du bist alt genug, um deinen Schließmuskel unter Kontrolle zu halten! Wie Pavese gesagt hat, jeder Mensch über vierzig ist für sein Gesicht selbst verantwortlich!»
Die anderen waren nicht sicher, wie ernst das gemeint war, und warteten ab, wie Leveder reagieren würde.
«Du hast mich überzeugt», antwortete er, und Carmela mußte ihr Gesicht abwenden, damit Cerdán nicht sah, wie sehr sie lachen mußte.

* Spaghetti «in der Art der aufgebrachten Schwuchtel»

Cerdán gab Leveders Fall als hoffnungslos auf und wandte sich Carvalho zu.
«Wie lange ist es her! Was machst du? Universität? Verlag?»
«Im- und Export von Kamelsätteln und getrockneten Feigen», warf Leveder ein. Aber anscheinend hatte es keiner gehört.
Carvalho deutete irgendwelche Geschäfte an, und Cerdán starrte auf einen bestimmten Punkt auf der Tischdecke und versuchte sich zu erinnern, wo ihr Gespräch vor zwanzig oder dreiundzwanzig Jahren abgebrochen war. Er mußte es gefunden haben, denn er blickte Carvalho fest an, mit einer Frage in seinem Blick, die er eigentlich nicht stellen konnte.
«Ist alles gutgegangen?»
«Ein paar Jahre, dann war ich wieder draußen.»

(Carvalho und der Mord im Zentralkomitee)

80 g Spaghetti pro Person; 1 Knolle Knoblauch; 4–5 kleine getrocknete *guindillas*; frische gehackte Tomate; Kräuter, vor allem Oregano; Salz, Pfeffer; geriebener Käse nach Wunsch

Spaghetti *al dente* kochen.
Währenddessen die Peperoni und Knoblauchzehen andünsten und reichlich Tomate hinzugeben, die nur ganz kurz gedünstet werden soll.
Spaghetti abgießen und mit Pfeffer und Kräutern würzen.
Die Soße aus der Pfanne ganz heiß darüber gießen.
Nach Belieben geriebenen Käse dazu reichen.

Spaghetti a la Annalisa

Spaghetti mit Lachs-Sahne-Soße

«Über den Ursprung dieses Gerichts kann ich dir nichts Genaues verraten, aber es trägt den Namen Spaghetti Annalisa, und ich stelle mir vor, daß gerade die Duplizität des Namens den Doppelcharakter eines Gerichts widerspiegelt, in dem sich die elementare Küche des Südens mit der Wikingerinvasion des Räucherlachses und der Sahne vermischt.»

«Die Wikinger haben die Küste Italiens erreicht.»

«Damals gab es aber noch keine Spaghetti.»

«Waren die Wikinger etwa vor den Spaghetti dort?»

«Ohne Zweifel.»

«Und vor den Wikingern waren die Lachse da. Das gute Gedächtnis der Lachse läßt darauf schließen, daß diese Fische älter sind als der Mensch, sie schwimmen die Flüsse hinauf zu ihrem Ursprung. Auf jeden Fall hat die sogenannte Annalisa eine nord-südliche Synthese erzielt und uns ein historisches Rätsel hinterlassen: Was war früher da, die Wikinger oder der Räucherlachs? Dazu kommen italienische Einflüsse wie das Basilikum oder ein typisch nordisches Element, die Sahne. Gerichte mit Sahne stammen aus regenreichen Ländern, wo es selbstverständlich grüne Wiesen gibt, viele Kühe und die Möglichkeit, eine ganze Reihe verschiedener Milchprodukte herzustellen, anstatt sie nach Affenart so zu trinken, wie wir das schon immer gemacht haben, wir primitiven Spanier, immer durstig in einem trockenen Land ohne viele Wiesen, viele Kühe und viel Milch.»

«Seit Franco tot ist, gibt es mehr Sahne in den Supermärkten.»

«Das ist mir auch aufgefallen.»

«Was hatte Franco eigentlich gegen Sahne?»

«Ich weiß es nicht. Der Caudillo war sehr zurückhaltend. Aber eins steht fest, seit er tot ist, wimmelt es in diesem Lande von Sozialisten und Sahne.»

«Wo steckten sie eigentlich früher, die Sozialisten und die Lachse?»

«Das wäre noch zu untersuchen.»
«Eigentlich interessiert mich das einen Dreck.»

(Die Vögel von Bangkok)

300 g Spaghetti, 200 g Räucherlachs, 1 kleine Zwiebel, Butter, 1 Becher (200 ml) Crème fraîche, Basilikum

Butter erhitzen und die feingehackte Zwiebel darin glasig dünsten.
Den Lachs vorsichtig dünsten, ohne daß er angebraten wird.
Die Crème fraîche und das feingehackte Basilikum hinzufügen; mit Salz und Pfeffer abschmecken.
Die Soße über die *al dente* gekochten und abgegossenen Spaghetti geben.
Es gibt Leute, die geriebenen Käse darüberstreuen, ein italienisches Laster bei allen Pasta-Gerichten.

Berenjenas al Estragon

Auberginen mit Estragon

Während die Männer sich eher für das TV-Journal interessierten, tauschten die Frauen Diätrezepte aus, die ihnen in Zukunft ebenso viele Kalorien ersparen wie zusätzliche Gaumenfreuden bringen sollten, die jetzt verboten waren. Es war einfach mitleiderregend, das Schauspiel mitanzusehen, mit welchem Stöhnen der Ohnmacht und Verzweiflung die üppige Lebensmittelwerbung von den Fastenden aufgenommen wurde. Das Trauma des Fastens und die mutmaßliche Rechnung dämpften allerdings die spontane Reaktion, sich auf den Fernseher zu stürzen und die allervergilbtesten Mayonnaisen und härtesten Kekse vom Bildschirm abzulecken. Es kam oft vor, daß man der Versuchung zum Selbstmitleid erlag und sich ein Tonfall durchsetzte, der beides umfaßte, die moralische Rechtfertigung und das Schuldgefühl.

Nicht wenige versuchten auch, die Mängel der Realität durch Wunschdenken auszugleichen.
«Ausgerechnet Mayonnaise schmeckt mir so gut, dabei macht sie doch so dick!»
«Wenn du sie mit Maisöl zubereitest, enthält sie weniger Kalorien, oder mit Paraffinöl, das macht überhaupt nicht dick!»
«Aber Paraffinöl ist ungesund für den Körper! Das habe ich in *ABC* gelesen!»
«Es ist nur schlecht, wenn du es zum Braten verwendest, aber nicht bei Mayonnaisen.»
«Ach, und diese Kekse! Hast du diese Kekse gesehen?»
«Mensch, das sind Bomben! Kalorienbomben! Ich kaufe nur die für Diabetiker, sie sind ohne Zucker und so lecker!»
«Guck! Schau dir diese Werbung an!»
Die unter anderen Umständen verachteten Päckchensuppen erstrahlten im herrlichsten Technicolor, wie es nicht einmal die «Columbia Broadcasting» in ihren besten Zeiten zustande gebracht hatte. Es war dieses Bild einer perfektionierten Küche, das die Zuschauer in einen frenetischen Austausch von Rezepten ausbrechen ließ, vor allem von vegetarischen, die sie in Zukunft ebenso glücklich wie schlank und gesund machen würden. Die Estragon-Auberginen von Doña Solita schafften es, den Fernsehraum in eine Aula voller Studentinnen zu verwandeln, die den obligatorischen Kugelschreiber von Cartier zückten und Notizen machten.
«Die Auberginen und Tomaten gibt man, in Stücke geschnitten, in eine Kasserolle, dazu den Saft einer Zitrone, zwei kleingehackte Oliven und einen Teelöffel Estragon. Sie werden eine Stunde lang auf kleiner Flamme gekocht.»
«Und das ist alles?»
«Das ist alles. Das Ganze enthält kaum Kalorien.»
«Was heißt hier kaum Kalorien?»
Die Dame, die hier so erstaunt fragte, war eine frühere Apothekerin, die sich die kulturellen Gelüste ihres alleinstehenden Daseins für Gelegenheiten wie diese aufgespart hatte.

«Die Aubergine enthält Sodium, Phosphor, Kalzium, Magnesium, Kalium, Protide, sehr viel Vitamin C und die Vitamine A, PP, B_1 und B_2.»
Dem widersprach ein Herr, zwar etwas weitschweifig, dafür mit der Selbstsicherheit eines Mannes, der im Interesse seines Antiquitätengeschäftes das halbe Leben zwischen Madrid und New York verbracht hat. Er meinte, die Aubergine sei ein mittelmäßiges Nahrungsmittel, welches zwar – dies sei sicherlich richtig – wenig Kalorien enthalte, aber eben deshalb auch wenig Energie liefere und für den Herzmuskel unverträglich, ja toxisch sei.
«Sehr relativ, sehr relativ!» argumentierte die ehemalige Apothekerin, in die Enge getrieben, und ging plötzlich zu einem fulminanten Angriff über: «Sie werden doch nicht bestreiten wollen, daß sie diuretische und verdauungsfördernde Wirkung besitzt!»
Nein, nein, das wollte er nicht bestreiten, aber dieselben diuretischen Eigenschaften besitze beispielsweise die Petersilie, und diese habe dabei keinerlei Kontraindikationen.

(Manche gehen baden)

Für vier Personen

1 kg Auberginen; 1 kg ziemlich reife Fleischtomaten; 1 Zitrone; 6 gefüllte Oliven; 1 Eßlöffel Estragon; Salz, Pfeffer

Ein kalorienarmes Gericht, ideal für Menschen mit kalorienreichem Schuldkomplex.
Die in Stücke geschnittenen Auberginen und die geschälten, entkernten und grob gehackten Tomaten in einen Topf mit wenig Wasser und einem Eßlöffel Olivenöl geben. Salzen und pfeffern, Estragon und Oliven hacken und dazugeben (von sechs Stück bis zu einer kleinen Büchse, je nach Schwere des Schuldkomplexes der Tischgenossen).
Auf ganz kleiner Flamme zugedeckt etwa eine Stunde kochen lassen, bis eine cremige Konsistenz erreicht ist.

Berenjenas Rellenas de Atun

Mit Thunfisch gefüllte Auberginen

«Ich werde etwas Gesundes für dich kochen, mit Thunfisch gefüllte Auberginen.»

«Thunfisch ist nicht vegetarisch.»

«Thunfisch ist beinahe vegetarisch.»

«Außerdem hat er dunkles Fleisch.»

«Dunkles Fleisch ist in Ordnung, was Cholesterin angeht, aber ich fülle sie für dich mit weißfleischigem Fisch.»

«Es kann sein, daß es eine Zeitlang dauert. Ich sag es noch einmal, diese Leute sind nicht mal ihrem eigenen Vater bekannt. Was ist damals bei dem Fall mit dem Manager rausgekommen?»

«Ein Freund hatte ihn umgebracht.»

«Scheiße! Und dann kommst du zu mir und willst was im Namen der Freundschaft!»

«Ein schlechter Freund natürlich.»

«Und das ist alles?»

«Es war eine delikate Sache. Wenn ich rede, kann es mich das Leben kosten, und ebenso den, der mir zuhört.»

«Dann laß es!»

Pedro Parra betrachtet Carvalho wie eine Zeitbombe mit verspäteter Explosion.

«Ich kann es dir nicht abschlagen.» Pedro Parra scheint selbst überrascht und spricht, als denke er laut nach. «Das Seltsamste dabei ist, daß ich ein hartgesottener Typ bin, außer bei dir. Warum? Ich bin dir nichts schuldig. Ab und zu wollen Ex-Genossen etwas von mir – Geld für eine Kampagne, eine Bürgschaft, einen Kontakt – und wenn ich kann, helfe ich ihnen, vielleicht aus schlechtem Gewissen, aber dir gegenüber brauche ich kein schlechtes Gewissen zu haben. Deine Art, deinen Lebensunterhalt zu verdienen, ist, sagen wir mal, nicht gerade ethisch.»

(*Zweikampf*)

Pro Person 1 dicke Aubergine von rundlicher Form; pro Aubergine 50 g Thunfisch in Marinade; ziemlich viel dickflüssige Tomatensoße; ½ hartes Ei und 6 gefüllte Oliven pro Aubergine; Petersilie, Salz, Pfeffer, Olivenöl

Auberginen ganz oder bis auf wenige Streifen der Haut schälen.

Mit einem kurzen, scharfen Messer aushöhlen, bis genug Raum für die Füllung vorhanden ist.

Die geschälten Auberginen mit Mehl bestäuben und braten, bis sie anfangen, ihre Farbe und Festigkeit zu verlieren. Dann vom Feuer nehmen und auf Küchenkrepp legen, damit das Öl abtropft.

Die Füllung aus Thunfisch, gehacktem Ei, gehackten Oliven und einigen Eßlöffeln Tomatensoße zubereiten.

Auberginen füllen und in eine Backform geben; mit der restlichen Tomatensoße und gehackter Petersilie bedecken. Etwa zehn Minuten im heißen Backofen garen, bis das Fleisch der Auberginen beim Einstechen leicht durchbohrt werden kann.

Berenjenas a la Crema con Gambas

Sahneauberginen mit Scampi

«Tu es, wenn du willst. Es macht mir nichts aus.»
Carvalho sprang aus dem Bett, holte eine Zigarrenkiste aus dem Nachtschränkchen und zündete sich eine «Condal Nr. 6» an. Dann setzte er sich auf den Bettrand und schaute dem langsamen Rückzug seines Penis zu.
«Adios, mein Junge, Gefährte meines Lebens...»
Er wandte sich nach ihr um, weil sie so still war. Sie schlief. Er deckte sie mit dem Laken und einem Umhang zu. Dann zog er seinen Pyjama wieder an, ging aus dem Zimmer, kam zurück, um die Mahler-Platte umzudrehen, fachte das Kaminfeuer wieder an

und ließ sich auf das Sofa fallen. In einer Hand hielt er die Zigarre, der Wein stand in Reichweite der anderen. Bleda schlief neben dem Feuer wie das unschuldigste Tier der Welt, und Yes schlief in dem Zimmer, dem Ort der schweigsamen Einsamkeit eines Mannes, der die Tage, die Jahre verbrennt wie unentrinnbare, unangenehme Laster. Plötzlich sprang er vom Sofa auf. Bleda erwachte und richtete ihre Augen und Ohren voller Neugier auf Carvalho, der in die Küche stürzte, als hätte er dort einen Einbrecher gehört. Seine Hände vervielfachten sich, um mit den zahlreichen Türen und Schubladen fertig zu werden, und ließen auf der Marmorplatte ein ganzes Heer von Zutaten aufmarschieren. Er schnitt drei Auberginen in zentimeterdicke Scheiben und salzte sie ein. Dann gab er Öl und eine Knoblauchzehe in eine Pfanne und ließ sie bräunen, bis sie fast kroß war. In demselben Öl zerdrückte er ein paar Scampiköpfe, schälte die Schwänze und schnitt Schinken in Würfel. Dann nahm er die Köpfe wieder aus dem Öl und brachte sie mit etwas Fleischbrühe zum Kochen. Nebenher spülte er das Salz von den Auberginenscheiben, trocknete sie einzeln mit einem Tuch ab, briet sie in dem Öl, das das Aroma des Knoblauchs und der Scampiköpfe aufgenommen hatte, und ließ sie dann in einem Sieb abtropfen. Im gleichen Öl ließ er schließlich eine Zwiebel bräunen, gab einen Löffel Mehl dazu und rührte mit Milch und der Brühe von den Scampiköpfen eine Béchamel an. Die Auberginen schichtete er in eine Backform, goß einen Regen von Scampischwänzen und Schinkenwürfeln darüber aus und badete alles in der Béchamelsoße. Von seinen Fingern schneite der geriebene Käse auf das bräunliche Weiß der Béchamelsoße nieder. Dann schob er die Form zum Überbacken in den Ofen, fegte den Küchentisch leer, legte zwei Gedecke auf und stellte eine Flasche weißen Jumilla dazu, die er dem Wandschrank neben dem Herd entnommen hatte. Er kehrte ins Zimmer zurück. Yes hatte sich im Schlaf zur Wand gedreht und ihren Rücken entblößt. Carvalho rüttelte sie wach, ließ sie aufstehen, legte den Arm um sie und führte sie in die Küche. Dort setzte er sie vor einen Teller, den er mit überbackenen Auberginen, Scampi und Schinken füllte.

«Ich gebe zu, es ist sehr unorthodox. Normalerweise macht man eine chemisch reine Béchamel dazu, und es schmeckt weniger nach Scampi. Aber ich habe einen ganz besonderen Gaumen.»
Yes blickte schlaftrunken erst auf Carvalho und dann auf ihren Teller, ohne sich zu einem Kommentar zu entschließen. Sie schob die Gabel in das Gericht und zog sie mit brauner, dampfender Masse gefüllt wieder heraus, führte sie zum Mund und kaute nachdenklich. «Schmeckt toll. Ist das aus der Büchse?»

(Tahiti liegt bei Barcelona)

Für vier Personen

1 kg Auberginen; ½ kg Scampi; 100 g gekochter Schinken am Stück; 2 Eßlöffel Mehl; 1 Knoblauchzehe; Olivenöl, Salz, Pfeffer, Milch

Das Öl erhitzen und die Knoblauchzehe darin anbraten. Die Zehe herausnehmen und die Scampiköpfe darin braten, bis sie kroß sind.
Die Auberginen schälen, in Scheiben, schmale, zentimeterbreite Streifen oder Würfelchen schneiden. Salzen, Flüssigkeit austreten lassen, abspülen und abtrocknen.
Mit Mehl bestäuben und in dem mit Knoblauch und Scampiköpfen aromatisierten Öl anbraten. Herausnehmen und das Öl abtropfen lassen.
Im restlichen Öl eine Béchamel aus Mehl, etwas Scampisud und etwas Milch anrühren. Mit Pfeffer würzen. Auberginen, geschälte Scampi und gewürfelten Schinken in eine Backform geben, die Béchamel darüber gießen, mit geriebenem Käse bestreuen und gratinieren.

Pastel de Puerros y Brioche con Tuetano y Foie

Lauchpastete und Brioche mit Rindermark und Foie gras

«Schwanger von wem?»

«Von ihrem Mann. Es steckt nichts dahinter. Später hörte sie wohl auf zu filmen und besitzt jetzt eine Boutique in Puerto Banús.»

Bei dem soeben Gesehenen hatte Araquistains Blick anfangs verliebt in Sirenenkörpern geschwelgt, aber schließlich den vielen Frischfisch satt gehabt. Bevor er sich an die Fabel des kryptobaskischen Picadors machte, kam ein Kellner des «Jockey». Nach gründlichem Kartenstudium bestellte Carvalho Lauchpastete und Brioche mit Foie gras und Rindermark, einen roten 82er Valbuena, Himbeertorte, ein Glas Fine de Bourgogne zum Kaffee und eine «Lusitania Pertegaz», die er zu Ehren von Federico Luceros rauchen wollte. Als die Bestellung vom «Jockey» geliefert wurde, war gerade das erste Kapitel des *Picador de sombras* zur Hälfte vorbei. Laut Cifuentes hatte Araquistain bei dieser Serie eine harte Anstrengung unternommen, die literarischen Metaphern in filmische umzusetzen. «Andernfalls hätte er sprechende Brüste auftreten lassen müssen, um dieses Geblubber an den Mann zu bringen. Luceros schreibt eigentlich in Versen.»

Cifuentes mißfiel es, daß Leute in Versen schrieben, vielleicht mißfiel es ihm sogar, daß Leute überhaupt schrieben. Das erste Kapitel wirkte wie eine Sittenkomödie im Stil Berlangas mit einem andalusischen Picador, der baskische Ambitionen hat. Die Gestalt wurde langsam, aber sicher verrückt und nahm den Charakter eines Terroristen an, der die *fiesta* gleichzeitig liebte und haßte, in Volkstanzkostüm auf einem Ackergaul saß und schließlich beschloß, tötend zu sterben, indem er den Stier grundlos erwürgte.

«Er war verrückt.»

«Araquistain? Er sagte, er wolle einen Film für ein Festival machen, aber auf seine Art.»

(«Mord in Prado del Rey» aus *Das Zeichen des Zorro*)

Lauchpastete

1 Bündel Lauch pro Person; 4 Eier; 20 g Pulver von entrahmter Milch; 1 Teelöffel gehacktes Estragon; 1 Teelöffel gehackter Schnittlauch; 1 Teelöffel gehackte Petersilie; ½ gehackte Zwiebel

Den Lauch gründlich säubern, in sehr dünne Scheiben schneiden und gründlich waschen, wobei man das Wasser mehrmals wechselt, damit kein Sand zurückbleibt.
Neun Minuten in kochendem Wasser blanchieren.
Drei ganze Eier und ein Eiweiß verschlagen. Das in Wasser aufgelöste Milchpulver, Salz, Pfeffer und die gehackten Kräuter dazugeben.
Lauch in eine gebutterte Form schichten und dabei immer wieder mit der Eier-Kräuter-Mischung übergießen.
Mit Alufolie bedecken und im Wasserbad im auf 220 Grad vorgeheizten Backofen garen.
Nach dem Herausnehmen muß man eine Viertelstunde warten, bis sich die Pastete gesetzt hat.

Brioches mit Rindermark:

Für fünf Personen

Einzelne Brioches; 150 g Rindermark; 100 g Foie gras; ¼ l Béchamel; 25 g gehackte Trüffel; ½ Becher Crème fraîche; 2 Eigelb

Die Brioches aushöhlen und die Deckel beiseite legen.
Foie gras, Béchamel, Trüffel und etwas Crème fraîche zu einer Creme vermengen. Rindermark kochen, abkühlen lassen und in Medaillons schneiden.
Brioches zur Hälfte mit der Creme füllen, Markmedaillons dazugeben und mit der restlichen Creme füllen.
Die Eigelb mit der restlichen Crème fraîche schlagen und damit die Brioches krönen. Kurz und vorsichtig überbacken.
Jede Brioche mit danebengelegtem Deckel servieren.

Atascaburras
Klippfisch-Püree

Diesmal schien Carvalhos Auto mit mehr Lust in die Mancha zu fahren, und Victorinos Haushälterin hatte ihm *atascaburras* mit etwas zuviel Chili und eingelegte Rebhühner zubereitet, mit etwas viel Essig zwar, aber appetitlich und gut gemeint. Auch der Käse war besser, und es gab dazu eine dicke, saftige Quitte. Er lobte den Priester mit einem Blick, der mit einem unschuldigen Ausdruck von Selbstzufriedenheit quittiert wurde.

«Ehre, wem Ehre gebührt.»

«Gut oder schlecht essen ist eine Frage der Bildung, essen oder nicht essen eine des Geldes, vergiß das nie!»

«Ich werde mich bemühen.»

«Dann gehen wir jetzt zu den alten Leutchen. Ich habe schon eine richtige Sozialarbeiterpsychose.»

Ein Garten mit Zypressen und Lorbeer, rund geschnitten mit der Heckenschere. Kieswege wie im Weinberg. Schatten, Stille und Getuschel. Die üblichen Grüppchen, Glockensignale, Befehle und Ratschläge der Nonnen.

«Die Ruhe ist nicht wieder eingekehrt. Zwei oder drei Alte haben erklärt, sie würden gehen, sobald ihre Angehörigen sie abholen.»

«Ich habe das Foto des angeblichen Don Gonzalo in der mexikanischen Presse veröffentlichen lassen und die Adresse des Heims angegeben, damit sich jeder mit uns in Verbindung setzen kann, der ihn erkennt.»

«Wieso in Mexiko?»

«Eine Ahnung von mir, aber nicht ohne Grund. Eine Ahnung, weil die meisten politischen Emigranten, die lange Zeit weg waren und oft für immer Wurzeln geschlagen haben, nach Mexiko gegangen sind. Aus jedem europäischen Land fällt die Rückkehr leichter. Aber den großen Teich überquert man nicht so einfach. Der Grund war der falsche Personalausweis. Es stammte von einem spanischen Reisenden, der in Mexiko gestorben ist, also könnte er dort verschwunden, auf dem Schwarzmarkt gelandet und von dem Opfer benutzt worden sein.»

(«Der Bürgerkrieg ist noch nicht vorbei»
aus *Zur Wahrheit durch Mord*)

Für vier Personen
Vorbereitung: 20 Minuten; Garzeit 20 Minuten

250 g Klippfisch, gewässert; 10 Kartoffeln;
2 Knoblauchzehen; 10 Eßlöffel Olivenöl;
2 harte Eier; 50 g Walnüsse

Kartoffeln waschen und schälen. In einem Topf mit kochendem Wasser die Kartoffeln mit dem geputzten und gewässerten Klippfisch kochen. Wenn alles gar ist, abgießen, aber etwas von dem Sud beiseite stellen.
Zwei Knoblauchzehen in einem großen Mörser zerquetschen; die Kartoffeln einzeln dazugeben und ebenfalls zerstampfen. Dabei langsam Olivenöl zugeben. Klippfisch zerkleinern und einarbeiten. Wenn die Masse zu fest wird, mit etwas Sud verdünnen. Es soll wie ein festes Püree werden.
Mit Scheiben von hartem Ei und Walnüssen servieren.
Anmerkung: Es gibt ein anderes Rezept für *atascaburras*, bei dem Kartoffeln und Klippfisch mit zwei geschlagenen rohen Eiern vermischt werden.

Caracoles a la Borgoña

Schnecken nach Burgunder Art

Núñez kommt pünktlich. Wie immer steckt er in einem Pullover, über dessen Ausschnitt sich traurig der Kragen eines ungebügelten Hemdes kringelt. Mit einem Lächeln, wie an der Schauspielschule einstudiert.
«In diesem Lande sind nur die pünktlich, die im Untergrund tätig waren.»

Ohne einen Blick auf die Karte zu werfen, die ihm die Besitzerin des Lokals reicht, bestellt er Rohkostsalat und das *confit d'oie*. Carvalho tut es ihm beim Hauptgericht gleich, wählt als Vorspeise aber Schnecken nach Burgunder Art und aus der kleinen Weinkarte einen Saint Emilion. Danach haben er und Núñez keinen Vorwand mehr, ihr Gespräch hinauszuzögern. Die Verlegenheit von Núñez gehört zur Liturgie seines Verhaltens; bei Carvalho ist sie der Nachhall seines früheren Respektes, den er einem alten Professor ebenso zollt wie den anderen Gestalten, die er einmal verehrt hat.

Mit einem Seufzer zieht Núñez ein Foto aus seiner abgewetzten Brieftasche, aus der die Ecke eines abgewetzten Fünfhundert-Peseten-Scheines hervorlugt.

«Hier, wie aus dem Familienalbum.»

Er gibt Carvalho ein Amateurfoto mit gezacktem Rand, das schon etwas verblaßt ist. Darauf sind vier junge Männer stehend und zwei in der Hocke abgebildet. Alle so um die Zwanzig herum, damals, 1950, vor unermeßlich langer Zeit. Alle mit Jackett und Krawatte. Mit Ausnahme von Marcos Núñez, der unter der Jacke einen hochgeschlossenen Pullover trägt. Jaumá ist zweifellos der Bursche am linken Rand, mager, mit dichtem Haar.

«Wer sind die anderen?»

«In der Reihenfolge ihres Auftretens: neben Jaumá Miguelito Fontanillas, Rechtsanwalt, wie wir alle, aber gut situiert. Das heißt: Justitiar mehrerer Firmen, drei Häuser, vier Schwimmbekken.»

Mit wirrem Haarschopf und herausfordernder Miene sieht Fontanillas auf dem Foto aus wie ein kleiner Vorstadtgauner im Sonntagsstaat.

«Tomás Biedma, Spezialist für Arbeitsrecht. Der Größte von uns allen. Der hier, der so aussieht wie sein eigener Großvater. Dabei ist er der Radikalste von uns. Chef einer extrem linken Splittergruppe.»

Es war etwas von einem Bourbonenprinzen in diesem Gesicht mit seiner jugendlich verhaltenen Sinnlichkeit.

«Schaut eher aus wie der zweite Bürgermeister einer mittleren Großstadt.»
«Er wird nicht einmal Dorfbürgermeister werden, es sei denn, ihm gelingt der Sturm auf den Winterpalast. Extrem links ist gar kein Ausdruck für das, was dem im Kopf herumgeht. Mich hält er für einen Revisionisten und Zyniker. Daß ich ein Zyniker bin, denken viele, aber aus anderen Gründen als Biedma. Er meint, ich sei es, weil ich genug weiß, um kein Revisionist zu sein, und trotzdem immer noch einer bin. Der vierte, der steht, ist der Schriftsteller Dorronsoro.»
«Welcher von beiden?»
«Der jüngere, Juan. Er hat gerade *Die Müdigkeiten und die Nächte* veröffentlicht. Ich bin einer der Helden. Sie brauchen sich deshalb aber nicht die Mühe zu machen, es zu lesen. Ich komme so vor, wie Sie mich hier sehen.»
«Wissen Sie denn, wie ich Sie sehe?»
«Das ist eine meiner Lieblingsübungen. Darüber nachdenken, wie andere mich sehen. Manchmal helfe ich ihnen, das Bild zu bestätigen, manchmal versuche ich, sie zu verunsichern. Aber nur kurze Zeit. Ich verliere sofort an allem die Lust, außer an der Lustlosigkeit. Überhaupt, wenn man sich zu sehr auf etwas konzentriert, hemmt das eine offene Disposition, die alles erhascht, was um dieses Etwas herum vorgeht. Sie werden schon bemerkt haben, daß Anstrengung nicht meine Sache ist.»
«Und der hier?»
Auf dem Foto hockt neben Núñez ein Junge, der aussieht wie das Urbild der Fröhlichkeit. Sein dichtes, glattes Haar liegt wie eine Baskenmütze am Kopf. Dicke Brillengläser verbergen die Augen, und die harten Gesichtszüge werden durch ein Lächeln gemildert, mit dem er den Fotografen zu grüßen scheint.

(Carvalho und der tote Manager)

1 Dutzend Schnecken pro Person; 350 g Butter; 35 g feingehackte Schalotten; 1 zu Brei zerquetschte Knochlauchzehe; 1 Eßlöffel gehackte Petersilie; Salz und schwarzer Pfeffer

Normalerweise kauft man die Schnecken vorgekocht und die Schneckenhäuser extra. Heute stammen sie aus Schneckenfarmen, wo sie wie Olympiateilnehmer behandelt wurden.
Der Schlüssel liegt in der Zubereitung der Kräuterbutter, die durch gutes Vermengen von Butter, Schalotten, Knoblauch, Petersilie, Salz und Pfeffer entsteht.
Etwas von der Kräuterbutter in jedes Schneckenhaus geben. Die Schnecken darauf legen und mit Kräuterbutter auffüllen.
Ideal ist es, die Schnecken auf besonderen Schneckenformen in den Backofen zu geben. Wenn diese nicht zur Verfügung stehen, kann man die Schnecken mit der Öffnung nach oben in eine Backform geben, etwas Wasser angießen und sieben bis acht Minuten in den heißen Backofen geben.

Caracoles con Cabra

Schnecken mit Meerspinne

In La Bisbal erfährt er, daß ein vernünftiges Frühstück nur bei *La Marqueta* zu haben ist. In dem kleinen Restaurant, dessen Tische mit Plastiktuch überzogen sind, ist die Frau des Hauses in der Küche schon eifrig am Wirken. Ihr Mann, ein vierschrötiger Kerl, betet Carvalho eine ganze Litanei von Köstlichkeiten herunter: Hähnchen mit Scampi, Meerspinne mit Schnecken, gefüllte Kalamares, gebratene Schnecken mit Vinaigrette oder Aioli, Puter mit Pilzen, Kalbsschmorbraten, Stangenbohnen mit gekochter *botifarra*, gebratene *botifarra*, Hausmacher Wurstplatte, Schweine-

lende, Koteletts, Steaks, *suquet de rascasa* *. Der Mann ist sich der umwerfenden Wirkung seiner Liste gewiß. Der Detektiv entscheidet sich für Meerspinne mit Schnecken.
«Es sind mehr Schnecken als Meerspinnen. Die Meerspinne gibt nur das Aroma.»
«Das dachte ich mir. Danach möchte ich Stangenbohnen mit *botifarra*. Und bringen Sie mir ein Tellerchen Aioli!»
Dazu gibt es Brot, das nach Weizenfeldern duftet, und einen schweren Rotwein von der Sorte, die einem im Winter rote Ohren macht.
«Wo haben Sie den Wein her?»
«Den machen wir selber. Ich habe drüben, auf der anderen Seite des Flusses, einen Keller.»
«Könnte ich mir ein paar Flaschen mitnehmen?»
«Ich weiß nicht, wann ich dazu komme. Ich kann im Moment nicht weg. In einer halben Stunde ist die Kneipe voll.»
«Rufen Sie doch einfach bei Señor Argemí an, in Palausator! Fragen Sie nach Pepe Carvalho. Dann können Sie mir ja sagen, ob es sich lohnt, auf dem Rückweg vorbeizukommen. So dreißig oder vierzig Flaschen würde ich gern mitnehmen.»
Der Wirt lädt ihn zu einem Blätterteiggebäck mit Pinienkernen ein, das sich *rus* nennt, und stellt eine riesige Flasche süßen roten Dessertwein vor ihn auf den Tisch, aus der er sich dreimal bedient.
Carvalho verläßt *La Marqueta* mit dem wiedergewonnenen Gefühl, daß die Welt so schlecht nun auch wieder nicht ist.

(*Carvalho und der tote Manager*)

* *suquet* ist die katalanische Art der Bouillabaisse, s. Rezept, *rascasa* ist ein Speisefisch

1 Meerspinne; 2 Dutzend Schnecken pro Person; 1 Zwiebel; Tomatensoße; Knoblauch, Petersilie, Röstbrot, schwarzer Pfeffer, Salz, Haselnüsse, Pinienkerne und Mandeln; 1 *guindilla*; 1 Glas Weißwein

Die Meerspinne vierteln und in Olivenöl mit mindestens einer Knoblauchzehe pro Person anbraten.
Knoblauch und Meerspinne herausnehmen und in dem Öl aus gehackter Zwiebel und Tomatensoße ein *sofrito* bereiten.
Die *guindilla* und die vorgekochten Schnecken dazugeben. Wenn sie heiß sind, gibt man etwas von dem Schneckensud, gemischt mit Wasser oder Fond blanc, dazu.
Während sie köcheln, den Panzer der Meerspinne, die gerösteten Knoblauchzehen, Haselnüsse, Pinienkerne, Röstbrot und Petersilie kleinhacken und vermengen. Mit einer Tasse Sud verrühren und zu den Schnecken geben, ebenso den Weißwein und die Viertel der Meerspinne, die mit den Schnecken vollends gar gekocht wird.

Pudding de Merluza y Mejillones de Roca

Seehechtpudding und Miesmuscheln

Wann würde der Moment kommen, in dem er, vor der Herrlichkeit des Sangretals kniend, die Götter der richtigen Ernährung um Vergebung bitten würde, er, Pepe Carvalho, vergiftet von *bacalao al pil-pil*, jungen Bohnenkernen mit Venusmuscheln, Kartoffeln mit Chorizo *a la riojana*, Brioches mit Foie gras und Rindermark, Reis mit Sepiatinte, Tomatenweißbrot – Verführerin zu zahlreichen außerplanmäßigen Imbissen –, Klippfischreis, Seehechtpudding und Miesmuscheln in Weinsoße – der neuesten Spezialität, mit der Biscuter noch seine Schwierigkeiten hatte. Wenn er zurückblickte, stand er vor der Notwendigkeit, einen See von eisgekühltem Grappa zu überqueren und dann einen Fluß von Weißwein hinaufzuschwimmen. Seine Besessenheit von bestimmten Anbaugebieten hatte sich periodisch verändert und ihn schließlich zu einem Verehrer des Marqués de Griñón werden lassen; dabei wußte er nicht recht, ob dies der unbezweifelbaren Qualität des Weines zuzuschreiben war oder ob sich nicht dahinter ein tangentialer Annäherungsversuch an die Frau Marquesa verbarg, Isabel Preysler, eine philippinische Lou von Salomé. Hatte ihre Vorgängerin Rilke, Nietzsche und Freud in ihre Sammlung eingereiht, so übertrug sie jene ruhmreiche Triade in postmoderne Zeiten und machte daraus Julio Iglesias, den Marqués de Griñón und einen Wirtschaftsminister, der ihretwegen seine Familie und die Kontrolle über den Staatshaushalt im Stich ließ. Das Kapitel der Rotweine wollte er übergehen, jener Rotweine, die er auf einem dunklen Hintergrund von Blut sah. Blutig. Wie blutig und ruiniert mußte seine Leber nach dieser jahrelangen Mißhandlung sein! Der eigene Körper ist der beste Freund des Menschen, hörte er sich selbst sagen, nicht ohne Besorgnis, denn trotz der offensichtlichen Freude über das Wohlverhalten, das Fasten und das körperliche Training sagte ihm irgend etwas, daß die neurotischen Dämonen Hunger und Durst nur an einen nicht näher zu bestimmenden Ort seines Gehirns verbannt waren und dort auf der Lauer lagen. Diese Botschaft gefiel ihm. *Noch mehr!* sagte Carvalho vor dem Spiegel zu sich selbst. Sein Oberkörper war nackt, und sein Finger deutete auf die Stelle, wo sich etwa die Leber befinden mußte.

«Von mir aus kannst du platzen, du Dreckstück!»

(Manche gehen baden)

Für vier Personen

1 kg weißfleischiger Fisch; 1 kg *mejillones de roca* (Zucht-Miesmuscheln); ½ l konzentrierte Tomatensoße; 1 Becher Sahne; 5 Eier; 1 Eßlöffel Estragon; Salz, Pfeffer

Den Fisch vorsichtig garen, gerade so viel, damit er leicht entgrätet und zerkleinert werden kann.

Miesmuscheln im Dampf öffnen und aus den Schalen nehmen.

Fisch und Muscheln durch den Fleischwolf drehen. Filtereinsatz verwenden, damit die Masse ganz fein wird.

Diese Masse mit Tomatensoße, den geschlagenen Eiern und der ebenfalls geschlagenen Sahne vermischen.

Salzen und pfeffern und Estragon dazugeben. Wenn der Pudding kalt und fest gegessen werden soll, ein halbes Glas Gelatine hinzufügen, die im Fischsud aufgelöst wurde.

Die Masse in eine gebutterte Form geben und im vorgeheizten Backofen im Wasserbad bei 200 bis 250 Grad dünsten. Den Herd ausschalten, wenn eine Nadel in den Pudding gestochen und ohne Anhängsel herausgezogen werden kann. Erkalten lassen, umstürzen und mit Tomatensoße oder Sauce tartare servieren.

Espinacas con Gambas y Almejas

Spinat mit Scampi und Venusmuscheln

«Ein ganz besonderes Essen, aber was gibt es eigentlich zu feiern?»

«Die Unmöglichkeit, überhaupt etwas zu feiern. Ich habe in einem Fall von Großzügigkeit oder Senilität Charo angeboten, sie könne hier eine Zeitlang auf Probe wohnen, und dann würden wir weitersehen. Aber nachdem sie höchstens eine halbe Minute überlegt hatte, lehnte sie ab und sagte, daß jeder sein eigenes Leben lebt, daß sie schlechter kocht als ich und daß man hat, was man hat. Damit ging sie. Es ging mir also genauso wie mit dem Gedanken, dem offensichtlich phlegmatischen und unfähigen Mörder das Leben zu retten. In solchen Fällen ist es das beste, in die Boquería

zu gehen und Sachen zu kaufen, die man manipulieren und in andere verwandeln kann: Gemüse, Meeresfrüchte, Fisch und Fleisch. In letzter Zeit denke ich an den Zusammenhang zwischen der Grausamkeit des Essens und der Grausamkeit des Tötens. Das Kochen ist die Kunst, einen kannibalischen Mord zu verschleiern, der manchmal mit einer wilden menschlichen Grausamkeit verübt wird – denn das treffendste Adjektiv der Grausamkeit ist das Wort *menschlich*. Zum Beispiel denke ich an diese Vögelchen, die lebendig in Wein ertränkt werden, damit sie besser schmecken.»
«Ein sehr appetitanregendes Thema.»
«Das Jahr 1984 hat gerade erst begonnen. Die Sterne werden Schlange stehen, um uns in den Arsch zu treten, einer nach dem andern. Die Astrologen sagen, es wird ein schlechtes Jahr. Also, aus diesem Grund und aus vielen anderen bin ich in der Absicht, mir selbst etwas zu kochen, zur Boquería gegangen.»
«Und für Fuster, das Versuchskaninchen.»
«Es steht dir frei, es zu essen oder nicht. Aber besonders den ersten Gang darfst du nicht ablehnen, er ist die Begegnung zweier Kulturen. Es ist Spinat ohne Stengel, leicht gekocht und kleingeschnitten, und außerdem ein kostenloses und absurdes Kunstwerk, wie jedes kulinarische Kunstwerk. Man brät ein paar Scampiköpfe in Butter an, nimmt sie heraus und kocht sie kurz auf. In der Butter, die ihren Geschmack angenommen hat, dünstet man gehackten Knoblauch, kleine Scampi und geschälte, gesalzene und gepfefferte Muscheln. Dazu kommt ein Löffelchen Mehl, Muskatnuß und ein halbes Fläschchen Austernsoße, und nach kurzem Umrühren der Sud der Scampiköpfe. Das alles gießt man über den Spinat und läßt die Mischung kochen, nicht allzulange, nur damit sie gut durchzieht und eine sichtbar dickflüssige Konsistenz bekommt. Dann wird Schinken einer jungen Ziege in Würfel geschnitten und, elementar und fast alltäglich, mit Reineclauden in Schweineschmalz angebraten, zusammen mit einer nelkengespickten Zwiebel, einer Tomate und gemischten Kräutern. Dazu gibt man Stücke von rohem Schinken und den Saft der Reineclauden und macht eine Art Gemüsesoße, in der aber der Ge-

schmack von Nelken und rohem Schinken und das süße Aroma des Ziegenschinkens dominieren. Die gedünsteten Reineclauden arrangiert man auf den Schinkenwürfeln, gießt die Soße darüber, schiebt das Ganze kurz in den Backofen, und fertig ist das Abendessen. Ein paar Flaschen Remelluri de Labastida, Jahrgang 1978, und dann kann man in Ruhe dem Alter entgegensehen.»

(Die Rose von Alexandria)

2½ kg Spinat; ½ kg Scampi; 1 kg Venusmuscheln; Butter; Knoblauchzehen, möglichst jung; Mehl; ½ Fläschchen Austernsoße

Spinat sorgfältig waschen und putzen, kochen, abgießen und kleinschneiden.
Butter zerlassen und darin die Scampiköpfe anbraten; die Köpfe zerstoßen, damit ihr Inhalt in die Soße übergeht.
Köpfe herausnehmen und kurz in Wasser aufkochen.
In der Butter die feingehackten frischen Knoblauchzehen dünsten, ganz kurz das Scampifleisch und die im Dampf geöffneten und aus der Schale genommenen Muscheln dazugeben.
Einen Eßlöffel Mehl hinzufügen, etwas Muskatnuß hineinreiben, rühren und etwas vom Scampisud sowie den Muschelsud angießen.
Den Spinat in diese Soße geben. Alles zusammen muß fünf Minuten kochen und eine lockere Festigkeit erreichen.

Escabeche de Pagel

Rotbrasse in Marinade

Die Bürotür geht auf, und Carvalho kommt mit seinem Köfferchen herein. Biscuter kommt aus der Küche und trocknet sich die Hände ab.

«Hallo, Chef! Haben Ihnen die Ferien am Meer gutgetan?»
«Du machst dir kein Bild!»
«Caramba, Chef! Wer war das?» Er zeigt auf den Verband, der immer noch einen Teil von Carvalhos Schädel bedeckt.
«Zuerst die Räuber und dann die Gendarmen.»
«Die Extreme gleichen sich, Chef. Das sagte meine Mutter immer.» Carvalho läßt sich müde und zufrieden in seinen Sessel fallen. «Na, Biscuter, was gibt's in diesem Hause zu essen?»
«Ich habe eine eingelegte Rotbrasse, nach der Sie sich alle zehn Finger lecken werden!»
«Gekühlten Weißwein?»
«Ganz recht.»
«Dann los!»
Von der Küche aus fragt Biscuter: «Gab's hübsche Schwedinnen am Strand, Chef? Die Schwedinnen sollen ja im Winter zum Schwimmen hierherkommen.»
«Von sechzig Jahren an aufwärts.»
Mit dünner Stimme erwidert Biscuter: «Denen fällt auch nichts anderes mehr ein.»

(«Pablo und Virginia» aus *Der fliegende Spanier*)

1 Rotbrasse von über 1 kg oder ein kleines Exemplar für jede Person; Olivenöl und Essig;
1 Knoblauchknolle; konzentrierte Tomatensoße;
1 Kräutersträußchen; Mehl; Salz und Pfeffer

Die Rotbrasse in Scheiben schneiden, wenn es ein großes Exemplar ist. Salzen, mit Mehl bestäuben und braten. Dabei darauf achten, daß das Öl sauber bleibt.
Den gebratenen Fisch aus der Pfanne nehmen und das Öl durch ein Sieb geben, damit keine Verunreinigungen zurückbleiben.
In diesem Öl den Knoblauch anbraten, dann Tomatensoße und Kräuter dazugeben. Die Pfanne vom Feuer

nehmen und ebensoviel Essig zugeben, wie man Öl verwendet hat, sowie etwas Wasser.
Die Pfanne wieder aufs Feuer stellen, mit Salz abschmecken und frisch gemahlenen Pfeffer oder Pfefferkörner dazugeben.
Den Fisch in die Marinade geben und fünf Minuten darin köcheln.
In Keramiktöpfen, gut mit Marinade bedeckt, mindestens über Nacht ziehen lassen.

Cebollas Rellenas

Gefüllte Zwiebeln

Sie reichte ihm eine Ausgabe des *Heraldo Español*. Der Chef der Fuerza Nueva erklärte: «Wer mit dem Schwert tötet, wird durch das Schwert umkommen. Die Verbrechen einer verbrecherischen Ideologie wenden sich gegen die Anhänger dieser Ideologie selbst.»
«Alle Zeitungen teilen Tiefschläge aus. Die Sozialisten haben eine Sondernummer von *El Socialista* herausgebracht, die gnadenlos zur Sache geht. Es ist eine vergiftete Lobrede auf Garrido. Er soll vergeblich versucht haben, die Partei zu demokratisieren. Er habe die Kontrolle über die Gewerkschaftsbewegung verloren und nicht verhindern können, daß sie sich radikalisiert hat, und er sei den Widersprüchen zwischen der Realität und seinen eigenen Wünschen zum Opfer gefallen. Sie hacken nur auf uns herum, alle hacken sie auf uns herum!»
Jemand hatte einmal gesagt, das Schlimmste für einen Paranoiker sei es, einmal wirklich verfolgt zu werden. Carvalho überlegte, wie lange Carmela schon Parteimitglied sein mochte. Sehr lange konnte es nicht sein, und trotzdem hatte sie sich die ganze Katakombenmentalität zu eigen gemacht, vielleicht untermalt mit Rockmusik, deren Kultur auch dem Zwielicht von Kellern entstammt.

«Zeig mir ein paar gute Kneipen!»
«Wirklich?»
«Ja, echt!»
«Was ist dir lieber? Sollen wir durch Argüelles ziehen, oder bleiben wir hier, Calle Echegaray und so?»
«Bloß weg von hier! Ich kann dieses Viertel nicht mehr sehen.»
Carmela parkte den Wagen auf einem Zebrastreifen der Plaza del Conde del Valle de Suchil, setzte ihre Sonnenbrille auf und ging mit ihm entschlossenen Schrittes zur Calle Rodríguez de San Pedro.
«Was hältst du von gefüllten Zwiebeln?»
«Womit gefüllt?»
«Mit Hackfleisch. Die gibt's im *La Zamorana*. Dort kannst du auch sehr gutes Hacksteak essen, und dann ein paar Nierchen im *Ananías*.»

(Carvalho und der Mord im Zentralkomitee)

Für sechs Personen

12 mittelgroße Zwiebeln; 250 g Hackfleisch vom Schwein und Kalb; etwas altes Weißbrot; 1 Glas heiße Milch; 1 Knoblauchzehe; 2 Eier; ½ Gläschen Weißwein; 1 Teelöffel gehackte Petersilie; ¼ l Olivenöl; Mehl, Wasser und Salz

Zwiebeln schälen, mit einem kurzen, spitzen Messer soweit wie möglich aushöhlen, aber ohne sie kaputtzumachen, und an der Basis etwas abschneiden, damit sie nicht wegrollen.
Zwiebeln 15 Minuten in Salzwasser kochen.
Aus Hackfleisch, dem alten, in heißer Milch eingeweichten Weißbrot, Petersilie, gehacktem Knoblauch, anderthalb geschlagenen Eiern, Weißwein und Salz die Füllung bereiten und kneten, bis alles gleichmäßig durchmischt ist.

Zwiebeln abkühlen lassen, noch weiter aushöhlen und füllen.
Mit Mehl bestäuben und die Oberfläche der Füllung mit dem restlichen geschlagenem Ei bestreichen.
Zwiebeln in gutem Abstand in der Pfanne braten und beiseite legen.
In eine Backform etwas Öl geben und die Zwiebeln mit der Füllung nach oben hineinlegen.
Mit dem Sud, in dem sie gekocht wurden, übergießen, so daß sie bis zur Hälfte bedeckt sind. Etwa eine halbe Stunde im Backofen garen, mit einer Nadel die Festigkeit kontrollieren.
Wenn sie zu trocken werden, nach und nach den restlichen Sud zugeben.

Chorizo a la Sidra
Chorizo in Cidre

«Hat sie etwas gegessen oder nicht?»
«Wie ein Vielfraß.»
«Wie sieht es auf den Ramblas aus?»
«Naß. Es hat den ganzen Tag geregnet. Gibt es wirklich Krieg, Chef?»
«Was für einen Krieg?»
«Hier sagen es alle Leute. Es gibt wieder einen 18. Juli*. Das mit Garrido war ein Signal. Was machen die Leute in Madrid?»
«Die essen Chorizo in Cidre.»
«Das schmeckt, Chef!»
Er hängte auf. Als er bemerkte, daß der Regen eine Kälte in seinem Körper hinterlassen hatte, die nur heißes Wasser wieder austreiben konnte, ließ er sich ein Bad ein und stieg in die Wanne. Er fühlte sich geborgen, schloß die Augen und sah einen verdunkel-

* Am 18. Juli 1936 fand der Putsch der faschistischen Offiziere statt, der den Bürgerkrieg einleitete.

ten Saal mit einem leuchtenden Punkt im Hintergrund. Ein Punkt, der so schwach leuchtete, daß Garridos Gesicht nicht zu erkennen war. Die Glut einer Zigarette leuchtet auf, sobald der Mensch an ihr zieht. Das Licht einer Zigarette pulsiert; es wäre von viel mehr Leuten bemerkt worden und hätte dabei das Gesicht des Rauchers wenigstens etwas sichtbar gemacht. Also eine konstante Lichtquelle? Aber wie? Garrido selbst, wie er seinem Mörder den Weg zeigt? Hier bin ich. Hier ist mein Herz für dein Messer. Jemand, der neben ihm saß? Helena Subirats? Santos Pacheco?

Garrido hatte eindeutig ein Signal am Körper getragen, dessen Licht die Schritte seines Mörders lenkte. Vielleicht ein Ring! Aber weder Metall noch Edelstein kann mit seinen Strahlen die Dunkelheit durchdringen, ohne von einem Lichtstrahl getroffen zu werden.

«Fonseca, ich bin untröstlich, daß ich Sie zu dieser Tageszeit belästigen muß.»

«Es braucht Ihnen nicht leid zu tun, ich stehe immer zu Ihren Diensten.»

«Ich habe die Liste der Gegenstände genau studiert, die bei Garrido gefunden wurden. Sie trägt den Stempel Ihrer Abteilung. Wäre es möglich, daß Ihnen etwas entgangen ist?»

«Alles, was sich bei der Leiche befand, als sie uns übergeben wurde, ist aufgeführt.»

(*Carvalho und der Mord im Zentralkomitee*)

1 Chorizo pro Person (mindestens); 1 Flasche Cidre (kann ebenso mit *txakolí*, einem leichten baskischen Bauernwein, zubereitet werden)

Die Chorizos mit einer Nadel oder einer Gabel mit feinen Spitzen einstechen. In einer Pfanne in Cidre oder *txakolí* auf kleiner Flamme dünsten, bis die Würste weich sind.

Abtropfen lassen, in Scheiben schneiden oder ganz lassen und mit Salzkartoffeln servieren.

Ropavieja

Eintopf mit Fleisch vom Vortag

«Aber bald! Heute nachmittag!»

Er aß flüchtig und aufs Geratewohl, in den Kneipen des Barrio Chino, ein Essen mit zuviel Altöl und Knoblauch. Er wollte, während er auf Bromuro wartete, lieber flanieren als ins Büro zurückkehren, wo ihn eine von Biscuters Notmahlzeiten erwartete: Mit geriebenem Käse überbackene *ropavieja* und Tomatensoße. Der Mangel an Klienten und daher an Aufträgen ließ es geraten erscheinen, die Reste zu verwerten, und Biscuter hatte ein unerschöpfliches Repertoire an knauseriger sogenannter Volksküche. Bromuro erschien pünktlich zur verabredeten Zeit, pünktlich und perplex.

«Pepiño, es gibt keinen, der dich versteht! Manchmal soll ich dir den Mond vom Himmel holen, und manchmal verlangst du so einen Schwachsinn wie diesen. Dieser Typ war ein armes Schwein, und die größte Tat seines Lebens war, daß er sich mit sechs Messerstichen umbringen ließ. Außerdem ein völlig idiotischer Tod. Ein Streit um ein Weib, um eine Nutte aus der Calle de Escudellers. Der Streit ist womöglich um so idiotischer, weil ‹El Chota› ein schwuler Macker von der gefährlichen Sorte war, der manchmal auch Männer aushielt. Kleine Gauner, die er im Knast kennenlernte. Er ging im Modelo-Gefängnis aus und ein wie du in Luxusrestaurants.»

«Ich gehe nicht mehr in Luxusrestaurants, Bromuro. Schlechte Zeiten.»

«Warum interessierst du dich für ‹El Chota›?»

«Jeder Mann ist, wofür man ihn hält, und genauso das glatte Gegenteil.»

«Das ist weise, Pepiño, sehr weise. Also mich hält man für einen Schuhputzer, und in Wirklichkeit bin ich Hauptmann der *Tercios de Flandes*.»

Bromuro war zum Fürchten, wenn er sich in einem Anfall von historischem Imperialismus an seine Heldentaten an der russischen Front erinnerte, wo er mit der falangistischen «Blauen Divison» gewesen war.

(«Tödliches Rendezvous im ‹Up and Down›» aus *Das Zeichen des Zorro*)

Kalbfleisch, Huhn oder Hähnchen, Schweinefleisch, roher Schinken, Speck; 1 Zwiebel; 1 Eßlöffel Mehl; Brühe vom Eintopf; Salz, Pfeffer, geriebener Käse, Tomatensoße

Das ist eines der unzähligen Rezepte für *ropavieja*, was nichts anderes ist als die kluge Verwertung der Reste jedes beliebigen Fleischgerichts.
Das Fleisch in kleine Stücke schneiden.
Die gehackte Zwiebel kurz andünsten. Fleisch zugeben und andünsten.
Mit Mehl überstäuben, die Mischung durchrühren und dann die Brühe darüber gießen, so daß eine Art Béchamel entsteht.
Diese Mischung in eine Backform geben, mit geriebenem Käse bestreuen und gratinieren.
Wird normalerweise mit einer Tomatensoße aus Tomaten, einer Selleriestange, Zwiebel und etwas *guindilla* serviert.

Kanarische Variante

¾ kg Fleisch in Stückchen; 2–3 Scheiben Chorizo; 150 g Kichererbsen; ¾ kg Tomaten; 2 mittelgroße Paprikaschoten; 1 große Zwiebel; 2–3 Knoblauchzehen; 2 Tassen Olivenöl; ½ Teelöffel Paprikapulver; ½ Briefchen Safran; 1 Prise Thymian; 1 Lorbeerblatt; 1 Gläschen Wein; 4–5 schwarze Pfefferkörner; Petersilienzweige, ½ Teelöffel Zucker; Salz

Für dieses Gericht kann man Fleisch verwenden, das vom Eintopf oder einer Suppe übrig ist.
Das gekochte Fleisch kleinschneiden und in einen Topf geben. In einer großen Pfanne Öl erhitzen und Zwiebel und Knoblauch – beide ganz fein gehackt – darin andünsten, bis sie goldbraun werden. Tomaten dazugeben und weiterdünsten.
Dann die Paprikaschote in Streifen schneiden, Petersilie feinhacken, Paprikapulver und Safran im Mörser zerreiben und mit den übrigen Zutaten und dem Wein in die Pfanne geben.
Etwas Wasser dazugeben und alles köcheln lassen, bis es eindickt.
Nun Fleisch und Kichererbsen dazugeben und eine Zeitlang weiterkochen lassen, bis die Kichererbsen weich sind.

Matambre

Kalbsflanke mit Eier-Gemüsefüllung

«Einen Aperitif?» fragte Juan Cané, der Besitzer.
«Pisco Sour für uns beide.»
Cané sagte in der Küche Bescheid, daß für Carvalho eine gute *tapa de bife* zurückgelegt werden solle – keine *entraña,* die sei heute zäh ausgefallen. Nach dem zweiten Pisco Sour war Carvalho mit sich und der Welt zufrieden und ließ sich von dem verführerischen Elan Canés mitreißen: Eine Auswahl verschiedener Patés, *matambre* vom Grill, Kalbsbriespaté, Gemüse, von allem etwas. *Chinchulines?* Carvalho wußte nicht mehr, was das war. *Chinchulines* war der Ausdruck für zu Zöpfen geflochtene Dünndarmstücke vom Grill. Also gut, *chinchulines.* Und gebratenes Kalbsbries? Ja, bitte. Mit Kräutern gebratenen Käse? Warum nicht? Und dann noch *tapa de bife?* Natürlich! Cané wurde die Dynamik allmählich unheimlich, die er entfesselt hatte. Er setzte sich zu

Carvalho an den Tisch, um das Schauspiel eines hemmungslosen Essens mitzuerleben. 59er Paternina Reserva. «Und jetzt sag mir, erklär mir mal – es kann ruhig auf argentinisch sein –, was diese wunderbaren Wörter bedeuten: *asado de tira, tapa de bife, entraña, chimi-churri.*»
Der Argentinier zückte einen Kugelschreiber und zeichnete ein paar Vierbeiner auf, teilte sie mit Linien in Stücke und erklärte Carvalho die unterschiedlichen Methoden der Fleischzerteilung in der spanischen Kultur, wo Fleisch traditionell knapp war, und der argentinischen, wo hauptsächlich Fleisch gegessen wird.
«Ihr sägt die Rippen der Kuh waagerecht durch und nehmt sie für Kraftbrühe. Zu Hause zerteilen wir sie senkrecht, und das nennt sich dann *asado de tira*, Streifenbraten. Ganz langsam! Der Reiz des *asado* besteht darin, daß es langsam gebraten wird. *Tapa de bife? Entraña?* Also, hier schneidet man das Zwischenrippenstück auf eine einzige Art und Weise. Aber was man hier Entrecôte nennt, besteht aus Fleisch von unterschiedlicher Faserstruktur und unterschiedlichem Geschmack. Je nachdem, wie man dieses Stück vom Jungstier zerteilt, erhält man verschiedene Stücke: die *tapa de bife* oder die *entraña*. Die *entraña* ist problematisch, denn wenn sie nicht vom Jungstier stammt, wird sie nicht zart, nicht weich, sondern zäh. Wenn das Tier aber jung war, ist sie das beste Stück. Und der *chimi-churri*, dieser Ozean von *chimi-churri*, in dem du, Pepe Carvalho, dein Fleisch gebadet hast, ist eine Mischung aus Öl, Knoblauch, Petersilie und Ajípfeffer – ja, Ají ist ähnlich wie der mexikanische Chili, aber nicht so bestialisch scharf. Hast du immer noch Hunger?»

(Carvalho und der Mord im Zentralkomitee)

1 kg von der dünnen mageren Deckschicht der Kalbsflanke; 5 rohe Eier; 3 harte Eier; 60 g geriebener Käse; 250 g gekochte weiße Bohnen; ½ kg gekochter Spinat; 100 g roher Schinken; in Milch eingeweichtes altes Weißbrot; Salz, Pfeffer, Muskatnuß, Oregano

Das Fleisch zu einer Tasche zusammenlegen, die an zwei Seiten zugenäht wird. Salzen und pfeffern.
Für die Füllung Gemüse und Schinken fein hacken und vermengen; das ausgedrückte Weißbrot, Muskat, Oregano und Eier hinzufügen.
Die Fleischtasche damit füllen und darauf achten, daß die harten Eier ein zentrales Rückgrat bilden, also in Längsrichtung eins hinter dem andern liegen. Wenn die Tasche voll ist, die offene Seite zunähen.
Die Fleischtasche in eine Serviette einschlagen, diese ebenfalls zunähen und in einer Knochen- und Gemüsebrühe zweieinhalb Stunden kochen.
Den Topf vom Feuer nehmen, den Inhalt in der Brühe etwas abkühlen lassen, bis er handwarm ist, dann herausnehmen und mehrere Stunden lang mit einem Gewicht beschweren, am besten im Kühlschrank.
Die Serviette und die Schnur entfernen und in Scheiben kalt oder handwarm mit verschiedenen Soßen anrichten; allerdings geht nichts über den argentinischen *chimi-churri* oder die grüne Kräutersoße *salsa verde*.

Chimi-churri

Argentinische Grillsoße

4 Eßlöffel Olivenöl; 1 Tasse Rotweinessig; 4 Eßlöffel scharfes Paprikapulver; 4 zerstampfte Knoblauchzehen; 1 Teelöffel schwarzer Pfeffer; 1 *guindilla*; 1 Teelöffel Oregano; 1 Teelöffel feingehackter Lorbeer; ½ Teelöffel Salz

Alle Zutaten in eine Flasche geben und gut schütteln, damit sich alles vermischt.
Vier oder fünf Tage an einem kühlen Ort stehenlassen, damit die Soße ihr volles Aroma entwickelt.
Es gibt ebenso viele Varianten des *chimi-churri*, wie es Argentinier gibt.

Morteruelo

Paté nach Art von Cuenca

«Planas hat den Genuß des Essens nie entdeckt. Ein Vergnügen, das man etwa mit 30 Jahren entdecken sollte. Das ist das Alter, in dem das menschliche Wesen aufhört, ein Idiot zu sein, dafür aber den Preis des Alterns bezahlt. Heute nachmittag habe ich mich für Chablis und *morteruelo* entschieden. Kennen Sie *morteruelo*?»

«Eine Art Paté aus Kastilien.»

«Aus Cuenca, um es genau zu sagen. Eine beeindruckende Paté aus Hase, Schweinebug, Huhn, Schweineleber, Walnüssen, Zimt, Nelken und Kümmel... *Morteruelo*! Was für ein herrlicher Name für einen herrlichen Imbiß!»

Der Mulatte verströmte den Duft eines homosexuellen Hengstes, den Duft von wohlriechendem Hartholz. Er stellte ein kleines Tablett vor Carvalho, auf dem ein schönes Glas aus weißem Bergkristall stand.

«Sie werden mir zustimmen, wenn ich behaupte, Weißwein aus grünen Gläsern zu trinken sei eine Erfindung von Kulturbanausen. Ich bin kein Befürworter der Todesstrafe, es sei denn wegen Erregung öffentlichen Ekels. Diese Unsitte, aus grünen Gläsern Wein zu trinken, ist so ein Fall. Wie kann man dem Wein das Recht absprechen, gesehen zu werden? Den Wein muß man sehen und riechen können, bevor man ihn kostet. Er braucht transparentes Kristall, das transparenteste Kristall von allen. Diese Unsitte mit den grünen Gläsern stammt von irgendeinem halbgebildeten französischen *maître*, wurde von der noch weniger als halbgebildeten Aristokratie übernommen und begann von dort ihren Abstieg bis in die auf Raten gekauften Vitrinen und auf die Wunschzettel kleinbürgerlicher Brautpaare. Es gibt nichts Ärgerlicheres als solche Kulturlosigkeit.»

Carvalho hatte den Eindruck, daß sich das Blaurot der Äderchen unter der dünnen Puderschicht vertieft hatte. Die Stimme des Marqués war wohlklingend wie die eines katalanischen Radiosprechers, der, um seinen heimischen Akzent zu verbergen, ein übernatürlich reines Kastilisch spricht. Der Mulatte brachte zwei Terrinen mit *morteruelo*, zwei Gedecke und zwei Körbchen mit Brötchen.

«Trinken Sie! Trinken Sie, Señor Carvalho, bevor der Wein ausgeht! Bevor die Welt untergeht!»

(Tahiti liegt bei Barcelona)

Für zehn Personen
Vorbereitung: 4 Stunden; Garzeit: 3 Stunden

1 Hase; 1 Huhn; ½ kg Schweinelende; 1 kg Schweineleber; 150 g Semmelbrösel; ½ kg Schweineschmalz; Walnüsse; Paprikapulver; Pfefferkörner; Nelken, Kümmel, Zimt und Salz

Den Hasen, das Huhn, die Leber und die Lende in einem Topf mit Wasser zum Kochen bringen und gut würzen. Drei Stunden kochen lassen.

Das Fleisch entbeinen und enthäuten. Alles sehr klein hacken und gut mit den Semmelbröseln vermischen, die vorher angeröstet wurden. Den Sud angießen, in dem das Fleisch gekocht wurde. Schweineschmalz, Kümmel, Paprikapulver, Nelken, Zimt, Pfeffer und Salz zugeben. Auf kleiner Flamme köcheln lassen, bis es sehr dickflüssig wird. Kurz bevor man den Topf vom Feuer nimmt, die im Mörser zerstampften Walnüsse zugeben.

Vom Feuer nehmen und in Steinguttöpfe füllen. Mit einer Schicht Schweineschmalz bedecken. Mit grobem Packpapier und Bindfaden verschließen und kalt werden lassen.

Die Einsamkeit der Langstreckengerichte

Potaje
Gemüseeintopf

Carvalho versuchte, sein Lächeln zu einer abgeschlossenen Botschaft zu formen, das heißt zu einem ganzen Gesprächsbeitrag, der auch die Verabschiedung beinhaltete, aber Mme. Fedorowna übersprang alle Barrieren, auch die der Stummheit, und drang in pädagogischer Absicht in sein physisches Territorium ein.
«Es ist heute eine wunderbare Suppe aus Kartoffeln und Gurke. Das allerbeste Diuretikum, schmackhaft, kräftig, und dann dieses herrliche Kreuzkümmelaroma. Der Kreuzkümmel ist ein großartiges Gewürz und dazu praktisch unschädlich. Er greift den Magen weniger an als der Pfeffer. Schmeckt Ihnen der Kreuzkümmel, Señor Carvalho?»
«Am richtigen Ort, ja.»
«Zum Beispiel?»
«Bei bestimmten Gemüseeintöpfen, mit Kürbis, Kartoffeln, Kichererbsen, Klippfisch, Schinkenknochen... Wenn man will, als Ersatz für den rohen Schinken.»
«Schinkenknochen!» sagte Mme. Fedorowna zu sich und suchte im Speicher ihrer botanischen Kenntnisse die Pflanzenart, zu der

dieses Produkt gehörte. Als sie feststellte, daß es nicht vegetarisch war, sondern daß es sich dabei, wie der Name sagt, um den Knochen aus einem Schweineschinken handelte, schwankte sie zwischen einer angeekelten Grimasse, die Carvalho eventuell beleidigt hätte, und einem kleinen Lachen schelmischer Komplizenschaft, das die bewußtseinsverändernde Wirkung tagelanger ideologischer Überzeugungsarbeit in Frage gestellt hätte. Sie entschied sich daher für das Lächeln einer Tauben, als hätte sie nichts gehört, und suchte, ohne Carvalhos Lebensraum zu verlassen, mit den Augen ein anderes menschliches Opfer aus, um sich ihm zu nähern und ihre Erläuterungen über die Kartoffel- und Gurkensuppe fortzusetzen.

Carvalho hatte Hochachtung vor ihrer Fähigkeit zur Selbstbeherrschung und folgte dem majestätischen Flug des alten und blonden Blickes, der nach geeigneten Nestern suchte. Dabei fragte er sich wieder einmal, ob die grauen Trübungen im Weiß ihrer Augäpfel gute oder schlechte Anzeichen für eine gute oder schlechte Ernährung seien. Es waren die Augen einer Nonne, das Weiß im Auge einer Nonne, ein Weiß, das so genau abgegrenzt war wie bei den zweifarbigen Sommerschuhen in der Nachkriegszeit oder den gestärkten Schürzen von Krankenschwestern.

Während dieser aufmerksamen Betrachtung der Augen von Mme. Fedorowna bemerkte er, wie sich die Pupille auf ein Minimum verengte, als gehe das Kleinwerden der Augen Hand in Hand mit der Konzentration eines aggressiven Blickes auf einen bestimmten Punkt im Saale. Als die Augen von Mme. Fedorowna einen durchbohrenden Ausdruck annahmen, schlossen sich ihre Lippen und bildeten eine grausame Linie; ihr Mund blieb mit Anstrengung geschlossen, um zu verhindern, daß ihm Schimpfworte oder Schlimmeres entschlüpften. Mme. Fedorowna haßte jemanden oder etwas in diesem Saal, und wie Tänzer kehrten ihre Augen immer wieder zu der alten Mrs. Simpson zurück, obwohl das Lächeln langsam auf ihr Gesicht zurückkehrte und ihre Augen wie eine Litanei mehrmals die aufgeschobene Aussage ausdrückten: «Ein Schinkenknochen, wie? Das hätte gerade noch gefehlt.»

1 Tasse weiße Bohnen; 2 l kaltes und 1 l lauwarmes Wasser; ½ kg Kartoffeln; 1 trockenes Stück magerer Schinken; 1 Stück magerer Speck; 1 Eßlöffel Schweineschmalz; 1 Weißkohl; 1 Lorbeerblatt; 1 Zwiebel; 2 Knoblauchzehen; Salz

Die über Nacht gewässerten weißen Bohnen mit 1 l kaltem Wasser, dem Lorbeerblatt, der halbierten Zwiebel, den Knoblauchzehen, dem Schweineschmalz, dem Schinken und dem Speck in einen großen Topf geben.
Eine Stunde lang kochen lassen. Dabei alle fünfzehn Minuten das Kochen unterbrechen, indem man etwas kaltes Wasser angießt.
Nach einer Stunde einige Eßlöffel weiße Bohnen herausnehmen, pürieren und wieder in den Topf geben.
Einen Liter lauwarmes Wasser, den geschnittenen Weißkohl, die Kartoffeln und Salz dazugeben. Weitere ¾ Stunden kochen lassen.
Mit Salz abschmecken. Den Schinken und Speck in kleine Stücke schneiden und das Ganze sehr heiß servieren.

Olleta d'Alcoi

Eintopf mit Schweinskopf und Artischocken

Er aß im Restaurant *Can Lluís*, an der Ecke Calle Santa Amalia und Calle de la Cera ancha. Er erinnerte sich noch an das Getöse der Schießerei zwischen Gangstern, die das Lokal überfallen hatten, und der Polizei, in den vierziger Jahren. Der damalige Wirt war dabei ums Leben gekommen. Er bestellte eine *olleta d'Alcoi* und gebratene Ziegenlammschulter; das Essen war ausgezeichnet, und Carvalho steckte sich zur Feier des Ereignisses eine «Cerdán» an, eine dominikanisch-katalanische Zigarre von einem passionierten katalanischen Hersteller in Santo Domingo. Das Kistchen hatte ihm ein Klient verehrt, zum Dank dafür, daß er seinen Buchhalter als Gauner entlarvt hatte, seinen eigenen Bruder. Manche Leute zeigen sich für jede Barbarei erkenntlich. Als er ging, brachte ihn das Gefälle der Straße ganz von selbst zur Calle da la Botella, seiner Straße, der Straße von Young. Er verweilte ein wenig und spähte nach dem Balkon, wo er früher gewohnt hatte. Bettücher hingen dort, die nicht seine waren, Kleidungsstücke, die nicht seinen Eltern gehörten, Tischdecken, die nicht von seinem Tisch stammten – und alles hatten Hände aufgehängt, die nicht die seiner Mutter waren. Etwas, das dem Schmerz sehr nahekam, ließ ihn die Augen schließen.

(«Von den Dächern gesehen» aus *Zweikampf*)

Für vier Personen
Vorbereitung: 15 Min.; Garzeit: 1 ½ Std.

½ Schweinskopf; 1 Schweinsfuß; 1 Schweineschwanz; 3 *morcillas* mit Zwiebeln; 2 *blancos* (Würste); 3 gesäuberte und geschnittene weiße Rüben; 1 Bündel Kardenartischocken, geputzt und geschnitten; 300 g Kartoffeln, geschnitten; 200 g gewässerte Kichererbsen, 300 g Reis; Salz und Safran

Alles außer Kartoffeln, Reis und Würsten in einem Topf mit Wasser zum Kochen bringen und so lange kochen lassen, bis alles weich ist.
Dann die Kartoffeln zugeben. Weiter kochen lassen und 20 Minuten vor dem Anrichten Safran zugeben, mit Salz abschmecken und den Reis zugeben, der ganz bleiben muß. Gut umrühren und, wenn nötig, Wasser nachgießen. Fünf Minuten bevor man den Topf vom Feuer nimmt, die Würste hineingeben. Das Gericht soll viel Brühe enthalten. Heiß servieren.

Cocido Madrileño
Eintopf Madrider Art

«In der *Gran Tasca* gibt es heute *cocido*. Deinetwegen höre ich mich überall um. In der Partei halten sie mich schon für übergeschnappt. Wißt ihr, wo man einen guten *cocido* bekommt? Heute erfuhr ich es vom Organisationsleiter von Cuatro Caminos. Ich hatte die Mitarbeiter von *Mundo Obrero* gefragt, und dann sagte mir der Genosse Bescheid. *Cocido* in der *Gran Tasca*, heute klappt's! Also auf, bevor die Suppe alle ist! Und du hast nichts weiter zu tun, als dir überall die besten Restaurants auszusuchen? Nimmst du mich überhaupt mit zum Essen, oder wäre dir die falsche Katze von gestern abend lieber? Du hast ein Tempo drauf, Junge, nicht mal Belmondo in *Außer Atem* kommt da mit! Sogar Cerdán hat etwas gemerkt, und das Gespräch ging plötzlich um die Beine der Dame.»

«Was hielt Cerdań von den Beinen der Dame?»

«Leveder schnitt das Thema an, der gehört sowieso zur frivolen Fraktion, aber Cerdań brachte eine analytische Note hinein, er hatte ein anderes Schönheitsideal.»

«Was soll das heißen?»

«Er sagte, fast nur mit deutschen Zitaten, daß sie zu kurze Beine hat, aber bei ihm klang das alles nach Lukács, Adorno oder so einem.»

«Wie habt ihr den Abend beendet?»

«Das sag ich dir erst, wenn du mir verrätst, wie du ihn beendet hast!»

«Im Bett. Aber jeder in seinem eigenen.»

«Ist das eine neue Stellung?»

«Und jeder bei sich zu Hause.»

«Noch toller. Der Telefick.»

Carvalho dozierte über die Verwandtschaft des ausgezeichneten *cocido*, der vor ihnen stand, mit dem *pot au feu*. «Die Kichererbse», sagte er, «ist das Charakteristikum des spanischen *pot au feu*, und fast immer verleihen ihm getrocknete Hülsenfrüchte die

spezielle Note: Auf Yucatán beispielsweise wird er mit Linsen gekocht, und in Brasilien mit schwarzen Bohnen. Unter den Kichererbseneintöpfen der Völker Spaniens zeichnet sich der von Madrid durch den Chorizo aus, und der katalanische durch die *botifarra de sangre* und die *pelota**.
Carmela notierte sich das Rezept der *pelota*. «Ihr seid ganz schön pfiffig, ihr Katalanen! Wieso ist das nicht uns eingefallen?»

(Carvalho und der Mord im Zentralkomitee)

Für sechs Personen
Vorbereitung: 30 Min.; Garzeit 2½ bis 3 Std.

600 g Beinfleisch; ein großer Markknochen vom Rind; ½ Huhn; 100 g trockener roher Schinken am Stück; 100 g Speck; 1 gepökelter Schweinsfuß; 2 Chorizos; 1 Blutwurst; 500 g Kichererbsen; 1 großer Kohlkopf; 100 g grüne Bohnen; 1 Karotte; 1 Zwiebel, in der eine Gewürznelke steckt; 1 kleine Selleriestange; 6 mittelgroße Kartoffeln; 2 Knoblauchzehen; 1 dl Öl; 400 g Tomaten; 150 g Suppennudeln oder Reis; Salz, Pfeffer

Anmerkung: Die Kichererbsen über Nacht in lauwarmes Salzwasser legen, den Schweinsfuß in kaltes Wasser.
Das Fleisch, den Knochen, das Huhn, den Schinken, den Speck und den Schweinsfuß in einen Topf geben, mit drei Liter kaltem Wasser zum Kochen bringen.
Sobald es zu kochen beginnt, wiederholt sorgfältig abschäumen, die eingeweichten Kichererbsen, die Zwiebel, die Karotte und die Selleriestange zugeben. Salzen.
Auf kleiner Flamme ununterbrochen etwa zwei Stunden kochen lassen, bis die Kichererbsen weich sind.
In einem anderen Topf den Kohl und die grünen Bohnen mit Chorizos und Blutwurst etwa ¾ Stunden in Salzwasser kochen.
In einer Pfanne eine Knoblauchzehe mit der Hälfte des

* Fleischbällchen

Öls bräunen; Zehe herausnehmen und in dem Öl die geschälten, entkernten und grob gehackten Tomaten dünsten; kurz bevor sie fertig sind, salzen und pfeffern.
Wenn der Topf mit Fleisch und Kichererbsen fast fertig gekocht ist, Kartoffeln dazugeben, und zwar eine nach der andern, damit das Kochen nicht unterbrochen wird.
Eine halbe Stunde lang weiterkochen.
Inzwischen in einer Pfanne die andere Knoblauchzehe im restlichen Öl bräunen; Zehe herausnehmen und das gekochte und gut abgetropfte Gemüse mit der Blutwurst und den Chorizos im selben Öl dünsten.
Wenn die Kartoffeln gar sind, den Sud abgießen, durch ein feines Sieb streichen, etwas von der Gemüsebrühe dazugeben und aus dieser Brühe und den Nudeln oder dem Reis eine Suppe kochen.
Als erstes die Suppe servieren; dann in einer Schüssel die Kichererbsen, um die die Fleischstücke gelegt werden, und gleichzeitig in einer anderen Schüssel das Gemüse und die Kartoffeln mit der Blutwurst und den in Scheiben geschnittenen Chorizos anrichten.
Dazu in einer Sauciere die Tomatensoße reichen.

Escudella i Carn d'Olla

Reis-Nudel-Suppe und Eintopf

Er geht wieder durch den V. Distrikt zu dem Haus auf dem freien Platz, den die Spitzhacke des siegreichen Spekulantentums ins alte Fleisch des am meisten gedemütigten und verletzten Stadtteils geschlagen hat. Charo befolgt seine Anweisungen.
«Ich gehe, weil ich keinen Ärger will. Aber das ist das letzte Mal, daß du mir das Leben schwermachst! Ich stelle dir alle Klienten in Rechnung, die mir jetzt durch die Lappen gehen.»
Es macht ihm Gewissensbisse oder es alarmiert ihn, daß ihm Charo die finanziellen Verluste aufrechnet, die ihr durch den Aus-

fall ihrer Kunden entstehen. Er wird es den Taustes auf die Rechnung setzen. Er benutzt zwei Frauen: eine willentlich als Lockvogel, die andere bringt er in Sicherheit vor einer Gefahr, die er verursacht hat. Charo erfüllt ihn mit Sorge, Nanny mit einer gewissen Reue, die er mit einer ordentlichen Mahlzeit im *Pa i Trago* zu verbannen versucht. Er geht in dieses Lokal, weil ihm einfällt, daß es dort an diesem Tag immer *escudella i carn d'olla* gibt. Er meditiert über die zweigeteilte Kasserolle, deren Form das Ergebnis der Anpassung der Töpferei an die Metaphysik des zweifachen Gerichtes darstellt: die Reis-Nudel-Suppe und der Eintopf mit Fleisch, Kartoffeln, Kohl und Kichererbsen. Jeder Eintopf ist ein Schauspiel des Überflusses und gehört zu den kühnsten Erinnerungen an Hunger und Sättigung. Deshalb ist Carvalho auf eine urtümliche Art glücklich und geht mit klarem Kopf und sicherem Schritt auf die Straße hinaus. Er schlendert durch die Stadt. Seine gewohnten Wege: Ramblas, Boquería, Büro, Zeitungsstand. Er unterhält sich mit Bromuro in der Bar, während dieser das Schuheputzen übertreibt. Er ahnt, daß ihm jemand folgt, und tatsächlich hält eine Hand am Ende eines Armes, der aus dem Seitenfenster eines Autos heraushängt, Zigarettenlänge um Zigarettenlänge durch, während Carvalho umherschlendert.
Carvalho legt sich in seiner neuen Wohnung aufs Bett und schaut zur Decke, als es an der Tür klopft. Er schaut durch den Spion, während er mit einer Hand nach der Pistole über seinem Herzen greift. Es ist Nanny. Er öffnet, und sie steht barfuß vor ihm, in einem weiten Pyjama, der dem, was er verbirgt, noch größere Attraktivität verleiht.
«Wir haben kein Signal zum Liebemachen vereinbart», sagt sie. Lächelt und schmuggelt sich in Carvalhos Arme.

Für sechs Personen
Vorbereitung: 20 Min.; Garzeit: 2 bis 2½ Std.

500 g Kalb- oder Ochsenfleisch; ½ Huhn;
150 g durchwachsener Speck;
200 g Schweinsöhrchen; 1 gepökelter Schweinsfuß;

150 g mageres Hackfleisch vom Schwein; 100 g Hackfleisch vom Kalb; 150 g weiße *botifarra*; 250 g schwarze *botifarra*; 1 Stück Schinkenknochen; 1 Stück Röhrenknochen mit Mark; 1 Bries; 250 g Kichererbsen; 200 g weiße Bohnen; 250 g Kartoffeln; 1 stattlicher Kohlkopf; 1 mittelgroße weiße Rübe; 1 mittelgroße Karotte; 2 Selleriestangen; 1 Knoblauchzehe; 1 Ei; 2 große Eßlöffel Semmelbrösel; 1 Eßlöffel Mehl; 200 g Suppennudeln, sog. *galets* (Muscheln); Salz, Pfeffer, Zimtpulver, Petersilie

Achtung: Die Kichererbsen über Nacht in leicht gesalzenes, lauwarmes Wasser einlegen.
Das Fleisch, das Huhn, das Schweinsohr und den Schweinsfuß, den Schinken- und den Markknochen, das Bries und die weißen Bohnen mit reichlich Wasser in einen Topf geben und zum Kochen bringen. Sobald es zu kochen beginnt, sorgfältig abschäumen und die Kichererbsen hinzufügen; wieder zum Kochen bringen und auf kleiner Flamme etwa zwei Stunden oder länger köcheln lassen, bis die Kichererbsen weich sind.
Inzwischen die Knoblauchzehe und die Petersilie fein hacken; das Ei schlagen und mit dem Hackfleisch vom Schwein und vom Kalb, den Semmelbröseln, dem Knoblauch und der Petersilie vermengen; mit Salz, Pfeffer und Zimt würzen; durchkneten, bis eine homogene Mischung erreicht wird; daraus Fleischbällchen in Form einer großen Croquette formen, die sogenannte *pelota*; in Mehl wälzen.
Nach zwei Stunden Kochzeit die *pelotas*, die *botifarras*, den Speck, den Kohl und die ganzen Kartoffeln, die Karotte, die weiße Rübe und die Selleriestangen in den Eintopf geben; abschmecken und etwa fünfundvierzig Minuten weiterköcheln lassen.
Die Eintopfbrühe fast ganz abgießen, durch ein Sieb streichen, Nudeln dazugeben und daraus eine Suppe kochen.

Zuerst die Suppe, dann in zwei Schüsseln das Gemüse und das mit etwas Suppe übergossene Fleisch servieren.

Achtung: Diese Suppe mit *gallets* ist für die Weihnachtszeit typisch. Gewöhnlich nimmt man dicke Suppennudeln und fügt der *escudella* etwas Gemüse und Hülsenfrüchte aus dem Eintopf bei.
Es ist zu empfehlen, die Kichererbsen und weißen Bohnen in Netzen zu kochen, um sie bequem aus dem Eintopf nehmen zu können, wenn sie weich sind.

Sopa de Brosa y Tortilla Caldosa

Kartoffelsuppe mit Fleischbällchen und Tortilla mit Soße

Carvalho hat das Bedürfnis zu kochen und probiert ein paar Rezepte aus, die Biscuter in der Boquería-Markthalle bekommen hat. Eine typische Suppe aus dem Priorato und eine Tortilla aus derselben Region, *sopa de brosa* und *truita amb suc*. Wie immer, wenn er neurotisch kochen und speisen will, um dabei seinen Spekulationen und Ängsten bezüglich eines aufgeschobenen Problems nachzugehen, bittet er seinen Nachbarn, den Steuerberater Fuster, sich ihm als Tischgenosse und Katalysator für einen als Dialog getarnten Monolog zur Verfügung zu stellen. Fuster läßt sich nicht überzeugen, bevor er nicht die Karten auf den Tisch legt.
«Die Suppe wird auf der Basis von Kartoffelbrühe und drei Sorten Fleisch gemacht: Huhn, Kalb und Schwein. Man dreht Kartoffeln und Fleisch durch einen Fleischwolf und vermengt sie mit Brühe. Dazu gibt es Schweinefleischbällchen.»
«Sehr nahrhaft. Und die Tortilla?»
«Eine Tortilla mit gekochten Bohnen und einer Brühe, die einer hellen Soße mit Aioli und Klippfisch ähnelt.»
«Winter- und Binnenlandsküche.»
«Du sagst es.»

«Vom Büro aus sehe ich nicht, was für Wetter in Vallvidrera herrscht.»
«Nebel und Feuchtigkeit.»
«Ein ausgezeichnetes Abendessen. Du kannst auf mich zählen.»
Dies tut Carvalho und vervollständigt die Inszenierung mit einem auf Kosten von Angus Wilsons *Anglo-saxon Attitudes* entfachten Kaminfeuer.
«Was hat dir dieses Buch getan?»
«Überhaupt nichts, abgesehen von der beleidigenden Tatsache, daß es ein Buch ist. Ich würde sogar sagen, daß es mir vor fünfundzwanzig Jahren sehr gut gefallen hat. Aber es hat einen Titel, der verdammt ähnlich wie *Seeattitüden* klingt, der Roman eines Schwachkopfs, den ich nicht gelesen habe, aber widerlich finde.»
«Deine Paranoia spitzt sich zu. Jetzt haßt du schon Titel, die du noch gar nicht gelesen hast.»

(«Eine unbekannte Reisende ohne Papiere»
aus *Der fliegende Spanier*)

Kartoffelsuppe mit Fleischbällchen

Kochzeit: etwa 2 Std.

¼ Huhn; ½ Schweinshaxe; 250 g Kalbfleisch für Kraftbrühe; 1 kleiner Kohlkopf; mageres Hackfleisch vom Schwein; ½ Schweinsohr; 1 Schweinsfuß; ½ Schweineschnauze; Kartoffeln; weiße Bohnen oder Kichererbsen; Suppenkräuter; 2 Eier; altes, in Milch eingeweichtes Weißbrot; Knoblauch, Petersilie und Pfeffer; 1 weiße und 1 schwarze *botifarra* zu je 100 g

Weiße Bohnen oder Kichererbsen vorkochen.
Das Fleisch mit den Suppenkräutern und so viel Wasser aufsetzen, daß genügend Suppe daraus wird.
Hackfleisch mit dem eingeweichten Brot, einem ge-

schlagenen Ei, gehacktem Knoblauch, gehackter Petersilie, Salz und Pfeffer vermengen. Kleine Fleischbällchen formen und mit Mehl bestäuben.
Sobald das Wasser kocht, den kleingeschnittenen Kohl, die Kartoffeln und die vorgekochten Kichererbsen oder weißen Bohnen hinzufügen.
Eine Viertelstunde bevor man den Topf vom Feuer nimmt, also etwa nach 1 ¾ Stunden, wird das Fleisch herausgenommen, entbeint, in Stücke geschnitten (oder durch den Fleischwolf gedreht) und mit den Fleischbällchen und geschnittenen *botifarras* wieder in den Topf gegeben.
Mit dem zweiten Ei ein Omelett mit Petersilie backen und kleingeschnitten dazugeben.

Tortilla

6 Eier; ½ kg Kartoffeln, 1 Zwiebel; 400 g vorgekochte Erbsen; feingehackte Mischung aus Knoblauch, Mandeln, Haselnüssen, Pinienkernen, geröstetem Weißbrot, Safran und Petersilie; kräftige *escudella*-Brühe; 1 Eßlöffel weißes Mehl

Eine Tortilla aus Kartoffeln, Zwiebeln und den sechs geschlagenen Eiern bereiten.
Auf den Boden einer flachen Tonform legen.
In einer Pfanne mit Öl das weiße Mehl leicht anbräunen, dann mit der sehr fein gehackten Mischung kurz weiterbräunen und zwei Schöpfkellen Suppe dazugeben. Andicken lassen und mit Salz und Pfeffer abschmecken.
Die Tortilla vierteln, die Viertel auseinanderziehen, damit Platz dazwischen ist; die Erbsen und die heiße Soße darübergeben.
Auf dem Feuer kurz aufwallen lassen und anrichten.

«Fondue» a la Vietnamita

Vietnamesisches «Fondue»

Wer Saigon vor der Revolution nicht erlebt hat, weiß nicht, was Asien einmal war, sagte Madame Rony, und stellte sich selbst als Witwe eines französischen Sergeanten vor, der vor einem Jahr an einer unbekannten Krankheit gestorben sei. Carvalho wollte sie nicht enttäuschen und spielte den Franzosen in der Hoffnung, daß seine Aussprache nicht allzu schlecht sein würde.

Das vietnamesische Fondue entsprach etwa dem Fondue Bourguignonne, aber anstatt Fleisch in Öl zu braten, wurden hier kleine Stücke Hühner- oder Schweinefleisch, Garnelen oder Tintenfisch in einem milden Sud gegart, in den auch Glasnudeln und Kohl gegeben wurden. Jeder Bissen wurde in eine starke, scharfe Soße getunkt, und am Ende wurde der Sud mit den Glasnudeln und dem Kohl ausgelöffelt. Es hätte ein fröhliches und aufregendes Essen sein können, hätten die Mädchen nicht bei jeder Tat des aufgeblasenen Helden der TV-Serie erwartungsvolle Schreie ausgestoßen, wäre der Elektrotopf, in dem der Sud kochte, nicht aus glanzlosem Aluminium gewesen, hätte die Nonne nicht während des ganzen Essens vor Lachen gebrüllt, ohne Zweifel über obszöne theologische Witze, und hätte die Witwe größere Portionen und weniger Wasser gereicht. Ein weiterer Störfaktor war, daß gerade in dem Moment, als sich Carvalho daranmachte, die Glasnudeln zu verzehren, vier wie italienische Mafiosi gekleidete Einheimische seinen Tisch umstellten.

«Kommen Sie mit!»

«Ich bin noch nicht fertig mit dem Essen.»

Einer der Männer zog den Stecker des Aluminiumtopfes aus der Steckdose, damit war das Essen beendet. Carvalho sah sich im Lokal um, welchen Eindruck das Eindringen der Schlägertypen auf die übrigen Gäste gemacht hatte. Die Gespräche und der Fernseher waren leiser geworden, aber es war offensichtlich, daß sich niemand dafür interessierte, was mit dem einsamen Europäer geschehen würde.

«Kommen Sie von Charoen?»
Er wurde an den Schultern gepackt, und sie zeigten ihm den kürzesten Weg zum Ausgang. Carvalho nahm ein Bündel zerknitterter Geldscheine aus der Hosentasche und versuchte, bei der Wirtin sein Essen zu bezahlen, aber sie hielten ihn fest, nahmen ihm das Geld aus der Hand, einer der Schläger zählte 70 Baht ab und legte sie auf den Tisch. Damit war das Essen bezahlt. Den Rest bekam er zurück, und er wurde zum Ausgang gestoßen.
«Wenn Sie so weitermachen, kommt kein Tourist mehr hierher.»

(Die Vögel von Bangkok)

220 g Hähnchenfleisch, in dünne Streifen geschnitten; 200 g Kalbfleisch, in Streifen geschnitten; 200 g Kalamares, in Streifen geschnitten; 200 g Krabben, geschält; 200 g weißfleischiges Fischfilet in Streifen; 250 g ganz feine Glasnudeln; 1 Kohlkopf, kleingeschnitten; Austernsoße; Sojasoße; Hühner- und Gemüsebrühe

Auf den typischen Fondue-Rechaud einen Topf mit kochender Brühe stellen.
Jeder Tischgenosse bekommt einen Teller mit dem geschnittenen Fleisch und Schälchen mit den Soßen, deren Zahl beliebig erweitert werden kann.
Das Fleisch wird mit einer langen Bambus- oder Edelstahlgabel aufgespießt und kurz in der Brühe gegart, in die Soße gestippt und verzehrt, bis alles aufgegessen ist.
Zum Schluß den sehr fein geschnittenen Kohl und die Glasnudeln in der Brühe garen und auf die Tischgenossen verteilen. Gleichfalls mit den Soßen abschmekken.
(Es gibt andere Rezepte für das vietnamesische «Fondue», aber dies ist die Variante, die Carvalho in Bangkok bekam.)

Arroz con Alcachofas

Reis mit Artischocken

«Aus Trauer macht man solche Sachen, Chef. Ein Onkel von mir, er war Installateur, wurde sogar Mönch, nur weil seine Frau an einer schlimmen Krankheit starb. Meine Mutter nahm mich einmal mit, als sie ihn im Kloster besuchte. Er war im Garten beim Umgraben, und als er hörte, wie meine Mutter seinen Namen rief, hob er den Kopf, so wie ich jetzt, und lächelte uns an. So ein Gesicht, Chef! So ein Gesicht habe ich seither nie mehr gesehen, so friedlich und heiter. Ich glaube nicht an Priester und nicht an Heilige, aber an etwas glaube ich. An was, weiß ich nicht genau, aber an irgend etwas. Und sie?»

«Mich laß gefälligst aus dem Spiel! Sieh lieber zu, daß du die Sache für dich selbst klarkriegst. Ich bin gespannt, ob du herausfindest, an was du glaubst!»

Mit Erläuterungen über die letzte Ursache des Universums und der Ankündigung von Reis mit Artischocken begab sich Biscuter in die Kochnische. «Ein *sofrito*, eine Menge Artischocken, Safran und rote Paprikaschoten, sonst nichts. Es kostet nicht die Welt, sagen wir mal. Ich weiß ja nicht, wofür Sie so viel sparen, Chef. Eines schönen Tages erwischt es Sie doch, und alles, was Sie haben, ist für die Würmer.»

Carvalho frischte Erinnerungen an seinen alten Freund auf, den bekennenden Christen, der Demonstrationszüge anführte in der Überzeugung, sein Glaube sei eine schützende Rüstung, und dabei mehr Schläge mit dem Gummiknüppel einstecken mußte als alle anderen zusammen. Sein Anruf war aus einem Land gekommen, das eher dem Vergessen als dem Erinnern angehörte. Ja, es hatte eine Zeitlang gedauert, bis sein Gesicht vor ihm aufgetaucht war, am Ende eines Tunnels durch die Zeit, über eine Distanz von dreißig Jahren hinweg. Am Telefon hatte er eine Geschichte von Bürgerkrieg und Tod gehört: Ein alter Mann, der seine Kriegserinnerungen mit sich herumgetragen hatte, war unter verdächtigen Umständen gestorben.

«Es gibt konkrete, sehr komplizierte Aspekte, die ich dir am Telefon nicht auseinandersetzen kann. Ich beauftrage dich offiziell mit dem Fall. Kannst du hierherkommen?»

(«Der Bürgerkrieg ist noch nicht vorbei»
aus *Zur Wahrheit durch Mord*)

1 kg Artischocken; 1 Zwiebel; Tomatensoße; geschmorte rote Paprika; Gemüsebrühe; 400 g Reis; Safran, Öl, Knoblauch und Petersilie oder Basilikum; Salz und weißer Pfeffer

Die Artischocken werden gründlichst geputzt, so daß fast nur das Herz und die zartesten Schuppen übrigbleiben.
Diese kleinschneiden und in Öl schmoren.
Vom Feuer nehmen. In dem Öl mit Zwiebel und Tomatensoße ein *sofrito* bereiten. Wenn es dickflüssig ist, etwa einen Liter Gemüsebrühe dazugießen. Sobald es zu kochen beginnt, Reis und Safran dazugeben.
Salz und etwas weißen Pfeffer dazugeben. Fünf Minuten, bevor man es vom Feuer nimmt, die in Streifen geschnittenen roten Paprika und eine ganz fein gehackte Mischung aus Knoblauch und Petersilie bzw. Basilikum dazugeben.
Der Reis soll weich, aber nicht klebrig sein.

Arroz con Verduras

Gemüsereis

Die Berge begleiteten ihn bis zur Grenze der Provinz Murcia am Ortseingang von Moratalla. Die Straße hatte die Ausläufer des Gebirges vermieden, und als die Barriere der Sierra del Cerezo hinter ihm lag, begann die rauhe, baumlose Landschaft zwischen Murcia und Lorca. Dort gab es, das wußte er genau, ein gutes Restaurant, *Los Naranjos*, wo er hinfuhr, nachdem er sich bei einem Tankwart noch einmal erkundigt hatte.

«Man ißt dort nicht schlecht, nein. Aber haben Sie schon mal das Essen von Doña Mariquita in Totana probiert?»

«Ich kann keinen Umweg machen.»

«Sie müssen selbst wissen, wie eilig Sie es haben. Aber wenn Sie mal durch Totana fahren, vergessen Sie es nicht!»

Los Naranjos war ein Restaurant für Vertreter und reiche Leute oder Kenner aus der Gegend, die in nächster Nachbarschaft der Huertas und des Meeres ihre typischen Gemüse- und Fischgerichte genießen wollten. Es gab dort unter anderem Reis mit Gemüse und Hähnchen und Zackenbarsch *a la murciana*, den Carvalho bestellte, nachdem er die Karte studiert hatte. Dabei ließ er sich nicht durch die seltsame Schreibweise von «vishisua» abschrecken, ursprünglich die Bezeichnung für eine kalte Suppe, jetzt der geheimnisvolle Name einer obskuren Gottheit. Der Reis gehörte zum Menü, obwohl er nicht auf der Karte stand. Carvalho wagte, ihn zu probieren, es war ein schmackhafter Reis, in der typischen Art des Binnenlandes zubereitet und mit gebratenen Auberginen garniert, einem Element, das Carvalho bis zu diesem Augenblick noch niemals mit Reis in Verbindung gebracht hatte, sich aber harmonisch einfügte. Carvalho bestellte autonome Weine der autonomen Region und bekam einen vorzüglichen Carrascalejo. Er kannte ihn schon aus der Zeit, als er regelmäßig Ausflüge zum Mar Menor unternommen hatte, wenn ihn in Barcelona die Sehnsucht nach dem Duft der Orangenblüten überfiel und sich sein Körper nach dem Süden sehnte. Aber jetzt reiste er mit einem genauen Zeitplan wie ein Vertreter, er hatte ein Auge auf seine Diät gerichtet und das andere auf die Uhr, die gegen den unmittelbar bevorstehenden Abend ankämpfte.

(Die Rose von Alexandria)

Für sechs Personen

½ kg Rundkornreis; 250 g Klippfisch;
½ kg Blumenkohl; 170 g Erbsen; 170 g Artischocken;
3 reife Tomaten; 2 Knoblauchzehen;
Öl, Paprikapulver, Safran und Salz

Klippfisch wässern, dünsten, entgräten und zerkleinern.
Von den Artischocken die harten Schuppen entfernen, Spitzen und Stengel abschneiden und längs vierteln; die Erbsen schälen; Blumenkohl in Röschen zerteilen; Knoblauchzehen schälen; Tomaten in kleine Stücke schneiden.
In einer Paellapfanne Öl erhitzen; Klippfisch und Artischocken anbraten.
Herausnehmen und im selben Öl Blumenkohl, Knoblauch, Tomate und einen Teelöffel Paprikapulver schmoren.
Einen Liter Wasser im Topf erhitzen; wenn es zu kochen beginnt, mit den Erbsen zu dem Geschmorten in die Paellapfanne geben; sobald es wieder zu kochen beginnt, den Paellareis, Klippfisch und Artischocken hinzufügen; mit Salz, Paprikapulver, geröstetem Safran und, wenn man will, einem Teelöffel Kräuter würzen. Fünf Minuten ruhen lassen. Kann mit Aioli serviert werden.

Arroz con Bacalao y Sobrasada

Reis mit Klippfisch und Sobrasada

Wieder fand er kein Papier zum Anzünden. In der Tasche hatte er noch ein sauber gefaltetes Exemplar von *Suck*, aber so schnell wollte er es nicht opfern, nachdem er es gerade erfolgreich durch den Zoll geschmuggelt hatte. Lieber wollte er ein Buch verbrennen, und diesmal mußte mit tödlicher Sicherheit eine Ausgabe von *Don Quijote* dran glauben. Es war ein Werk, gegen das er einen alten Groll hegte. Er freute sich schon darauf, es zu opfern, und das einzige, worum es ihm kurz darauf leid tat, waren die Illustrationen zu den Abenteuern dieses Idioten. Mit hochgekrempelten Ärmeln errichtete er eine komplizierte Konstruktion aus Holz und Reisig; darunter schob er den *Quijote* mit aufgeschlagenen Seiten und zündete ihn an. Die Szene erinnerte ihn an ein altes Märchen von Andersen, bei dem der Leser die aufregende Entwicklung einer Leinpflanze miterlebt, wie sie keimt und wächst, sich in ein Buch verwandelt und schließlich in einem lustigen weihnachtlichen Kaminfeuer den Tod findet. Er hatte noch über 3500 Bücher in seinen Regalen, die die Atmosphäre des Hauses beeinträchtigten wie Gitterstäbe an den Fenstern. Er konnte also in den nächsten Jahrzehnten noch 3500 Feuer damit anfachen.

Er nahm die chinesische Jacke für Charo aus dem Koffer und legte sie auf einen Sessel. Im Kühlschrank fanden sich noch Klippfisch und ein paar Dosen mit Erbsen, Paprika, Tomaten und Pökelrippchen. Daraus würde er einen herrlichen Klippfischreis zubereiten, ein Gericht, das Charo sehr gerne aß. In einer Schale fand er noch ein Stück *sobrasada*, feine Paprikawurst aus Mallorca. Eine Scheibe davon würde die übrigen Zutaten gut abrunden. Im Keller standen etliche Bierdosen, und für alle Fälle hatte er auch noch vier Dosen aus Holland im Gepäck. Dann nahm er aus dem Koffer den Räucherlachs, den er um die Hälfte dessen gekauft hatte, was er in Spanien kosten würde. Daraus bereitete er ein paar Appetitschnitten als Vorspeise. Er vermengte kleingehackte Zwiebeln, Essiggürkchen und Kapern mit Butter und bestrich damit Pumpernikkelscheiben. Dann schnitt er den Lachs in hauchdünne Scheiben und verteilte ihn auf die Schnitten.

(Carvalho und die tätowierte Leiche)

½ kg Reis; 1 große Scheibe *sobrasada*; 4 Knoblauchzehen; 1 Zwiebel; Tomatensoße; 1 grüne Paprika; 2 Artischocken oder 250 g junge große weiße Bohnen, gekocht; 200 g Klippfisch; 1 große Kartoffel oder 250 g gekochte weiße Bohnen

Klippfisch ungewässert schmoren, entgräten und zerkleinern.

Aus Zwiebel, Paprika und Tomatensoße ein *sofrito* bereiten.

Gleichzeitig in einer anderen Pfanne die in dünne

Scheiben geschnittene Kartoffel braten, ohne daß die Scheiben zusammenkleben, und vom Feuer nehmen.

Im *sofrito* die Scheibe *sobrasada* zerkleinern, den zerkleinerten Klippfisch dazugeben, den Reis erhitzen und die in Stücke geschnittenen und geschmorten Artischocken oder die gekochten großen weißen Bohnen dazugeben.

Doppelt soviel Gemüsebrühe dazugeben, wie Reis vorhanden ist, und die ersten fünfzehn Minuten sprudelnd kochen lassen; danach die Hitze reduzieren.

Die gebratenen Kartoffelscheiben oder gekochten weißen Bohnen dazugeben und das Gericht mit feingehacktem Knoblauch bestreuen.

Nach fünf Minuten vom Feuer nehmen und weitere fünf Minuten ruhen lassen.

Arroz con Kokotxas

Reis mit Seehechtbäckchen

«Arzac macht ihn mit Seehechtbäckchen.»

«Und mit Venusmuscheln.»

«Das könnte ein interessanter Reis werden. Ich gehe zu der Gruppensitzung und komme anschließend zu Ihnen.»

«Wir sind dazu verdammt, uns zu verstehen.»

Er gab Salvatella die genaue Adresse und beschrieb ihm die Lage seines Hauses in Vallvidrera. Eine Frau wollte ihn mit wogendem Busen und Augen, die durch Lidstrich und ein magisches Kreuzzeichen verunstaltet waren, aus der Telefonzelle vertreiben, aber er ignorierte sie und wählte die nächste Nummer. Er rief Enric Fuster an, seinen Freund und Steuerberater.

«Hast du Lust auf ein Abendessen mit einem Kommunisten?»

«Kommt darauf an, was es gibt. Außerdem, du weißt ja, daß ich die Kommunisten nicht wähle.»

«Reis mit großen Venusmuscheln.»

«Was für einen Wein?»
«Esmeralda oder Watrau, je nachdem, ob du dich jugendlich oder erwachsen fühlst.»
«Jugendlich, bis ich tot umfalle!»
«Also Viña Esmeralda.»
«Gehört der Kommunist zu den Freaks oder zur nostalgischen Fraktion?»
«Zur gastronomischen.»
«Die machen auch wirklich alles mit, um Wählerstimmen zu kriegen. Ich komme. Smoking?»
«Dunkle Kombination.»

(Carvalho und der Mord im Zentralkomitee)

Für vier Personen

½ kg Seehechtbäckchen; 400 g Reis; 2 Knoblauchzehen; 1 grüne Paprika; gehackte Petersilie; Öl; 1 ½ l Gemüsebrühe

Die Bäckchen putzen (entgräten, die schwarze Haut und die Gallerte entfernen); in einem Topf braten.
Bäckchen herausnehmen. In dem Öl die gehackte Paprika, die Knoblauchzehen und den Reis anbraten.
Mit Brühe aufgießen und auf großer Flamme eine Viertelstunde kochen.
Bäckchen und gehackte Petersilie zugeben und weitere fünf Minuten kochen.
Den Reis fünf Minuten ruhen lassen.

Arroz con Almejas

Reis mit Venusmuscheln

«Was sagt die Partei dazu?»
«Sie halten es für ausgeschlossen, daß der Mörder im Raum war. Es ist wie in einem englischen Kriminalroman.»

«Der klassische Fall: Mord in einem Raum, der von innen abgeschlossen ist und keinen Ausgang hat. Aber in den englischen Krimis ist der Tote immer allein im Raum. Aber in diesem Fall ist er zusammen mit 139 Leuten. Es ist eher ein chinesisches oder galicisches Rätsel als ein englischer Krimi.»

Salvatella drückte die Klingel mit derselben Wohlerzogenheit, mit der er Carvalho das Gastgeschenk überreichte. Es war, wie er sagte, ebenso bescheiden wie interessant, nämlich eine Faksimileausgabe der ersten Nummer von *Horitzons*, einem katalanischen Kulturmagazin, das während der Francozeit im Untergrund erschienen war. Carvalho gab sich selbst das Versprechen, sie 1984 zusammen mit dem Buch von Orwell zu verbrennen. Während sie über den Kiesweg zur Haustür schritten, bereitete er ihn auf Fusters Anwesenheit vor. «Seien Sie ganz unbesorgt! Er ist mein Partner. Vor ihm habe ich keine Geheimnisse – berufliche Geheimnisse, versteht sich.» Er betonte das Wort «Partner», als er sie einander vorstellte, und Fusters blonde Augenbrauen hoben sich mephistophelisch über seine leicht nach unten hängende Brille, dank derer es ihm gelang, immer noch wie ein Student der Sorbonne auszusehen, den eine Mönchstonsur verunstaltete.

Er hörte nicht auf die Unterhaltung von Fuster und Salvatella, sondern wärmte den mit Zwiebeln angebratenen Reis auf und gab den Muschelsud und gerade so viel vom Fischsud dazu, daß die Flüssigkeit einen Fingerbreit über dem Reis stand. Er ließ ihn zehn Minuten lang kräftig kochen, drehte dann die Flamme kleiner, verteilte die Muscheln gleichmäßig auf den Reis und bestreute sie schließlich mit einem Blumenteppich, der feingehackten Mischung aus Knoblauch und Petersilie. Fuster bewirtete unterdessen den Gast mit gekühltem Sherry und mandelgefüllten Oliven. Die Konversation drang in die Tiefen jenes gesegneten Landstrichs zwischen Kastilien und Aragón vor, des Maestrazgo, wo Fuster das Licht der Welt erblickt hatte. Von dort war er hoffnungsvoll ausgezogen, um in Barcelona, Paris und London zu studieren und eines Tages wieder heimzukehren. Salvatella interessierte sich sehr für die antikatalanischen Ressentiments der Valencianer. Er hätte sich wahrscheinlich sogar Notizen gemacht, hätte er nicht mit dem Glas, das Fuster mit dem Eifer eines Nobelkellners nachfüllte, und der Jagd auf die flüchtigen Oliven mit dem Mandelsplitter alle Hände voll zu tun gehabt. Er lobte die Wahl des Viña Esmeralda, bewies seine Kennerschaft auf diesem Gebiet, indem er das Buch zitierte, das der Hersteller über Weine geschrieben hatte, und äußerte sich nach der dritten Gabel enthusiastisch über den Reis und das Aroma von Muscheln, Knoblauch und Petersilie. «Das ist der Kontrapunkt zum valencianischen Reis. Einfachheit kontra Barock», resümierte Salvatella, und Fusters beifälliges Nicken zeigte, daß er sich diesen Schlußfolgerungen anschloß.

(Carvalho und der Mord im Zentralkomitee)

Für vier oder fünf Personen

400–500 g Reis; ½ kg Venusmuscheln; 2 Knoblauchzehen; 1 grüne Paprika; gehackte Petersilie, 1 ½ l Gemüsebrühe, Öl

In einem Topf kleingehackte Paprika, kleingehackten Knoblauch und Reis anbraten.
Gemüsebrühe dazugeben und etwa 15 Minuten auf kleiner Flamme kochen lassen.
Muscheln im Dampf öffnen, aus den Schalen holen und nach den 15 Minuten mit dem Sud und gehackter Petersilie dazugeben.
Vor dem Servieren den Reis fünf Minuten ruhen lassen.

Paella a la Valenciana

Der Paellakoch von Benisanó winkte ihn in die Küche zu der langen Reihe von Feuerstellen für Paellas mit Huhn, Kaninchen, Schnecken, mit *bajocons*, einer dicken valencianischen Bohnenart, und einem *sofrito* aus Tomate und würzigen, derben dicken Bohnen. Es sah aus wie eine Paellaschmiede, und das Endprodukt war ein festes, fleischiges Gericht, das nach einer Vorspeise mit Salat und sandfarbenem, gesalzenem Thunfisch in Öl lasterhaft gut schmeckte – zuerst vom Teller, dann pedantisch in kleinen Portionen vom Boden der Pfanne gekratzt, wo das Feuer in der Reiskruste die Quintessenz der verschiedenen Aromen konzentriert zu haben schien. Nun waren Körper und Seele versöhnt und bereit für die langwierige Fahrt, vor allem die anstrengende Verfolgung von Lkws und gemächlichen Bauern auf einem Streckenabschnitt zwischen Alicante und Murcia. Es war ein herrlicher Luxus, in Murcia im *Rincón de Pepe* speisen zu können, aber Carvalho mußte zunächst den Segura hinauf- und hinunterspazieren, um seinen Magen und dem Restaurant Zeit zu lassen, sich fürs Abendessen zu öffnen.

Er bestellte ein klassisches Gericht, gratinierte Auberginen und Scampi und eine Goldbrasse im Salzmantel, und lauschte Raimondos Vortrag über die traditionellen Topfgerichte.

«Der mit Meeräsche ist eindeutig zu fett. Wir machen ihn hier mit *pescado de roca**.»

«Ich habe schon eine Paella hinter mir, daher möchte ich kein Topfgericht.»

«Weißer Reis, und was man weiß, braucht keinen Platz!»

(«Auf der Suche nach Sherezade» aus *Zweikampf*)

1 bis 1 ¼ l Wasser; ½ kg Reis; ½ Hähnchen; ½ Kaninchen; 2 Eßlöffel Tomate; 250 g *bajocons*; ein halbes oder ganzes Dutzend Schnecken (nur in der richtigen Jahreszeit, nicht im Winter)

Hähnchen- und Kaninchenteile in einer Paellapfanne goldbraun braten.

Tomate beifügen und schmoren, bis sie alles Wasser verliert.

Den Reis hineinstreuen und dünsten, bis er die weiße Farbe verliert.

* Speisefisch, der in Küstennähe lebt

Wasser zugießen und zehn Minuten lang kräftig kochen lassen. Danach die Hitze verringern. Statt Wasser kann auch Hühnerbrühe verwendet werden, was die Paella wesentlich aromatischer macht.
Nach zwanzig Minuten auf dem Feuer werden die *bajocons* und eventuell die Schnecken auf der Oberfläche verteilt.
Nach etwa zwanzig Minuten die Paella vom Feuer nehmen und sechs Minuten lang bedeckt ruhen lassen.

Arroz a Banda

Reis mit Fisch und Kaisergranat

Carvalho verabschiedete sich mit einer leichten Verbeugung. Auf der Straße dachte er an die Liebesgeschichten, die gerade erst beginnen. Er sah sich selbst als Jüngling, beeindruckt von Mädchen, die an ihm vorbeigingen. Er folgte ihnen, nahm dieselbe Straßenbahn oder denselben Bus wie sie, ohne ein Wort mit ihnen zu sprechen, und war entrückt vom Wunder einer Begegnung voller Poesie. Plötzlich würde sie sich umdrehen, seine Hand nehmen und ihn über das Mysterium hinausheben, dorthin, wo man ewig leben kann in der Kontemplation des geliebten Wesens. Und die anderen Male? Als er in ein wirkliches Wesen verliebt war und plötzlich das Gefühl hatte, sie erwarte ihn an einem bestimmten Ort in der Stadt, fast immer am Hafen. Er war dann voller Ungeduld dorthin geeilt, fest davon überzeugt, daß ihn ein weltbewegendes Rendezvous erwarte. Vielleicht sollte er sich verlieben, ohne ein gewisses Maß an Illusion, an Selbsttäuschung kann man nicht überleben, ohne die Möglichkeit, irgendwo in eine Kirche zu gehen und zu beten, kann man nicht leben. Heutzutage kann man ja nicht einmal mehr an die Liturgie des Weines glauben, seit einige Gourmets sich gegen den zimmerwarmen Rotwein ausgesprochen haben und meinen, er müsse kalt getrunken werden.

Einfach unerhört! Die Menschheit degeneriert. Die Kulturen gehen unter, wenn sie beginnen, das Absolute in Frage zu stellen. Francos System begann an dem Tag zu wanken, an dem er eine Rede mit den Worten begann: «Nicht daß ich behaupten wollte...» Ein Diktator darf niemals eine Rede mit einer Negation beginnen, die ihn selbst betrifft. Man darf nicht jeden Tag eine Sauftour machen. Man darf sich auch nicht plötzlich mit zusammengepreßten Kinnbacken überraschen, als mache man eine übermenschliche innere Anstrengung. Was für eine übermenschliche innere Anstrengung machst du da? Ist das vielleicht nichts? Aufstehen. Tag für Tag. Und das bei den allgemein überteuerten Preisen und der Mittelmäßigkeit der Restaurants in dieser Stadt. Zwei Wochen zuvor hatte er sich ins Auto gesetzt, die Ausfallstraße nach Süden genommen und ein Restaurant in Murcia besucht, *El Rincón de Pepe*. Eine Pause für ein Nickerchen hatte er als Vorwand genutzt, um in Denia einen *arroz a banda* zu verzehren. Kaum war er in Murcia angelangt, schwang er sich vom Fahrersitz auf den Stuhl im Restaurant und bestellte beim *maître* ein Menü, das diesem die Sprache verschlug: eine Platte mit einheimischer Wurst, Auberginen mit Scampi in Sahne, Rebhühner «Tante Josefa», Milchschnitten mit Zucker und Zimt. Er trank vier Karaffen Jumilla «Hausmarke» und bat um das Rezept der Auberginen. Dabei stellte er wieder einmal fest, daß die französische Küche heute nur deshalb nicht unter der Vorherrschaft der Küchen Spaniens leidet, weil der Dreißigjährige Krieg Frankreichs Vormachtstellung in Europa besiegelt hat. Die Gastronomie war das einzige Gebiet, auf dem er Patriot war.
Ohne es zu bemerken, hatte er die Rondas erreicht. Sie waren kaum wiederzuerkennen. Jede Verletzung der Welt seiner Kindheit schmerzte ihn, und bevor er in einer Welle von Selbstmitleid versank, ging er zu einer Telefonzelle und rief seinen Freund, Steuerberater und Nachbarn Fuster an.

(Tahiti liegt bei Barcelona)

Für vier Personen
Vorbereitung: 20 Minuten; Garzeit: 45 Minuten

500 g Kaisergranat oder Riesenkrabben; 1 kg Fisch (Zackenbarsch, Schwertfisch, Seeteufel, Rotbrasse Zahnbrasse o. ä.); ½ kg Zwiebeln; 2 dl Öl (ein Weinglas voll); 8 Knoblauchzehen; 2 Eßlöffel Paprikapulver und etwas Petersilie; 1 Lorbeerblatt; Salz, schwarzer Pfeffer; 400 g Reis

Fisch putzen und waschen; in Stücke schneiden. Zwiebeln schälen und sehr fein hacken.
1 dl Öl in einem Topf erhitzen, Zwiebeln darin bräunen. Wenn sie goldbraun sind, das Lorbeerblatt hinzufügen.
Im Mörser eine Mischung aus den Knoblauchzehen, Pfeffer, Salz und etwas Petersilie bereiten und mit etwas Wasser verdünnen.
Diese Mischung in den Topf zu den gebratenen Zwiebeln geben und einen Liter Wasser angießen. Auf kleiner Flamme 15 Minuten kochen lassen. Den Fisch und einen halben Eßlöffel Paprikapulver dazugeben. Mehrmals umrühren und dabei darauf achten, daß der Fisch nicht zerfällt, und weitere 10 Minuten kochen lassen. Dann vom Feuer nehmen und den Sud in ein besonderes Gefäß gießen.
In einer mittelgroßen Paellapfanne 1 dl Öl erhitzen, 6 Knoblauchzehen, das restliche Paprikapulver und den Reis dazugeben. Nach mehrmaligem Umrühren den heißen Fischsud angießen.
Es muß doppelt soviel Wasser wie Reis verwendet werden. 20 Minuten kochen lassen.
Den Reis im vorgewärmten Backofen 10 Minuten überbacken.
Reis und Fisch in verschiedenen Schüsseln anrichten und mit einer Schale Aioli servieren.

Paella Mar y Tierra

Paella «Meer und Land»

Die Männer kochen, und die Frauen plaudern oder schenken sich Getränke ein, während Carvalho auf einer japanischen Uhr fernsieht. Ein weiblicher Körper baut sich vor ihm auf. Es ist Dora.

«Gefällt es Ihnen?»

«Erschreckend. Man kann auf die Sekunde genau feststellen, wieviel Zeit man durch das Fernsehen verliert.»

«Carlos hat das Gerät in Japan gekauft. Wir waren vor kurzem anläßlich einer Retrospektive seines Werkes dort. Carlos ist in Japan als Architekt sehr bekannt.»

In diesem Moment betritt Carlos den Salon seines eigenen Hauses.

«Wer spricht da von mir?»

«Ihre Frau.»

«Oh, mein Gott. Nein!»

«Ich sprach objektiv. Ich sagte, du seist in Japan sehr bekannt.»

«Die Paella ist fertig.»

Seine Worte üben eine mächtige Anziehungskraft aus. Kleine Schreie der Vorfreude und der wohlerzogenen Begeisterung für die Kunst des Essens.

«Bring keine Teller, Dora! Wir essen sie *a la valenciana*», sagt eine zerknitterte Fünfzigerin.

Der Chor stürzt sich, Gabel im Anschlag, auf die Paella. Carlos wartet ab, bis die erste Portion Reis verschlungen ist, und fragt: «Gut?»

Gutturale Laute der Zustimmung, sogar ein voller Mund, der sagt: «Wunderbar!»

«Und Ihnen?»

Es liegt eine gewisse Aggressivität in Carlos' Frage, die Carvalho gilt.

«Es kommt von allem, was ich im Leben kennengelernt habe, einer Paella am nächsten.»

«Sieh mal an! Unser Freund entpuppt sich als Platoniker! Diese Paella kommt seinem Ideal der Paella nahe!»

«Sagten Sie, ich sei Daltoniker?»
«Platoniker. Von Platon.» Damit eilt ihm eine der Tischgenossinnen zu Hilfe.
Aber der Blick, mit dem sich Carlos und Carvalho fixieren, ist bei dem Architekten voller Aggression und verhaltener Gewalttätigkeit, bei Carvalho von amüsierter Spannung. Dora greift ein. Sie legt die Serviette auf den Tisch, schiebt eine Hand unters Hemd ihres Gatten und streichelt seine Brust.
«Sie ist dir sehr gut gelungen, Carlos. Du weißt doch, daß Paella ein Aphrodisiakum für mich ist! Willst du mich haben? Hier? Jetzt?»
Carlos scheint sich zu entspannen, aber die Illusion zerbricht, als er dem Tisch einen Fußtritt versetzt, so daß die Paella einen Satz macht. Er schreit unter Zuckungen, wie ein Besessener.
«Ein Anfall!» schreit Dora.

(«Pablo und Virginia» aus *Der fliegende Spanier*)

Für sechs Personen

¾ kg Reis; ½ Hähnchen; ½ Kaninchen; 250 g Schälrippchen; 250 g Kalamares; 1 Dutzend Scampi, *galeras* (eine andere Art Scampi) oder Riesenkrabben; 1 reife Tomate; 4 Knoblauchzehen; Petersilie, Safran und Salz; 1 dl Öl; 2–3 Artischocken

Hähnchen und Kaninchen waschen und zerteilen. Das Fleisch der Schälrippchen schneiden. Die Tomate grob hacken. Die Knoblauchzehen schälen. Die harten Blätter der Artischocke entfernen, Spitzen und Stengel abschneiden, längs vierteln und mit Zitronensaft beträufeln, damit sie sich nicht dunkel verfärben. Scampi und Kalamares putzen und in Ringe schneiden.
In einer Paellapfanne das Öl erhitzen; wenn sich leichter Rauch bildet, Scampi braten, danach herausnehmen. Die Artischocken im selben Öl braten und ebenfalls herausnehmen.
Dann das Hähnchen, das Kaninchen, die Schälripp-

chen und die Kalamares braten. Nebenbei in einem Mörser Tomate, Knoblauch und Petersilie zerquetschen. Eine Hälfte dieser Mischung in die Pfanne geben, die andere beiseite stellen.
In einem Topf anderthalb Liter Wasser zum Kochen bringen und, sobald es heiß ist, in die Paellapfanne gießen. Eine Weile kochen lassen. Wenn alles gar ist, den Reis darunter mischen. Mit Safran und Salz abschmekken. Mehrmals umrühren. 10 Minuten auf großer Flamme kochen lassen, dann die beiseite gestellte Mischung dazugeben, die Artischocken und Meeresfrüchte (Scampi oder Riesenkrabben) dekorativ darauf anordnen. Weitere 10 Minuten auf kleinerer Flamme weiterkochen, ohne daß es zu kochen aufhört.
Vor dem Servieren 5 Minuten ruhen lassen.

Paella al Libre Albedrio

Paella nach Lust und Laune

Beser schwor, alle Anweisungen des Chefs befolgt zu haben. Fuster ging voran zur Küche, durch einen Korridor voller Bücher. Carvalho dachte, daß sein Kaminfeuer mit Hilfe dieser Werke bis zu seinem Tode gesichert wäre. Als hätte er seine Gedanken erraten, rief Fuster, ohne sich umzuwenden: «Vorsicht, Sergio, das ist ein Bücherverbrenner. Er nimmt sie für sein Kaminfeuer.»
Beser wandte sich mit leuchtenden Augen zu Carvalho um.
«Stimmt das?»
«Vollkommen richtig!»
«Es muß ein außerordentliches Vergnügen sein!»
«Unvergleichlich.»
«Morgen fange ich an, dieses Regal zu verbrennen. Ohne Ansehen des Titels.»
«Es macht viel mehr Vergnügen, sie auszusuchen.»
«Ich bin sentimental, ich würde Mitleid bekommen.»

In der Küche kontrollierte Fuster wie ein aufsichtführender Sergeant das Werk Besers. Die Zutaten waren nicht fein genug gehackt. Fuster brüllte auf, wie von einem unsichtbaren Pfeil getroffen. «Was ist das?»

«Zwiebel.»

«Zwiebel in der Paella? Wo hast du das her? Die Zwiebel weicht die ganzen Reiskörner auf.»

«Quatsch. In meinem Dorf machen wir immer Zwiebeln dran.»

«In eurem Dorf macht ihr alles, nur um euch von den anderen zu unterscheiden. Zum Reis mit Fisch kann man Zwiebeln nehmen, aber nur in der Kasserolle, in der Kasserolle, verstehst du?»

Beser schoß aus dem Raum und kehrte mit drei Büchern unter dem Arm wieder zurück: *Wörterbuch der valencianischen Gastrosophie, Gastronomie der Provinz Valencia* und *Hundert typische Reisgerichte der Region Valencia.*

«Komm mir nicht mit Büchern, die nicht aus Villores stammen, du Kanaille aus Morella! Ich richte mich nur nach der Überlieferung des Volkes.»

Fuster erhob die Augen zur Küchendecke und deklamierte:

O herrliche Symphonie aller Farben!
O illustre Paella!
Dein Äußeres prangt in bunter Bluse,
Dein Innerstes brennt in jüngferlichen Ängsten.
O buntes Farbengericht,
Das man, bevor man es kostet, mit den Augen verzehrt!
Versammlung von Herrlichkeiten ohne Fehl!
Kompromiß von Caspe* zwischen Hahn und Venusmuschel.
O entscheidendes Gericht:
genossenschaftlich und kollektiv!
O köstliches Gericht,

* 1412 einigten sich die Delegierten der katalanischen, aragonesischen und valencianischen *parlamentos* im Kompromiß von Caspe auf Fernando de Antequera als Nachfolger Martins I. auf dem Thron von Aragón.

dem alles zur Schönheit gereicht,
bei dem alles klar erkenntlich ist, doch nichts zerstört!
O liberales Gericht,
wo ein Reiskorn ein Reiskorn ist,
wie ein Mann eine Wählerstimme!

Beser studierte die Bücher, ohne Fusters poetischem Ausbruch Beachtung zu schenken. Endlich klappte er sie zu.
«Und?»
«Du hattest recht. Bei der Paella der Bewohner Kastiliens wird keine Zwiebel verwendet. Es war ein Ausrutscher. Ein Katalanismus. Ich muß unbedingt wieder einmal nach Morella.»

(Tahiti liegt bei Barcelona)

Für sechs Personen
Vorbereitung: eine Stunde; Garzeit: 20 Minuten

1½ kleine Hähnchen (weil sie zarter sind), geviertelt und entbeint; 200 g Schweinelende in sechs gleich großen Stücken; 6 mittelgroße Würstchen; 6 Riesenkrabben oder große Scampi; 200 g Kalamares; 24 große Miesmuscheln; 6 Stücke Seeteufel ohne Gräten; 6 grätenfreie Stücke von einem anderen Fisch mit festem Fleisch, wie Meerrabe, Seewolf oder Zackenbarsch; 4 mittelgroße Artischocken; 100 g frische geschälte Erbsen; 4 *pimientos* (dicke rote Paprika) aus der Dose; 200 g Zwiebeln; 200 g Tomaten; 2 dl Öl (ein Weinglas voll); 400 g Reis; 2 Knoblauchzehen; 1 großer Eßlöffel Schweineschmalz; leicht angeröstete Safranfäden; etwas Petersilie; Brühe oder einfach heißes Wasser, doppelt soviel wie Reis

Hähnchen putzen, waschen, abtrocknen und in zwölf Stücke zerteilen (zwei für jeden Tischgenossen), indem man jedes Viertel halbiert.
Kalamares putzen, waschen und in Ringe schneiden.
Zwiebel fein hacken. Tomaten überbrühen und schälen.
Die Spitzen der Artischocken abschneiden und jede in

acht Stücke teilen. Mit Zitronensaft beträufeln, damit sie sich nicht dunkel verfärben. Aus den Paprikaschoten zwölf Dreiecke schneiden, den Rest in kleine Vierecke.
Den Seeteufel und den anderen Fisch waschen. Die Miesmuscheln ebenfalls waschen und in einem Topf ohne Wasser aufs Feuer setzen, bis sich alle geöffnet haben. Vom Feuer nehmen, abkühlen lassen und dann die Schalen entfernen.
Erbsen in kochendem Wasser etwa zwanzig Minuten garen. Wenn man Erbsen aus der Dose verwendet, nimmt man vier Eßlöffel davon.
In einer Pfanne mit etwas heißem Öl den Fisch und die mit etwas Salz bestreuten Riesenkrabben oder Scampi sautieren. Öl abtropfen lassen und beiseite stellen.
In einer Paellapfanne mit dem ganzen Öl (auch dem, in dem der Fisch gebraten wurde) und dem bereits erhitzten Schweineschmalz die Stücke von Hähnchen, Lende und den leicht gesalzenen Kalamares goldbraun braten, dann die Zwiebeln hinzufügen. Sind diese ebenfalls braun, die Artischocken und die Tomaten hinzufügen (denen man vorher bereits einen Eßlöffel Zucker beigemengt hat, um ihnen die Säure zu nehmen). Alles zusammen etwa zehn Minuten kochen lassen.
Im Mörser die geschälten Knoblauchzehen mit dem Safran zerstoßen. Wenn Brühe vorhanden ist, einen Eßlöffel davon hinzufügen.
Die Brühe oder das Wasser erhitzen.
Die Erbsen, die Paprika-Viereckchen (nicht die Dreiecke!), den Inhalt des Mörsers und den Reis in die Paellapfanne geben. Den Backofen vorheizen.
Den Reis umrühren und die Fischstücke und Riesenkrabben oder Scampi darauf legen, ebenso die Miesmuscheln, die Würstchen und die Dreiecke aus rotem Paprika, die so symmetrisch wie möglich angeordnet werden sollen. Mit Salz abschmecken. 15 Minuten kochen lassen.

Die Paellapfanne fünf Minuten in den vorgeheizten Backofen schieben.
Herausnehmen und mit der feingehackten Petersilie bestreuen. Auf einem mit einer Serviette, Salat- oder Weinblättern belegten Tablett servieren.
Typisch für diesen Reis ist, daß er weder Knochen noch Gräten enthält.

Arroz con Sardinas

Reis mit Sardinen

«Zuerst muß man die Sardinen gründlich putzen, wirklich gründlich, also nicht einfach nur den Kopf und die Eingeweide entfernen, sondern auch die Schuppen. Wenn sie sauber sind, brät man in einem Topf, am besten in einem Tontopf, ein oder zwei Knoblauchzehen, je nachdem, wie viele Leute da sind, in ziemlich viel Öl. Wenn der Knoblauch gut geröstet ist, goldbraun, aber nicht verbrannt, nimmt man den Topf vom Feuer. In diesem Öl, das noch schön heiß ist, brät man die Sardinen schnell an, aber nicht, bis sie durch sind; dann nimmt man sie heraus und macht in demselben Öl ein *sofrito*, ganz normal, mit ein klein wenig Zwiebeln, manche lassen sie lieber ganz weg, dann Tomaten, einen halben Eßlöffel Paprika und etwas Gemüse, zum Beispiel ein paar Erbsen oder auch ein paar zarte Böhnchen, die schon gekocht sind. Wenn das alles heiß ist, gibt man den Reis dazu und läßt ihn schmoren, bis er sich verfärbt, dann, wie man will, entweder Wasser dazu oder Wasser und einen Brühwürfel, damit das Ganze mehr Geschmack bekommt. Wenn man einen Brühwürfel nimmt, muß man mit dem Salz vorsichtig sein, die Brühwürfel sind nämlich schon gesalzen. Kurz bevor der Reis fertig ist, legt man die Sardinen, die roten, gebratenen Paprikaschoten und gehackten Knoblauch und Petersilie darauf. Es muß alles schön köcheln, aber nicht lange, damit die Sardinen ganz bleiben und nicht zerfallen.

Statt roten Paprika kann man auch gerösteten Safran nehmen. Das ist alles.»
Dies sagte und tat Mariquita unter Carvalhos aufmerksamen Blikken.
«So hat also Ihre Großmutter den Sardinenreis gemacht?»
«Fast genau so. Manchmal schnitt sie noch eine Kartoffel in Scheiben, briet sie in der Pfanne und kochte sie dann mit dem Reis. Auch Mangoldblätter nahm sie dazu.»

(Die Rose von Alexandria)

Für vier Personen
Vorbereitung: 45 Minuten; Garzeit: 20 Minuten

250 g Reis; 1 kg Spinat oder Mangold; ¾ kg Sardinen; 1 *ñora;* 6 junge Knoblauchzehen; 1 reife Tomate; 1 frische rote Paprikaschote; 1 dl Öl; Safran und Salz

Sardinen putzen, aber ganz lassen. Spinat wiederholt waschen, dabei stets das Wasser wechseln. In kleine Stücke schneiden. Tomate würfeln. Paprika in regelmäßige Stücke schneiden. Knoblauchzehen schälen und kleinhacken.
Öl in einer Paellapfanne erhitzen. Wenn es heiß ist, die *ñora* darin braten und herausnehmen.
Nun die Tomate darin schmoren. Wenn sie weich ist, etwas Wasser dazugeben, dann die Knoblauchzehen, den Spinat und die Paprikastücke. Mit Salz und Safran würzen. Zehn Minuten schmoren lassen, dann die kleingehackte *ñora* dazugeben.
In einem Topf einen halben Liter Wasser erhitzen.
Den Reis in die Paellapfanne geben, mehrmals umrühren. Wenn nötig, nachsalzen. Die Sardinen in regelmäßigen Abständen darauf legen. Das heiße Wasser angießen und etwa zwanzig Minuten köcheln lassen. Sofort servieren.

Caldero y Arroz con Costra

Fischtopf und Reis mit Eierkruste

Er hatte diese Strecke zum erstenmal in den sechziger Jahren im Mai zurückgelegt und plötzlich den Duft der Orangenblüte entdeckt, etwas, das ihm bis dahin nur als literarisches Zitat bekannt gewesen war, als obsoletes sprachliches Versatzstück aus seiner Kindheit: Orangenblüten als Hochzeitsschmuck, Orangenblütenwasser – Worte, die genauso zu einer verlorenen Gefühlswelt gehörten wie die Personen, die sie gebraucht hatten, seine Großmutter, seine Großtante, weit entfernte Cousinen, genau wie *Ceregumil* gegen Menstruationsbeschwerden, Karmelitergeist, Melissengeist, *Sloan* zum Einreiben. Jenes Aroma, das über die Lehmmauern von Benicarló schwappte und sich als nächtlicher Ozean nach Sagunto ergoß, das war der Duft der blühenden Orangenhaine, denn es war Mai, und der Mai brachte Blüten wie der April den Regen und der August die Hitze. Die Entdeckung des Orangenduftes in einem verfaulenden Spanien, und vor allem, daß er über so viele Möglichkeiten verfügte, unsterblich zu sein, war für Carvalho das wichtigste Gefühl auf jener Reise gewesen, auf der das Mädchen mit geschlossenen Augen Liebe machte und ihr Stöhnen in sich behielt, niemals herausließ, obwohl es Mai war, obwohl sie zusammen nach Süden fuhren und gelesen hatten, daß der Süden der Ort sei, von dem keiner zurückkehren wollte. Obwohl er damals schon beinahe dreißig Jahre alt war, hatte Carvalho noch nie Orangenhaine oder Steineichenwälder gesehen. Südlich des Ebrodeltas und – Jahre später – in Kastilien und Extremadura war er erstaunt gewesen, mit welcher passiven Zähigkeit der Baum der menschlichen Kriminalität widerstand. Die konkrete Wirklichkeit des Orangenhains auf der anderen Seite des Spiegels einer *Geographie Spaniens* oder der Romane von Blasco Ibáñez hatte ihn bewegt. Jahrelang hatte er die Reise gen Süden wiederholt, wenn der Mai vor der Tür stand, immer drei Tage am Wochenende, ans Mar Menor, diese Barriere zwischen zwei Meeren, die Dünen, die toten Dörfer, die damals kaum zwinkerten angesichts der ersten Touristen, die vom Norden der Welt kamen. Dörfer, die an Reisende aus Cartagena gewöhnt waren, mit einem Taschentuch mit vier Knoten auf dem Kopf, hochgekrempelten Hosen oder gerafften Röcken, einem Rohrstuhl mit allen vier Beinen im Wasser und nackten Füßen, in einem warmen Meer, das das Rheuma wegspülte. Von Alicante bis zum Mar Menor versammelte sich die erste Wärme Spaniens, Maiwärme, Maisonne, Maimeer, die Herrlichkeit des Sommers vorwegnehmend, Goldbrasse im Salzmantel, blutroter Jumilla, unbedingt kalt zu trinken, Fischtopf mit Reis und Aioli, Reis mit Eierkruste in Elche, Wurst mit Anisaroma, Anisblüte.

(Die Vögel von Bangkok)

Für sechs Personen
Vorbereitung: 1 ½ Stunden; Garzeit: 1 ¼ Stunden

6 Rotbarben; 6 junge Seehechte; ¾ kg Meeräsche; 1 *araña* (Mittelländisches Petermännchen); 1 Schwanz vom Seeteufel; 5 *ñoras;* 1 Zwiebel; 1 Hahn; 600 g Reis; Aioli; Knoblauch, Lorbeer

Die Fische putzen und waschen.
Peperoni und 4–5 Knoblauchzehen in Öl braten und beiseite stellen. Die Zwiebel vierteln.
Den Seeteufelschwanz, das Petermännchen, den Hahn, die Zwiebelviertel, eine ganze Knoblauchknolle und ein Lorbeerblatt in eine große Kasserolle mit Salzwasser geben. Eine halbe Stunde auf kleiner Flamme kochen lassen.
Die Seehechte, Rotbarben und die Meeräsche hinzufügen, weitere fünfzehn Minuten kochen.
Die gebratenen *ñoras* und Knoblauchzehen kleinhakken und in die Kasserolle geben.
Kasserolle vom Feuer nehmen. Den Fisch herausnehmen und entgräten. Etwas vom Sud beiseite stellen.
Den Rest des Suds durch ein Sieb streichen und mit dem Reis in einen Topf geben. Den Reis darin weichkochen.

Den Reis heiß auf einer flachen Schüssel anrichten und den Fisch mit den Kartoffeln auf einer anderen. Mit einer kräftigen Aioli servieren.

Arroz con Costra

Reis mit Eierkruste

Für sechs Personen
Vorbereitung: 45 Minuten; Garzeit: 45 Minuten

½ kg Reis; ½ kg Hähnchen oder Pute; ½ kg Kaninchen; 250 g mageres Schweinefleisch; 250 g rote und weiße *salchichas* (Würstchen); 150 g *blanquitos* (Art Würstchen); 150 g *botifarró* (Art *botifarra*); 150 g vorgekochte Kichererbsen (wenn man will); 6 Eier; 1 reife Tomate; 1 Zitrone; Zimt, Safran, Salz und schwarzer Pfeffer; 1 dl Öl

Den Hahn (oder die Pute) und das Kaninchen in Stücke zerteilen, Schweinefleisch in Scheiben schneiden.
In einer Pfanne Öl erhitzen, dann dieses Fleisch von allen Seiten anbraten und herausnehmen. In einem Topf mit einem Liter Salzwasser, Safran und einer Prise schwarzem Pfeffer kochen.
Im verbliebenen Öl die in kleine Stücke geschnittenen weißen und roten *salchichas* braten. Herausnehmen.
Das Öl aus der Pfanne in einen Tontopf geben, die sogenannte *cazuela de costra,* die in der Region Valencia extra für dieses Gericht hergestellt und auf den Märkten verkauft wird. Erhitzen und die grob gehackte Tomate darin schmoren. Die drei Fleischsorten, die gekochten Kichererbsen und den Fleischsud dazugeben. Sobald es zu kochen beginnt, den Reis dazugeben, umrühren, eventuell nachsalzen und zehn Minuten kochen lassen.
Backofen vorheizen. Die sechs Eier mit einer Prise Salz in einem Gefäß schlagen. Den Tontopf vom Feuer neh-

men, die vorbereiteten Wurststücke, Schweinefleischscheiben und die geschlagenen Eier darüber geben und verteilen, so daß die ganze Oberfläche bedeckt ist. Tontopf so lange im vorgeheizten Backofen lassen, bis die Eier eine feste, leicht goldbraune Kruste bilden. Sofort servieren.

Anmerkung: Es ist wichtig, daß der Reis etwas fest bleibt. Daher wird nicht, wie üblich, doppelt soviel Flüssigkeit wie Reis genommen. Dieses Gericht wird auch «verborgener Schatz» genannt und meist wie eine Tortilla geschnitten serviert.

Arroz Picante con Conejo

Pikanter Kaninchenreis

«Sie wissen nicht, was Sie da sagen! Diesen Leuten geht es 14, 20 oder 30 Tage lang schlecht, und nicht mal *so* schlecht, denn sie tun etwas für ihre Gesundheit, wie sie sagen. Aber dann kommen sie aus der Klinik und leben genau wie vorher, sind genau die gleichen wie vorher und genauso raffgierig wie vorher.»

Auch er würde wieder er selbst sein, zu seiner aufgeschobenen Realität zurückkehren, zu der fortschreitenden Melancholie Charos mit ihren beiden kaputten, lebenswichtigen Spielzeugen, ihrem Beruf und ihrer Beziehung mit Carvalho, und zu Biscuter. Er würde Biscuter umerziehen und ihm kalorienarme Küche beibringen müssen.

«Tun Sie etwas für Ihre Gesundheit, Chef! Ich studiere in der Zwischenzeit ein Buch, das ich mir gekauft habe, mit Rezepten, die für den Körper gut sind.»

«Übertreib nicht, Biscuter! Man darf ihnen nicht zu weit nachgeben!»

«Wem?»

«Wem? Denen!» hatte Carvalho zur Antwort gegeben und es Biscuter überlassen, die Feinde unter dem Rest der Menschheit herauszufinden. Während der Anfahrt zum Sangretal hatte er mit sich selbst über die Folgerichtigkeit seines Verhaltens gestritten. Er hatte Angst vor einem hilflosen, langen und bettlägerigen Alter, investierte jedoch einen Teil seiner Ersparnisse in eine zukünftige Altersqualität – eine Investition, die ihm keiner danken würde, nicht einmal er selbst. Fast alle Leute in der Kurklinik glaubten an ihre eigene Gesundheit, ja sogar an deren soziale Nützlichkeit, und hielten es für stilvoll, ihren Kindern eine stattliche Erscheinung zu bieten. Das war das einzige, was sie erschreckte, was sie tief bewegte: die Furcht vor einem möglichen Verrat ihrer eigenen Biologie.

«Irgendwann bringe ich mal einen Kochtopf mit und mache einen pikanten Reis mit Schnecken und Kaninchen, direkt neben dem Park der Kurklinik. Dann werden sich diese verhungerten Gestalten ärgern!»

Carvalho stand im Morgenrock vor der halbgeöffneten Tür und betrachtete das rachsüchtige Männchen, das auf seine Fangopakkung wartete.

«Schon der Geruch wird sie verrückt machen!»

«Sie werden es nicht zulassen, daß du das machst!»

«Wer soll mir denn verbieten, im Wald meinen Reis mit Kaninchen zu kochen?»

«Ich. Wie macht man denn diesen Reis, Señor Luis?»

«Also, das ist das Einfachste der Welt. Ein *sofrito* mit allem, was dazugehört, Kaninchen, kleingehackte Chilischoten, Knoblauch und grüner Pfeffer, dazu die vorgekochten Schnecken, wenn der Reis halb gar ist, damit sie schön ganz bleiben. Und Paprikapulver. Kein Safran.»

«Aber Paprika stößt mir immer auf.»

«Dann nimmst du eben Safran, Mensch, auf diese Kleinigkeit kommt es nicht an.»

«Und was mache ich gegen das Magengeschwür?»

«Aha, gegen das Magengeschwür. Vor dem Reis Primperán und nach dem Reis Natronpulver. So mache ich es immer, seit ich es

habe, und ich habe mir schon manchen pikanten Reis zwischen die Kinnladen geschoben.»
«Und dann auf zum Fango, weil Sie sich kaum mehr auf den Beinen halten können!»
«Ich stehe so fest auf den Beinen wie eh und je! Die Schlammbäder nehme ich, weil das schon mein Vater und mein Großvater getan haben... Das machen hier alle schon seit Römerzeiten so, und nicht nur wegen des Rheumas, das gab es früher nicht so oft wie heute.»
«Was Sie nicht alles wissen!»
«Das Rheuma ist eine moderne Geschichte, das habe ich in einem Buch gelesen. Früher starben die Leute an einem Axthieb oder weil sie zuviel oder zuwenig zu essen hatten, aber sie hatten nicht so viele Wehwehchen wie heute.»
Sie erkannten Carvalho als einen aus der Kurklinik, grüßten ihn höflich und folgten ihm mit neugierigen Blicken. Carvalho blieb bei dem alten Männchen stehen, das im Warteraum saß, eine kleine Säule aus zerbrechlichen Knochen mit dem Kopf eines gerupften Vogels.
«Verzeihen Sie, aber ich habe Ihr Rezept für den pikanten Reis mit Kaninchen gehört und möchte gerne wissen, ob Paprikaschoten dazugehören oder nicht.»
«Es ist ein ganz bescheidener Reis, keine große Sache.»
Der Alte lachte mit geschlossenen Augen, um seinen Verdacht zu verbergen, daß seine kritischen Äußerungen gehört worden waren. «Natürlich können Sie Paprikaschoten dazugeben, und wenn die Schoten geschmort und abgezogen sind, um so besser. Sie können grüne oder rote nehmen. Irgendein Gemüse dazu, am besten junge Bohnen, von den dicken, die etwas rauher schmecken.»
«Sie wissen, was gut ist, Großväterchen!»
«Beim Essen machen wir nicht mal die Franzosen etwas vor, und die sollen ja die besten Köche sein!»
Carvalho hob die Hand zum Abschied, aber der Alte hielt ihn mit einem Zuruf auf. «Junger Mann, wenn der Reis richtig gut werden soll, daß man sich danach die Finger leckt, dann braten Sie die

Kaninchenleber und hacken sie zusammen mit dem Knoblauch und den Chilischoten.» Dabei zwinkerte er ihm zu.
«Du alter Fuchs! Die Geheimtips behältst du immer für dich, und bei den Fremden läßt du die Katze aus dem Sack!»
«Der war in Ordnung. Der ißt gerne gut!»

(Manche gehen baden)

Für sechs Personen

¾ kg Reis; 1 in acht Stücke zerteiltes Kaninchen; 3 Dutzend Schnecken; 1 reife Tomate; 1 Knoblauchknolle; 2 dl Öl (1 Weinglas); Salz und Pfeffer; Paprikapulver, *ñoras*, eine Messerspitze *guindilla*

Schnecken kochen.
Knoblauch schälen und hacken. Die Hälfte des Öls in einem Topf auf dem Feuer erhitzen und darin die Knoblauchzehen, Kaninchenstücke und Schnecken schmoren; nach einigen Minuten den Schneckensud angießen und 15 Minuten kochen lassen.
Tomate würfeln und in einer Paellapfanne mit dem übrigen Öl schmoren. Wenn es eine dickliche Soße ist, den Reis und den Inhalt des Topfes dazugeben. Umrühren und mit Paprikapulver und Salz würzen. Darauf achten, daß der Sud der doppelten Menge des Reises entspricht. Bei Bedarf heißes Wasser nachgießen.
Zehn Minuten lebhaft kochen lassen, dann die Hitze reduzieren, so daß es gerade noch kocht, und weitere zehn Minuten auf dem Feuer lassen.
Fünf Minuten bevor es fertig ist, eine kleingehackte Mischung aus gebratener *ñora, guindilla* und einer Knoblauchzehe dazugeben.
Vor dem Servieren fünf Minuten ruhen lassen.

Rijstaffel
Reistafel

Der Gedanke an das indonesische Restaurant beendete seine Grübeleien. Mit jedem Schritt, der ihn seinem Ziel näher brachte, wurde sein Appetit größer. Er verminderte sich auch nicht im Aufzug, während der kurzen Reise zu dem Stockwerk, wo sich das Lokal befand. Angesichts der reichhaltigen Speisekarte, die er aufgeschlagen hatte, entschied er sich für das einzig Mögliche, nämlich für eine *Rijsttafel,* und zwar die teuerste. An jedem anderen Ort der Welt wäre es ein Sakrileg gewesen, zur *Rijsttafel* etwas anderes als Wein zu trinken. Aber hier in Holland bedeutete es eine Ketzerei, nicht ein paar Gläser kühles Bier dazu zu bestellen. Das zeremonielle Entzünden der Kerzen unter den Tellerchen der *Rijsttafel* deprimierte ihn etwas. Es war das charakteristische Stimmungstief, das einen befällt, wenn man allein essen muß. Angesichts dieses gefährlichen Gemütszustands hilft nur eines: reichlich und erstklassig essen! In fünf Minuten führt der Magen einen überzeugenden Kampf mit dem Gehirn, und wie immer bei solchen Kämpfen siegt der praktische Wille über die theoretische Vernunft. Die Zunge übernimmt die Vermittlung zwischen Fleisch und Geist und bringt diese Verbindung mit der Perfektion einer graduierten Kupplerin zustande.
Die Erdnuß bestimmte den Geschmack der Soßen, entweder als Beilage oder als direkte Zutat. Die abwechslungsreiche Palette von Geschmortem und Gebratenem paßte sich, gemildert durch die Soßen, dem weißen und neutralen Ruhebett der langen Körner des indischen Reises an. Und wenn die Zunge Anzeichen von Reizung aufwies, durch die Menge der verschiedenen Beilagen oder die Intensität der Soßen, war sie nach einem halben Glas jenes Bieres wieder frisch und gestärkt, um ihre kulinarische Entdeckungsreise fortzusetzen.

(Carvalho und die tätowierte Leiche)

Die Reistafel ist ein indonesisches Gericht, das durch die Holländer in Europa bekannt wurde und aus weißem Reis und verschiedenen Gerichten der indonesischen Küche besteht: *ajan besengek* (Hähnchen in Sojasoße), *rempahj* (Fleischbällchen), *krupuk* (Krabbenbrot), *gado gado* (gekochtes Gemüse mit Kokosnußsoße), *sambal atpi* (Geflügelleber und -magen), *gopeeg* (verschiedene Fleisch- und Schinkenreste), Hähnchencurry, *bebek hijau* (Ente mit grüner Paprikasoße) und anderen.
Angesichts der Schwierigkeit, die verschiedenen kleinen Gerichte zu würzen – eine richtige Reistafel kann bis zu zwanzig verschiedene Beilagen umfassen –, schlage ich vor, entweder auf ähnliche Gerichte des eigenen Landes zurückzugreifen oder von vier oder fünf unentbehrlichen indonesischen Gerichten zu lernen, wie sie gewürzt werden.

Gambas y Chalotes Fritos

Gebratene Scampi und Schalotten

500 g geschälte Scampi; 4 Schalotten; 25 g getrocknete Tamarinde; 1 Prise Kurkumapulver; ½ Eßlöffel Ingwerkaffee; 2 Knoblauchzehen; 1 Eßlöffel Sojasoße; Öl; 7 Eßlöffel Reismehl; 1 Ei; Salz und Pfeffer

Scampi der Länge nach halbieren.
Tamarinde in heißem Wasser einweichen.
Schalotten in feine Scheiben schneiden und Knoblauchzehen kleinhacken.
Nach fünfzehn Minuten wässern, Tamarinde abgießen und nur das Wasser auffangen.
Knoblauch auf den Boden eines Steinguttopfes legen.
Das Tamarindenwasser, die Sojasoße, den Ingwerkaffee, Kurkuma, die Scampi und die Schalottenringe dazugeben. Eine halbe Stunde marinieren.
Teig aus gesiebtem Reismehl, Salz, Pfeffer, einem Ei und

fünf Eßlöffeln Wasser bereiten. Den Teig mit einer Gabel durcharbeiten.
Scampi und Schalotten aus der Marinade nehmen, abtropfen lassen und im Teig wälzen.
Öl in einer Pfanne erhitzen und darin die Scampi und die Schalotten braten. Sie dürfen nicht zusammenkleben. Auf Küchenkrepp legen, so daß das Öl aufgesaugt wird. Heiß oder kalt servieren.

Gambas en Salsa de Coco

Scampi in Kokossoße

500 g rote geschälte Garnelen; 1,5 dl Kokosmilch; 4 harte Eier; 5 Kemirinüsse (können durch Paranüsse ersetzt werden); 3 Paprikaschoten; 1 kleine Zwiebel; 2 Knoblauchzehen; 1 Teelöffel Garnelenpaste; 2 Teelöffel gemahlener Koriander; 1 Teelöffel Ingwerpulver; ½ Teelöffel feingeraspelte Zitronenschale; 2 Messerspitzen Galgant (ein Verwandter des Ingwers); 3 reife Tomaten; 1 Lorbeerblatt; 2 Blätter *daun jeruk purut* (können durch kleingehackte Zitronenblätter ersetzt werden); 75 g Erbsen; 2 Suppenlöffel Öl; Salz; Zitronenspalten

Scampi der Länge nach halbieren.
Eier hart kochen und halbieren.
Tomaten erst in kochendes Wasser geben, dann kalt abschrecken, schälen, entkernen und würfeln.
Zwiebel und Knoblauch hacken. Paprikaschoten halbieren, Kerne entfernen und in kleine Stücke schneiden.
In einem Mörser die Garnelenpaste, Knoblauch, Zwiebel und Paprika zu einer flüssigen Masse verarbeiten. Koriander, Ingwer, geraspelte Zitronenschale und Galgant beimischen.
In heißem Öl diese Paste eine Minute lang rühren.

Scampi, Tomaten, Salz dazugeben und zwei Minuten schmoren lassen. Lorbeer, *daun jeruk purut* und Wasser hinzufügen und ohne Deckel fünf Minuten kochen lassen. Kokosmilch angießen, die harten Eier dazugeben und weitere acht Minuten kochen lassen. Die gekochten Erbsen dazugeben und Soße eindicken lassen.
Mit Zitronenspalten garniert servieren.

Curry de Pollo a la Indonesia

Curryhähnchen auf indonesische Art

1 großes Hähnchen (über ein Kilo), in acht Stücke zerteilt; 3 Schalotten; 2 Knoblauchzehen; 4 Kemirinüsse (können durch Paranüsse ersetzt werden); 600 g Kokoscreme; 4 Teelöffel Ingwerpulver; 1 Teelöffel gemahlener Pfeffer; 1 Teelöffel Kurkumapulver; 1 Lorbeerblatt; Salz

Für die Kokoscreme frisch geraspeltes Kokosfleisch mit der gleichen Menge kochendem Wasser aufbrühen, ruhen lassen und fest ausdrücken.
Zwiebeln, Knoblauch und Kemirinüsse mit etwas Wasser im Mixer zu einer glatten Paste verarbeiten.
In eine Cocotte geben und Kokoscreme, Ingwer, Lorbeerblatt, Salz und Hähnchenteile dazugeben. Eine Stunde zugedeckt auf kleiner Flamme kochen.
Deckel abnehmen und weitere zehn Minuten kochen lassen, bis die Soße dick wird.
Dieses Gericht schmeckt am besten, wenn es wieder aufgewärmt ist.

Pato en Salsa al Pimiento Verde

Ente in Soße mit grünem Paprika

1 Ente zwischen 1 ½ und 2 kg, in acht Teile zerlegt; 10 grüne Paprikaschoten; 8 Kemirinüsse (ersatzweise Paranüsse); 10 Schalotten; 4 Knoblauchzehen; 2 Eßlöffel Ingwerpulver; ½ Teelöffel gemahlene *citronelle*-Schale, ersatzweise feingeraspelte Limettenschale; 20 g getrocknete Tamarinde; 1 Lorbeerblatt; 2 junge Zwiebeln; 3 Eßlöffel Kokosfett; Salz

Tamarinde in ein Gefäß geben und mit 3 Suppenlöffeln heißem Wasser übergießen.

Paprikaschoten waschen, in unregelmäßige Stücke schneiden, in einen Mörser geben und mit den Nüssen zu einem Brei verarbeiten.

Knoblauch und Schalotten in ganz dünne Scheiben schneiden. In einer Pfanne mit dem Kokosfett anbraten.

Herausnehmen und mit dem Brei im Mörser verrühren. Mit den Entenstücken, Ingwer, Kurkuma, *citronelle*-Stückchen, Tamarindenwasser, Lorbeerblatt und Salz vermischen und eine dreiviertel Stunde auf kleiner Flamme kochen.

Zu diesem Zeitpunkt 3 dl Wasser und die jungen Zwiebeln hinzufügen und weitere 20 Minuten kochen lassen.

Wenn es fertig ist, in den Kühlschrank stellen. Am folgenden Tag das Fett von der Oberfläche entfernen und auf kleiner Flamme aufwärmen.

Pedazos de Buey al Pimiento

Rindfleischstücke mit Paprika

750 g zartes Rindfleisch (Rumpsteak oder falsches Filet); 2 Eßlöffel Korianderpulver; 25 g getrocknete Tamarinde; 1 Teelöffel brauner Zucker; 3 frische rote Paprika; 4 Schalotten; 2 Knoblauchzehen; 6 Suppenlöffel Öl; 1 Teelöffel Zitronensaft; Salz und Pfeffer

Rindfleisch erst in dünne Scheiben, dann in etwa fünf Zentimeter lange Streifen schneiden.
Tamarinde mit heißem Wasser übergießen und 15 Minuten ziehen lassen.
Die Fleischstreifen in eine flache Schüssel geben und mit Koriander, Zucker, Salz und Pfeffer bestreuen. Tamarindenwasser hinzufügen und 3 Stunden marinieren.
Schalotten und Knoblauch schälen und hacken; Paprikaschoten würfeln und mit den Schalotten und dem Knoblauch in einem Mörser zu Brei verarbeiten.
Rindfleisch in Öl braten und herausnehmen. Im selben Öl den Brei aus dem Mörser schmoren, das Fleisch wieder dazugeben, gut vermischen und den Zitronensaft angießen. Mit Salz und Pfeffer abschmecken.
Heiß servieren.

Curry Begetal

Gemüsecurry

750 g Weißkohl; ½ grüne Mangofrucht; 6 Schalotten; 3 Knoblauchzehen; 2 grüne Paprikaschoten; 6 Kemirinüsse (ersatzweise Paranüsse); 2 Teelöffel Ingwerpulver; 1 Teelöffel Kurkuma; 6 Blätter grüne Minze; 450 g Kokoscreme; Salz

In einem Mörser die gewürfelten Paprikaschoten, Schalotten, Knoblauchzehen und Kemirinüsse zu einem Brei verarbeiten.
Die Mangofrucht schälen, in kleine Stücke schneiden und mit Kurkuma, Ingwer, Salz, gehackter Minze und Kokoscreme in den Mörser geben.
Kohlkopf waschen, halbieren und kleinschneiden.
Inhalt des Mörsers in eine Kasserolle geben und auf kleiner Flamme köcheln lassen. Kohl hinzufügen und 15 Minuten kochen lassen.
Flamme größer stellen und die Soße auf die gewünschte Konsistenz eindicken.

Plátanos Fritos

Gebratene Bananen

4 nicht sehr reife Bananen; 75 g Reismehl; 170 ml Kokosmilch; 50 g Butter; Salz

Die Hälfte der Butter zerlassen und in eine Tonschale über die Kokosmilch gießen.
Gut mit dem Reismehl und einer Prise Salz vermengen.
Geschälte Bananen der Länge nach halbieren, mit der Paste bestreichen und in der restlichen Butter braten.

Fideuà

Nudeln mit Fisch und Meeresfrüchten

Das Mädchen breitete die Einkäufe auf dem Küchentisch aus: ein Paket Glasnudeln, in Stücke geschnittenes Schweinefleisch und ein Hühnchen, Tintenfische, Krabben, eine Büchse Tomaten, zwei Paprikaschoten, Zwiebeln und Knoblauch. Und als

Carvalho sie mit schlechtem Gewissen bat, noch einmal loszugehen und Olivenöl zu holen, lächelte sie nur und ging wieder hinaus, um sofort mit einer kleinen Flasche zurückzukehren, in der sich eine metallisch aussehende Flüssigkeit befand, die wie Olivenöl aussah. Das Mädchen sagte, es würde in Thailand in der Apotheke verkauft, die Frauen würden es zur Haarpflege verwenden. Carvalho schnüffelte an dem Haarpflegemittel, tauchte den Finger hinein und leckte ihn ab, und sowohl der Geruch als auch der Geschmack bewiesen ihm, daß es sich tatsächlich um Olivenöl handelte. Er nahm ein Messer zur Hand, benutzte den Tisch als Arbeitsfläche und begann mit der Vorführung. Er bereitete das *sofrito* zu, putzte die Tintenfische, pulte die Krabben und kochte einen Sud aus den Panzern der Krustentiere und den Hühnchenknochen.

«Auch wenn Sie es vielleicht nicht verstehen werden, ich will jetzt ein Gericht zubereiten, das sich *fideuà* nennt und im heutigen Valencia sehr in Mode ist, in einem ungleichen Wettbewerb mit der traditionellen Paella. Unter meinen Händen und mit diesen Zutaten wird es sich in ein internationales Gericht verwandeln, das heute seine weltweite Premiere hat, denn noch niemals ist es unter Verwendung der feinen Glasnudeln zubereitet worden.»

Carvalho sprach spanisch, aber er gestikulierte heftig dabei, als seien seine Worte für seine Gefährtin durchaus verständlich. Sie lachte, als sei sie bei einer Show von Jerry Lewis, und zum erstenmal in seinem Leben gefiel es ihm, daß man über ihn lachte, und er genoß die Rolle des kochenden Clowns.

«Zuerst muß man das Fleisch anbraten und in dem Öl ein dickes, gut eingekochtes *sofrito* herstellen, wie es die Kanoniker vorschreiben in den perfekten Erläuterungen von Josep Pla, einem bedeutenden katalanischen Schriftsteller, der, wie ich annehme, ins Thailändische übersetzt ist. Sobald das *sofrito* aus Zwiebeln, Tomaten und Paprika fertig ist, gibt man das Schweine- und Hühnchenfleisch und die Tintenfische dazu, im letzten Moment auch die Krabben. Dann würden eigentlich auch die Nudeln darin gekocht, aber mit Rücksicht auf die zarte Konstitution der Nudeln, mit denen Sie mich versorgt haben, werde ich sie erst später dazugeben. Zunächst gieße ich den Sud zum *sofrito* und lasse alles eine Weile kochen, damit sich die verschiedenen Aromen gut durchdringen. Dann erst gebe ich die Nudeln und Krabben hinzu. Zwei oder drei Minuten bevor ich das Ganze vom Feuer nehme, muß eine Mischung aus gehacktem Knoblauch und Olivenöl hinzugefügt werden, dann muß man die ganze Pampe ziehen lassen und abwarten, was dabei herausgekommen ist.»

Das Wunder geschah, und in der Pfanne entstand eine feine *fideuà,* in der die zarten Glasnudeln für eine beinahe pflanzliche Konsistenz sorgten. Nachdem sie fast Tränen gelacht hatte, war das Mädchen neugierig geworden und nahm zwar die Ehre nicht an, mit dem Fremden an einem Tisch zu essen, probierte aber doch das Gericht im Stehen, erst ängstlich und unentschlossen, aber dann mit immer mehr Begeisterung und Entdeckerfreude, als sie bemerkt hatte, wie gut es schmeckte. Carvalho sagte ihr, er werde sich das Rezept patentieren lassen, sobald er wieder in Spanien sei, es würde bei den Italienern und den Valencianern bestimmt begeisterten Anklang finden, da es in sich die Kultur der Paella, des Reises und der Nudeln in einer gelungenen Synthese vereine, wie sie noch keinem der Propheten der Nouvelle cuisine geglückt sei.

(Die Vögel von Bangkok)

Für sechs Personen

600 g Kaisergranat, gedrittelt; 250 g frische Scampi; 600 g Seeteufel- oder Zackenbarschfilet ohne Gräten, gewürfelt; 6 Miesmuscheln; 12 gründlich gewaschene Herzmuscheln; 600 g dicke Fadennudeln, deren Knäuel man in drei Teile bricht; 200 g reife Tomaten, geschält, entkernt und gewürfelt; 2 gehackte Knoblauchzehen; 1 Teelöffel scharfes Paprikapulver; 150 g Olivenöl; 2 Liter Fischsud, mit Safran gefärbt; Salz

Öl in einer Paellapfanne erhitzen und darin Kaisergranat und Scampi anbraten. Herausnehmen und den Seeteufel oder Zackenbarsch darin braten. Knoblauch, Paprikapulver und Tomaten dazugeben. Einige Minuten schmoren lassen, Fischsud dazugeben, und wenn es zu kochen beginnt, die Nudeln hinzufügen. Mit Salz abschmecken, Scampi, Kaisergranat und Herzmuscheln hineingeben. Eine Viertelstunde kochen lassen.
Fünf Minuten im Backofen überbräunen.
Herausnehmen und die inzwischen gekochten und geöffneten Miesmuscheln dazugeben. In der Paellapfanne servieren.
Man kann dieses Gericht um Langusten, Riesenkrabben oder andere Meeresfrüchte bereichern.
Diese *fideuà* korrigiert die plumpe thailändische Version von Carvalho, obwohl sie ihr sehr ähnlich ist. Es gibt noch eine Version der *fideuà* mit gerösteten Fadennudeln Marke *cabello de angel* (Engelshaar), aber das ist eine andere Geschichte.

Fideos a la Cazuela

Nudeltopf mit Schweinefleisch und Wurst

Abendessen oder nicht, das ist die Frage.
«Das Cholesterol, Chef!»
Zwei Uhr morgens. Es regnet stark, und aus der Nacht kommt der Geruch nasser Pinien, während sich das Prasseln der Flammen und des Regens auf dem Efeu vermischen, der wie ein grüner Teppich den größten Teil des Gartens bedeckt. Ein Druck im Bauch schickt ihn auf die Toilette. Im Vorbeigehen greift er sich einen Kriminalroman von Nicholson, *Der Fall des lachenden Jesuiten*, und eine Zeitung. Der Vorteil des Alleinlebens ist, daß man beim Kacken die Klotür offen lassen kann, denkt er, während er mit seinen Eingeweiden kämpft; im Vordergrund seine spitzen Knie und der

Winkel des Schlafzimmers, den er durch die halboffene Tür sehen kann. Er bedauert, sie nicht geschlossen zu haben, bevor er sich der Entleerung seiner Eingeweide hingibt, denn er weiß, daß er so die Lektüre weniger genießen wird. Als die Grundwiderstände überwunden sind und er die zweite fäkale Entbindung erwartet, liest er zehn Zeilen eines der konstruiertesten Krimis, die er je gelesen hat. Die Ermordung einer ehemaligen Jugendliebe dient dem Erzähler als Aufhänger für die lange Reise in seine Vergangenheit als britischer Militär in Indien. Ein Tuttifrutti, in dem Bromfield aus *Am Tag, als der Regen kam*, ein von der orientalischen Religiosität faszinierter Hesse und Agatha Christie eine seltsame Mischung bilden. Der endgültige innere Friede kommt nach einem Punkt und einem Absatz. Er füllt das Bidet, holt dann das Feuilleton und sucht dort den Artikel von Fernando Monegal, dem besten spanischen Kritiker des polnischen Theaters, den Carvalho nicht nur wegen der Absorptionsfähigkeit des Papiers besonders schätzt, sondern auch wegen der nicht weniger absorbierenden Qualität des Gedruckten. Papier und Artikel sind sozusagen eine unschätzbare Synthese eingegangen, um den Anus für die letzte Waschung im Bidet vorzubereiten. Als er das warme Seifenwasser wie Balsam genossen hat, nutzt Carvalho seine Halbnacktheit, um sich vollends zu entkleiden und seinen Schlafrock anzuziehen, der neben der Hausapotheke hängt. Die leeren Hosen fallen zu Boden, und im Zwiespalt, ob er sie aufheben oder etwas essen soll, entscheidet sich Carvalho für letzteres. Vor dem Wandschrank voller Konservendosen überlegt er, ob er schnell eine Dose warm machen oder sich der Alchimie eines frühmorgendlichen Essens widmen soll. Was soll ich denn essen? Einen Nudeltopf. Zwischen Kühlschrank und der kleinen Speisekammer neben dem Wandschrank findet er alles, was er braucht. Das leicht gesalzene Schweinerippchen wird rigoros dem knapp bemessenen, im Tontopf siedenden Öl überantwortet. Ihm folgen eine kleingeschnittene Kartoffel, gehackte Zwiebeln, Paprika, Tomaten. Als das *sofrito* fertig ist, salzt und pfeffert er es leicht, während es noch heiß ist, bevor er die Nudeln dazugibt und sie erhitzt, bis sie kleine Kristalle sind, die transparent werden wollen.

Das ist der Moment, um die Fleischbrühe darüber zu gießen, so viel, daß sie einen Finger hoch über der kompakten Masse steht. Sobald sie zu kochen beginnt, gibt Carvalho vier dicke Scheiben *botifarra de bisbe* dazu, und kurz bevor er das Gericht vom Feuer nimmt, krönt er das Ganze mit einer kleingehackten und extra gebratenen Knoblauch-Petersilie-Mischung. Den Kniff mit der schwarzen *botifarra* hat er aus einem Nonnenkonvent, wo er sich Ende der fünfziger Jahre versteckt hielt, um abzuwarten, bis sich die Wellen wieder gelegt hatten, die die Aushebung der Parteidruckerei geschlagen hatte. Die Nonnen hatten ihnen das Essen auf einem langen, weiß gescheuerten Holztisch angerichtet, dem schönsten Tisch, den Carvalho im Leben gesehen hatte, wie aus einer Kellerei. Carvalho hatte eine tiefe gefühlsmäßige Beziehung zur Ordenstracht, war doch das College seiner Kindheit von Nonnen des Ordens San Vicente de Paúl geleitet worden.
«José, was willst du mal werden, wenn du groß bist?»
«Heiliger.»
«Wie San Tarsicio?»
«Jawohl, oder wie die heilige Genoveva von Brabant.»
«Du mußt San Tarsicio werden, weil du ein Junge bist. Die heilige Genoveva war eine Frau.»

(Carvalho und der tote Manager)

Für vier Personen
Vorbereitung: 20 Minuten; Kochzeit: 35 Minuten

500 g Suppennudeln Nr. 9; 300 g Schälrippchen vom Schwein, in kleine Stücke zerhackt; 4 Würstchen; 100 g geschälte und gekochte Erbsen; 200 g Zwiebeln; 200 g reife, geschälte Tomaten; 1 Knoblauchzehe; etwas Safran; 8 geröstete und geschälte Mandeln; 2 Kekse; eventuell 1 kleines Glas Weißwein; 80 g Schweineschmalz; 1 Lorbeerblatt; Petersilie und Pfeffer; 1 schwarze *botifarra*

In einer flachen Tonform mit großem Durchmesser die in Stücke gehackten Schälrippchen im Schweine-

schmalz braten. Salz dazugeben. Dann die gehackten Zwiebeln, das Lorbeerblatt und die in Scheiben geschnittenen Würste dazugeben.
Wenn die Zwiebeln gebräunt sind, die Tomaten hinzufügen. Wenn die Tomaten einzudicken beginnen, den Wein angießen und reduzieren. Einen Liter Wasser dazugießen und auf kleiner Flamme dreißig Minuten kochen lassen.
Suppennudeln dazugeben und, wenn nötig, mehr Wasser. Weitere fünfundzwanzig Minuten kochen lassen. Die Nudeln dürfen nicht klebrig werden.
Währenddessen im Mörser den Safran, die Knoblauchzehe, etwas Petersilie, die Mandeln und die Kekse zerstoßen. Zu den Nudeln geben, ebenso die Erbsen. Mit Salz und Pfeffer abschmecken und zehn Minuten, bevor man die Form vom Feuer nimmt *botifarra*-Scheiben dazugeben.

Anmerkung: Man kann auch Hähnchenteile hinzufügen und dafür weniger Schälrippchen verwenden.

Patatas a la Riojana
Kartoffeleintopf mit Chorizo

Sie war gleichzeitig häßlich und schön, und als sie zu ihm sagte: «Pardon, hätten Sie nicht Lust, mit mir ins Bett zu gehen? Macht 1000 Pesetas plus Zimmer», entdeckte Carvalho, daß sie ein blaugeschlagenes Auge und einen kleinen Kratzer auf der durchscheinenden, blaugeäderten Haut ihrer Schläfe hatte. Sie ging weiter und fragte einen anderen Passanten. Der machte einen Bogen um sie, als wolle er sie gleich als verdächtiges Subjekt in Quarantäne stecken. Sie prostituierte sich so beiläufig, als frage sie nach der Uhrzeit.
Vielleicht eine neue Marketingmethode. Ich muß Charo danach fragen. Er wußte nicht, ob er in die Heimat der dampfenden Kar-

toffeln *a la riojana* zurückkehren oder lieber zu Charo gehen sollte, die jetzt gerade aufgestanden war und, verärgert über seine Vergeßlichkeit und Gleichgültigkeit, ihren Körper für die Abendkundschaft vorbereitete. Die Termine vereinbarte sie telefonisch; sie hatte vor allem Stammkunden, die sie bei familiären Problemen um Rat fragten, gelegentlich sogar nach einer Abtreibungsadresse für ihre frühreifen Töchter oder die eigene Frau, die nach fünf oder sechs Gläsern Sekt der Marke «L'Aixartell» schwanger geworden war, wie es von Marsillach und Núria Espert berichtet wird. Sie bereitete den Körper, aber sicherlich auch Vorwürfe für einen Carvalho vor, der immer häufiger abwesend war.

«In einer Sekunde sind sie aufgewärmt, Chef. Sie sind ein bißchen zerfallen, klar, aber es geht noch. Die Paprikasalami ist aufgeplatzt, aber köstlich. Ich habe aufgepaßt, daß ich nicht wieder zu viel scharfe Paprika genommen habe.»

Carvalho hatte begonnen, Kartoffeln und Salami in seinen geduldigen Mund zu schaufeln, aber allmählich signalisierte ihm sein Gaumen, daß dieses Essen mehr Aufmerksamkeit verdiente.

«Vorzüglich, Biscuter.»

«Man tut, was man kann, Chef. Man hat seine guten Tage, manchmal auch nicht ... Es ist doch so ...»

Die selbstgefälligen Ausführungen Biscuters klangen wie der Regen, der an die Fenster klopfte. Es goß in Strömen auf den Ramblas, er fröstelte und bekam Sehnsucht nach Bettlaken und Decken.

(Tahiti liegt bei Barcelona)

1 kg Kartoffeln; 300 g Chorizo aus Rioja; ½ kg Zwiebeln; ½ kg Tomaten; 3 frische Paprikaschoten, rot oder grün; Öl; eine Messerspitze *guindilla*; Fleisch- und Gemüsebrühe

Kartoffeln schälen und in Stücke schneiden.

Paprikaschoten in Streifen schneiden und in einem Topf in Öl schmoren. Beiseite legen.

Den Chorizo in dicke Scheiben schneiden und im Topf braten. Ebenfalls beiseite legen.

Im selben Öl die gehackten Zwiebeln braten und die Tomaten dazugeben, sobald die Zwiebeln gebräunt sind. Die Kartoffeln hinzufügen, dünsten, dann den Chorizo und die Paprikaschoten und nach Wunsch etwas *guindilla* dazugeben.
Zwei große Tassen Brühe angießen, salzen und auf kleiner Flamme köcheln lassen, bis die Kartoffeln weich sind. Wenn nötig, noch mehr Brühe dazugeben, aber sie dürfen nicht zerkochen.

Lentejas con Albóndigas

Linsen mit Fleischbällchen

Die Frau hat einen Entschluß gefaßt, nimmt den Jungen am Arm und geht mit ihm in ein anderes Zimmer. Als Carvalho und die Nachbarin allein sind, kann sie nicht mehr an sich halten und explodiert. «So ein stures Biest! Jedes Tier ist eine bessere Mutter als die! Ich hätte ihn nach so vielen Jahren mit Küssen aufgefressen, und sie steht da rum wie eine Salzsäule und sagt kein Wort, als ob sie überhaupt nichts miteinander zu tun hätten.»
«Jeder ist, wie er ist, Señora!»
«Rosa. Ich werde Rosita genannt.»
«Señora Rosa.»
«Sie haben natürlich recht; wir können zum Beispiel alle denselben Vater und dieselbe Mutter haben und trotzdem ganz verschieden sein. Ich leide immer und erdulde alles, dafür ist meine Schwester genauso ein Nilpferd wie diese Tussi hier. Sie schaut zu, wie ihr Kind aus dem Fenster fällt, und wartet darauf, daß es vom Boden zurückprallt und wieder hochkommt.»
Die Frau hat sich über sich selbst amüsiert und lacht hinter vorgehaltener Hand.
«Was kochen Sie da? Es duftet ja herrlich.»
«Linsen mit Fleischbällchen.»

Sein Gesicht drückt Ekstase aus. Die Frau hört auf, sich die Hände abzutrocknen, und fragt mit einem kleinen Lachen: «Das schmeckt Ihnen wohl?»
«Es ist eins meiner Leibgerichte! Als ich Kind war, roch es an bestimmten Tagen in den Hinterhöfen danach.»
«Früher war es üblich, daß man an bestimmten Wochentagen bestimmte Sachen kochte. Möchten Sie versuchen? Es geht doch nichts über gute Hausmannskost.»
«Ich möchte nicht...»
«Ich koche immer reichlich, weil mein Mann gerne zweimal nimmt.»
«Wenn es Ihnen keine Umstände macht.»

(«Von den Dächern gesehen» aus *Zweikampf*)

½ kg gekochte Linsen und ihr Sud; ½ kg Schälrippchen, die zwei Tage in einer schwachen Salzlauge gelegen haben; mageres Schweinehack, gesalzen und gepfeffert; 1 Chorizo von 200 g; 1 Knoblauchknolle; 1 Zwiebel; Tomatensoße; 1 Glas Kognak; 2 Lorbeerblätter; Petersilie; Semmelbrösel; 1 Ei

Aus Hackfleisch, Knoblauch, Petersilie, Semmelbröseln und Ei kleine Bällchen formen, in Mehl wälzen und braten.
Dem Bratöl einen Strahl frisches Öl hinzufügen, die in Stücke zerhackten Schälrippchen, die restlichen Knoblauchzehen und die Zwiebel gut anbraten und dann die Tomatensoße, die beiden Lorbeerblätter und das Glas Kognak dazugeben.
Den Linsensud dazugeben, und wenn alles zu kochen beginnt, die vorgekochten Linsen dazugeben, bis die Mischung dickflüssig wird. Wenn sie es nicht wird, nimmt man einige Linsen heraus, zerdrückt sie zu einem Brei und gibt sie wieder hinein.
Die Fleischbällchen dazugeben und mit den Linsen kochen. Kurz darauf den in Scheiben geschnittenen Chorizo ebenfalls dazugeben; die Dicke der Scheiben

bemißt sich nach der Festigkeit der Wurst, denn sie sollen nicht zerfallen.
Mit Salz und Pfeffer abschmecken und etwas Kognak hinzufügen, wenn man ein starkes Bouquet liebt.

Secas con Botifarra

Weiße Bohnen mit weißer und schwarzer Botifarra

Ein Restaurant an der Landstraße. Lastwagen und Pkws, Betrieb am Tresen, Gedränge. Eine billige Freßfabrik mit ganz akzeptablen Gerüchen.
«Schnell, eine Portion weiße Bohnen mit *botifarra!*»
«Zweimal Lendchen mit Kartoffeln!»
«Zweimal Reis *a la cubana** und zwei Portionen Kaninchen mit Aioli!»
Fernfahrer im Halbschlaf, verdauungsmüde, sozusagen auf die Kippe gestützt, die aus ihrem Mundwinkel hängt. Geschäftsreisende, vom geschniegelten Kurzwarenvertreter bis zu nachlässig gekleideten Männern, die Mischfutter und Möbelfirnis ausliefern.
Carvalho tritt an einen Tisch. «Jaime Vila?»
«Seit meiner Geburt. Steht mein Wagen im Weg?»
«Ich muß mit Ihnen reden.»
Er nimmt Jaime Vila beiseite, so wie er ist, mit Schlips und Krawattennadel, Schnurrbärtchen und etwas längerem Haar – vielleicht um die zu großen Ohren zu verdecken oder seiner Ähnlichkeit mit einer Schaufensterpuppe aus dem «Corte Inglés» doch noch eine Spur von Modebewußtsein zu verleihen.
«Es geht um die Erscheinung auf der Landstraße.»
«Ist das immer noch nicht vom Tisch?»
«Ich bin Privatdetektiv und habe Auftraggeber, die diese Geschichte halb verrückt gemacht hat.»

* Reis mit Tomatensoße, Spiegelei und gebratenen Bananen

«Trinken Sie einen Kaffee mit Schuß? Ohne bin ich zu nichts zu gebrauchen. Daniel, zwei Kaffee mit Schuß! Für mich mit Chinchón, und für Sie?»
«Mit *orujo* * !»
«Donnerwetter! Solche Männer sind nach meinem Geschmack! Für mich ist die Sache mit der Erscheinung Schnee von gestern.»

(«Eine unbekannte Reisende ohne Papiere» aus *Der fliegende Spanier*)

½ kg gekochte weiße Bohnen; 1 *botifarra* von 150 g pro Person (es können auch zwei sein, eine rohe zu 100 g und eine schwarze zu 100 g); 1 Knoblauchzehe

Die Knoblauchzehe in Öl braten, herausnehmen und zuerst die in Scheiben geschnittene rohe *botifarra* braten, dann die Scheiben der schwarzen, aber nur ganz vorsichtig.
Die gekochten und abgetropften weißen Bohnen in eine Schüssel geben und das heiße Fett aus der Pfanne und die *botifarra*-Stücke darüber geben.
Sofort mit Aioli servieren.

Botifarra de Perol con «Fesols»

Botifarra de Perol mit Bohnen

«Das gibt wieder einen Bürgerkrieg, Chef!» Biscuter hatte das Radio eingeschaltet und hörte eine Direktübertragung aus dem Hauptquartier der PCE in Madrid, wo der Tote aufgebahrt lag. Tausende Madrider Bürger waren an den sterblichen Überresten Fernando Garridos vorbeimarschiert. Er wurde von einem eindrucksvollen Polizeiaufgebot bewacht, das von einem militärischen Aufmarsch in den Außenbezirken Madrids begleitet wurde.

* Spanische Version von Grappa

«Bitte, Señor. Eine Umfrage von Radio Nacional. Wer steckt Ihrer Meinung nach hinter diesem Mordanschlag?»
«Der internationale Faschismus, wer sonst?»
«Aber wie erklären Sie sich dann den Umstand, daß er in einem geschlossenen Raum ermordet wurde, in dem sich nur Kommunisten befanden, noch dazu alles Mitglieder des Zentralkomitees?»
«Ich erkläre es mir so, wie sich das jeder gute Kommunist zu erklären hat: Es war der internationale Faschismus.»
«Sind Sie in der Partei?»
«Das bin ich. Seit langer Zeit, jawohl.»
«Kannten Sie Fernando Garrido persönlich?»
«Ich hatte die Ehre, ihm bei mehr als einer Gelegenheit die Hand zu drücken, und ich war Delegierter meiner Basisgruppe auf dem Kongreß von 1978.»
«Könnte die Auseinandersetzung zwischen Leninisten und Nicht-Leninisten, die diesen Kongreß geprägt hat, zu diesem Verbrechen geführt haben?»
«Da kennen Sie uns aber schlecht, Señor. Wir haben Besseres zu tun, als uns gegenseitig umzubringen. Sie sitzen wohl zu oft vor dem Fernseher, oder Sie haben sich zu viele amerikanische Filme angesehen. Was sagten Sie, von welchem Sender Sie kommen?»
«Von Radio Nacional.»
«Dann wundert mich nichts mehr.»
«Da hat er recht, verdammt noch mal!» wetterte Biscuter.
«Dir kann das doch egal sein, Biscuter!»
«Aber das ist doch wirklich eine Riesenschweinerei, Chef! Sie müssen zugeben, Garrido war in Ordnung.» Biscuter hatte weder Zeit gehabt, sich frisch zu machen, noch Carvalhos Schreibtisch wenigstens andeutungsweise aufzuräumen. «Frühstücken Sie hier, Chef? Ich habe ein paar verdammt gute *botifarras de perol* und gekochte Bohnen, die noch von gestern übrig sind.»
«Entweder ich denke nach oder ich frühstücke. Beides zusammen geht nicht.»

«Stört Sie das Radio beim Denken?»
«Darüber muß ich erst nachdenken.»
Carvalho nahm den Hörer ab und wählte eine Nummer, wobei er die Nase rümpfte. «Señor Dotras? Ja, ich warte.»
«Ich bin kein Kommunist», bekannte ein anderer, den der Radioreporter befragte, «aber ich bin gekommen, um Garrido das letzte Geleit zu geben, weil ich Demokrat bin und es unerhört finde, was da geschehen ist. Es ist ein Schlag gegen die Demokratie. Wer es getan hat? Die CIA. Die Russen. Wer soll das wissen, bei der vielen Scheiße – entschuldigen Sie den Ausdruck! – die in der Politik gebaut wird.»

(Carvalho und der Mord im Zentralkomitee)

1 *botifarra de perol* pro Person; 500 g gekochte weiße Bohnen oder Stangenbohnen, wenn möglich; 1 Knoblauchzehe; Öl

Die *botifarra de perol* ist typisch für die Gegend um Gerona. Es ist eine Wurst aus Innereien, Kopf, Bauch und Nieren vom Schwein, sehr fein gehackt und stark gewürzt.
Die *botifarras* einstechen und vorsichtig kochen. Sie dürfen nicht aufplatzen.
Bohnen und einen großen Löffel Wurstbrühe dazugeben.
Die saftigen weißen Bohnen oder Stangenbohnen mit der gekochten *botifarra* servieren.
Es wirkt einfach, ist aber ein köstliches Gericht.

Garbanzos con Navajas y Espinacas

Kichererbsen mit Pfahlmuscheln und Spinat

Er zerreißt das Buch und legt es auf den Kaminrost, schichtet Holz darüber und zündet alles an. Mit dem Glas in der Hand legt er sich aufs Sofa. Es sieht aus, als zeichne der Feuerschein auf

seinem Gesicht Licht und Schatten seiner Gedanken nach. Er schläft ein. Charo weckt ihn mit einem Kuß auf die Lippen.
«Was machst du hier?»
«Du hast mich doch zum Essen eingeladen, oder nicht?»
Carvalho reibt sich mit beiden Händen das Gesicht. Es sieht Charo an. Ihre Blicke begegnen sich.
«Wünscht der Herr etwas als Aperitif?»
«Er wünscht.»
Charo zieht ihren Angorapulli aus. Als sie diese zweite Haut hochzieht, kommen ihre prachtvollen Brüste zum Vorschein, wie zwei junge Tiere, die man aus einer allzu langen Gefangenschaft befreit.
«Willst du nicht zuerst etwas essen?»
«Erzähl mir jetzt nichts vom Essen! Ich bin satt, voll bis oben hin.»
«Hast du denn schon gegessen?»
«Nein, aber heute hatte ich einen, der unaufhörlich vom Kochen geredet hat. Er redete über alles mögliche, aber meistens darüber, was er gerade kocht. Hör mal, was hältst du von einem Menü mit...? Hier habe ich es aufgeschrieben: Avocado mit Kaviar, und Pfahlmuscheln mit Kichererbsen und Spinat.»
«Vielversprechend.»
«Das findest du vielversprechend? Also ich finde es zum Kotzen!»

(«Das Mädchen, das nicht Nein sagen konnte»
aus *Lauras Asche*)

½ kg gekochte Kichererbsen; ½ kg Pfahlmuscheln; 1 Zwiebel; Tomatensoße; ½ kg gekochter und abgetropfter Spinat; Knoblauch, Petersilie; Öl; etwas vom Sud der Kirchererbsen, ebenso das Wasser, in dem man die Muscheln im Dampf geöffnet hat

Mit Zwiebel und Tomatensoße ein *sofrito* bereiten.
Die ganz weich gekochten Kichererbsen und die Pfahlmuscheln ohne Schalen darin dünsten.

Etwas Kichererbsensud und den Muschelsud angießen und den Spinat hinzufügen.
Sobald alles zu kochen beginnt, eine fein gehackte Mischung aus Petersilie und Knoblauch dazugeben.
Noch mehr vom Kichererbsensud dazugeben, wenn das Gericht zu trocken wird, aber es darf nicht zu flüssig werden.

Judías con Almejas

Weiße Bohnen mit Venusmuscheln

Sie aßen im *Túnel*. Biscuter war entzückt von den weißen Bohnen mit Venusmuscheln, die Carvalho für ihn bestellt hatte.
«Auf was die Leute alles kommen, Chef!»
«Das gab es schon, als die Leute noch auf allen vieren gingen. Bevor die Kartoffel nach Europa kam, brauchte man doch auch eine Beilage zum Fleisch, zum Fisch, zu den Muscheln.»
«Was Sie alles wissen, Chef...»
Charo hatte sich eine Minestrone und frischen Thunfisch *a la plancha** bestellt. Carvalho trank seinen Wein wie ein Besessener, als brauchte er eine Transfusion von weißem, kaltem Blut.
«Was für einen Fall hast du gerade?»
«Eine verschwundene Leiche.»
«Was? Ist eine Leiche geraubt worden?»
«Nein. Ein Mann ist verschwunden und ein Jahr später wieder-aufgetaucht, tot. Er wollte sein Leben ändern, das Land, den Kontinent, seine Welt verlassen, und am Ende wurde er erstochen aufgefunden, zwischen Konservenbüchsen und Bauschutt. Eine verkrachte Existenz. Ein reicher Versager.»
«Reich?»
«Steinreich.»

(Tahiti liegt bei Barcelona)

* auf dem Backblech gebraten

500 g gekochte weiße Bohnen; etwas vom Sud, in dem sie gekocht wurden; 500 g Venusmuscheln; 1 Zwiebel; Tomatensoße; Knoblauch, Petersilie, Öl, Salz

Aus Zwiebel und Tomatensoße ein *sofrito* herstellen.
Venusmuscheln im Dampf öffnen und den Sud auffangen.
Bohnen im *sofrito* erhitzen und die Muscheln ohne Schalen dazugeben.
Den Muschelsud, etwas vom Kichererbsensud und die feingehackte Mischung aus Knoblauch und Petersilie dazugeben.
Das Gericht soll saftig, aber nicht zu flüssig sein.

Judías a la Navarra

Weiße Bohnen mit Lämmerschwanz

Ich wurde aufgefordert, zur spanischen Botschaft zu kommen. Eine Einladung zum Abendessen mit dem Kulturattaché. Es gab Navarra-Bohnen mit Chorizo und gefüllte Paprika auf baskische Art. Der Kulturattaché stammte aus Balmaseda. Er bat mich um vertrauliche Informationen über das Gespräch, das Kennedy neulich mit der spanischen Opposition geführt hat. Ich erzählte ihm alles von A bis Z. Er fragte mich mehrmals, ob Kommunisten dabeigewesen seien. Weder an der Farbe noch an Akzent, Atem oder Gang habe ich irgendeinen als Kommunisten entlarvt. Einer der Anwesenden war etwas ernster als die übrigen und legte sich, wenn jemand etwas sagte, die Hand ans Ohr und drehte es in Richtung des Sprechers. Und er machte ein paar Notizen. «Das ist der Kommunist», sagte der Attaché. Ich glaube es nicht, weil er zu keinem Zeitpunkt versuchte, eine Rednerliste aufzustellen, trotz der Zwischenrufe und rücksichtslosen Unterbrechungen.

(Tahiti liegt bei Barcelona)

Für vier Personen

1200 g junge Bohnenkerne; 1 Schwanz eines kräftigen, nicht zu alten Lammes; 250 g Chorizo; 200 g Schälrippchen vom Schwein; 1 große gehackte Zwiebel; 1 gestrichener Eßlöffel Paprikapulver oder Safranfäden; 100 g Schweineschmalz; Knoblauch, Petersilie, gemahlener Pfeffer, Salz

Mit der Hälfte des Schweineschmalzes die Schälrippchen, die Zwiebel und die zerdrückten Knoblauchzehen anbraten. Paprikapulver oder Safran, gehackte Petersilie und Pfeffer hinzufügen.
Den Lämmerschwanz in kleine Stücke schneiden und in einem Topf mit dem restlichen Schweineschmalz anbraten. Wenn die Stücke goldbraun werden, die Hälfte des vorbereiteten *sofrito* zugeben. Etwas Wasser zugeben und immer wieder nachgießen, wenn es verdampft ist, damit die Schwanzstücke weich werden.
Gleichzeitig die jungen Bohnenkerne in einen Topf mit kaltem Wasser geben, das restliche *sofrito* dazugeben und auf kleiner Flamme stetig kochen lassen. Wenn die Bohnen beinahe gar sind, die Schwanzstücke und den in Scheiben geschnittenen Chorizo dazugeben und würzen. Auf kleiner Flamme weiterkochen, bis die Bohnen weich sind. Es soll nur wenig Brühe zurückbleiben.

Faves Ofegades

Bohnentopf

«Ist das alles?»

Er deutet auf ihr Gesicht und auf die Brüste, und sie nickt. Mit einem schnellen Blick mustert sie die Spuren auf Carvalhos Körper und schließt die Augen. Carvalho hat sich bis jetzt noch nicht im Spiegel betrachtet und geht hinüber ins Bad. Entsetzlich. Seine

Oberlippe ist eine Masse geschwollenen Fleisches. In der rechten Wange klaffen zwei tiefe Schnitte, Blutgerinnsel und Blutergüsse im ganzen Gesicht, vom Haaransatz führt eine dünne, halb geronnene Blutbahn über die Schläfen. Er hebt das Hemd hoch und blickt auf eine blau und rot gemusterte Landschaft. Die Hosen runter. Seine Hoden sind angeschwollen, daß sie wie schwarze Tennisbälle aussehen. Er zieht die Hose ganz aus, läßt kaltes Wasser ins Bidet laufen und hängt seine empfindlichsten Teile in das kühle Naß. An der Tür klopft es. Er ruft Charo zu, sie solle nicht aufmachen, schiebt sich ein kleines Handtuch wie eine feuchte Windel zwischen die Beine und zieht die Hose darüber. Dann geht er in die Küche, nimmt eine große Schere, die dort an einem Haken hängt, und nähert sich der Tür. Durch den Spion sieht Biscuters Gesicht aus wie ein monströses gelbliches Ei.

«Meine Fresse, Chef. Meine Fresse!»

Biscuter springt nervös um Carvalho herum und prüft mit kleinen stupsenden Berührungen, ob er noch heil ist. Der Detektiv nimmt ihm die Flasche mit dem Öl ab, geht hinüber ins Wohnzimmer und zieht Charo das Handtuch von den Schultern. Biscuter läuft rot an und wendet sich ab.

Carvalho schüttet etwas von dem Öl auf seine Hände und massiert es vorsichtig in die Brüste des Mädchens ein. Dann ersetzt er das feuchte Handtuch durch ein trockenes und geht ins Bad, um sich selbst einzureiben. Als er zurückkommt und sich in den zweiten Sessel fallen läßt, Charo gegenüber, fühlt er sich besser. Auch Charo sieht etwas entspannter drein und hat sich einen seidenen Morgenmantel übergeworfen. Biscuter blickt von einem zum andern, will etwas sagen, weiß aber offensichtlich nicht, was.

«Häng einen Zettel an die Tür, daß du ein paar Tage weg bist, und komm mit mir nach Vallvidrera! Du auch, Biscuter!»

«Wenn Sie mich brauchen, gern, Chef. Aber sonst würde ich lieber im Büro bleiben, Gewehr bei Fuß. Die sollen nur ihren Rüssel hereinstecken!»

«Ist ja gut, Musketier. Aber ich brauche dich da oben. Hol das

Auto aus dem Parkhaus und fahr es unten vor die Tür! Ich habe keine Lust, mit diesem Gesicht durch die halbe Stadt zu marschieren.»

«Ich hab die Bohnen auf dem Feuer. Was soll ich mit denen machen?»

«Nimm den Topf mit nach Vallvidrera! Dort kannst du weiterkochen.»

«Zu Befehl, Chef.»

Biscuter spielt Motorrad und verläßt den Raum mit einem lauten Brummbrummbrumm auf den Lippen. Charo bricht in schallendes Gelächter aus. Carvalho schnappt sich den Umschlag, der auf dem Tisch liegt, und schiebt ihn in die Gesäßtasche. Er ist hin- und hergerissen. Soll er ihn aufmachen oder nicht? Charo beobachtet ihn, und sofort steht wieder die Angst in ihren Augen. Sie blicken sich für einen winzigen Moment in die Augen, zum erstenmal, seit die Männer Charos Appartement wieder verlassen haben. Tausend Fragen, und die Angst vor den Antworten. Carvalho geht auf die kleine Dachterrasse hinaus, auf der Charo an anderen Tagen ihre käufliche Haut bräunt, auf dem Dach eines modernen Wohnblocks in einer Lücke des alten, heruntergekommenen Viertels, und äugt nach unten, um Biscuters Ankunft nicht zu verpassen. Charo packt unterdessen ein paar Kleinigkeiten in eine Tasche. Dann dreht sie die Sicherung heraus, schiebt sich eine Sonnenbrille über die rotgeweinten, verquollenen Augen und geht mit Carvalho die Treppe hinunter, wo Biscuter auf sie wartet und mit dem Zeremoniell eines hochherrschaftlichen Chauffeurs die Wagentür aufhält.

Auf den Ramblas geraten sie in einen Kampf zwischen der Polizei und Demonstranten. Die Polizei jagt mit geschlossenem Visier die Demonstranten in die Seitenstraßen. Manche Leute verfolgen sie verbissener als andere, nur weil ihnen ihr fliehender Rücken nicht gefällt. Ein flüchtender Demonstrant prallt gegen den Kotflügel von Carvalhos Auto, gerät ins Stolpern und wird von einem Gummiknüppel eingeholt, der wie ein Blitz aus heiterem Himmel auftaucht und auf seinen Rücken niedersaust, pfeifend, als beklage sich die Luft, daß sie von dem wütenden Kautschuk durchschnitten wird. Carvalho sieht, daß der Polizist, der auf den Mann einschlägt, hinter der Plexiglasscheibe die Augen geschlossen hat und die Zähne fest zusammenbeißt. Das Hupen macht den Polizisten rasend. Er dreht sich um, beginnt, auf die nächsten Autos einzuknüppeln, und stößt den Knüppel auch in nicht ganz geschlossene Seitenfenster. Zwei oder drei Kollegen schließen sich ihm an und trommeln ebenfalls blind auf die Autos ein. Als sich dann der Stau auflöst und die Autos wegzufahren beginnen, prasseln Knüppelhiebe auf die Kofferräume wie auf Hintern fliehender Tiere. Biscuter fährt mit eingezogenem Kopf, die Nasenspitze beinahe zwischen den Lenkradspeichen. Charo schließt immer wieder die Augen vor dem Anblick der Gewalt und klammert sich an Carvalho.

«Laß uns aus diesem Scheißland weggehen, Pepiño! Laß uns weit weggehen, bitte!»

Sie weint die ganze Fahrt über, und Carvalho hält sie im Arm wie ein kleines Kind, bis sie vor seinem Haus ankommen. Biscuter folgt ihnen die Treppe hinauf, in der einen Hand Charos Tasche, in der anderen einen großen, fest verschnürten Porzellantopf mit Bohnen. Im Haus läßt sich Charo kraftlos auf die Couch fallen, während Carvalho den Kamin anzündet, diesmal mit der *Anatomie des Realismus* von Alfonso Sastre. Biscuter steht schon in der Küche, entfernt die Schnur von seinem Topf und steckt die Nase hinein, um herauszufinden, wie es den Bohnen geht.

(Carvalho und der tote Manager)

Dicke weiße Bohnen; schwarze *botifarra;* durchwachsener Speck; Schweineschmalz; 1 Zwiebel; Knoblauchzehen; Tomaten; alter, starker Wein; trockener Anis; 1 Kräutersträußchen mit Thymian, Lorbeer, Rosmarin, Minze und einer kleinen Zimtstange, gut mit einem dünnen Faden zusammengebunden; ½ Teelöffel Zucker, Petersilie, gemahlener Pfeffer, Salz

In einem Topf oder einer Kasserolle den durchwachsenen Speck in Schweineschmalz von allen Seiten braten, herausnehmen und beiseite stellen. In dem verbliebenen Schmalz die Zwiebel, die Knoblauchzehen und das Kräutersträußchen braten.
Sobald die Zwiebel zu bräunen beginnt, die grobgehackte Tomate dazugeben, dünsten und dann die weißen Bohnen dazugeben. Topf bedecken und die Bohnen ebenfalls dünsten. Den alten Wein, den Anis, den gebratenen Speck und die *botifarra* dazugeben. Mit Salz, etwas Pfeffer und dem halben Teelöffel Zucker abschmecken.
Wasser angießen. Den Topf verschließen, indem man grobes Packpapier oder Büttenpapier unter den Deckel legt. Auf kleiner Flamme köcheln lassen.
Einige Minuten bevor es fertig ist, die *botifarra* herausnehmen, damit sie nicht zerfällt. Die Bohnen so lange weiterkochen, bis sie weich sind.
Vor dem Servieren das Kräutersträußchen aus dem Topf nehmen. Die Bohnen in einer tiefen Schüssel anrichten und abwechselnd Scheiben von *botifarra* und durchwachsenem Speck darauf legen.
Nach Belieben mit gehackter Petersilie bestreuen und heiß servieren.

Fabada Asturiana

Asturischer Bohneneintopf

Er erwachte am Nachmittag des 1. Januar 1984, nackt und ohne Decke auf dem Bett liegend, und fror, war aber zufrieden, daß er fast den ganzen Tag verschlafen hatte. Der 1. Januar müßte eigentlich verboten sein, der 2. ebenso. Das Jahr sollte erst am 21. März beginnen. Er war überrascht, daß sein Kopf klar genug war, um derart tiefsinnige Überlegungen anzustellen, und schlief wieder ein. Als er dann um neun Uhr wieder erwachte und drei warnende Stiche in der Lebergegend spürte, wurde ihm erst richtig bewußt, wieviel er in der vergangenen Nacht getrunken hatte – und daß in dem Moment, als er auf ein Auto stieg, der Film gerissen sein mußte. Was war wohl aus Charo und Biscuter geworden? Er tappte wie ein Fremder durchs ganze Haus und rief sie mit lauter Stimme, falls sie sich vor ihm versteckt hielten oder ihren Rausch in einem abgelegenen Winkel ausschliefen. Keine Spur von den beiden. Vielleicht hatte er sie im Straßengraben sitzenlassen, und sie waren im Schnee erfroren. Unmöglich. Es hatte nicht geschneit. Aus den noch immer vollen Regalen nahm er *Die Leute mit dem guten Gewissen* von Carlos Fuentes, einem mexikanischen Schriftsteller, den er in seiner Zeit als CIA-Agent in New York kennengelernt hatte. Er hatte auf ihn den Eindruck eines Intellektuellen gemacht, der viel Profil hatte, zumindest hatte er ihm bei der Begrüßung sein Profil gezeigt – er hatte nach Osten geblickt, als er ihm die Hand gab. Carvalho war von ihm derart unhöflich behandelt worden, ohne daß dieser mexikanische Bauer eine Ahnung davon gehabt hätte, daß ein CIA-Mann vor ihm stand. Dieses Wissen hätte immerhin sein Verhalten ideologisch gerechtfertigt. Aber Carlos Fuentes hatte keinen Grund gehabt, ihm so verächtlich die Hand zu geben und dabei nach Osten zu blicken. Sie waren sich im Haus einer jüdischen Hispanistin und Schriftstellerin namens Barbara begegnet, die er im Auftrag des State Department überwachte, denn es bestand der Verdacht, daß in ihrem Haus eine heimliche Landung in Spanien vorbereitet wurde mit dem Ziel, Franco zu entführen und durch Juan Goytisolo zu ersetzen. Der Kulturattaché der spanischen Botschaft hatte ihm hinter vorgehaltener Hand erzählt, welche Sorte Mensch er auf dieser Party treffen würde.

«Kein einziger von den roten Franco-Gegnern fehlt! Die Frau fühlt sich als Witwe *in pectore* von diesem Roten – Dashiell Hammett.»

Besonders interessant war ein spanischer Schriftsteller gewesen, der jeden, der ihm zuhörte, davon zu überzeugen versuchte, daß der Bohneneintopf, neben den vollkommenen Gerichten arabischen Ursprungs, das beste Gericht der spanischen Küche sei. Dabei sagte er «Bohneneintopf» mit einem Mund voller zerkochter Bohnen und Chorizo aus Eselsfleisch. Carvalho hatte sich außerdem mit einem verbannten spanischen Ökonomie-Professor über Politik unterhalten. Dieser war unmittelbar nach dem Bürgerkrieg mit Hilfe der Hispanistin Barbara und einer Schwester Norman Mailers aus dem «Tal der Gefallenen» geflohen, wohin ihn Franco geschickt hatte, um mit anderen politischen Gefangenen eine Sühnekirche zu bauen.

Carvalho hatte später einen Bericht für die CIA verfaßt, in dem er zu zeigen versuchte, daß es harmlose Leute waren, die Zuwendung brauchten, wie die meisten Menschen. Vielleicht war es auch nicht ganz so gewesen, aber auf jeden Fall hatte Carlos Fuentes ihn ohne jede Berechtigung so respektlos behandelt, und sein Roman würde nun als Grundlage für das Kaminfeuer dienen, das ihm Haus und Seele etwas anwärmen sollte. Er schlachtete das Buch, riß die Seiten heraus und errichtete darüber den Holzstoß. Das brennende Streichholz wurde zum Epizentrum einer Flamme, die literarisch begann und in eine gespenstische Spitze aus Rauch und Verlangen auslief. Während das Feuer größer wurde, schätzte er aus dem Augenwinkel ab, wie viele Bücher ihm noch blieben. Es reichte, um weiterhin Stück für Stück zu verbrennen – Bücher, die er einmal gebraucht, sogar geliebt hatte, in einer Zeit, als er noch der Meinung gewesen war, Wörter hätten etwas mit der Wirklichkeit und dem Leben zu tun. Genügend Heizmaterial für die Zeit, die er noch lebte und bei Kräften war, um seinen eigenen Kamin anzuzünden. Eines Tages würde er auf der Straße stürzen, vielleicht auch genau in diesem Zimmer hier, und dann würde man ihn zu einer Sammelstelle für alte Menschen bringen, zur Strafe dafür, daß er nichts gegen das Altwerden unternommen hatte. Dann würde er mit diesen betrügerischen Büchern nicht einmal mehr sein Kaminfeuer anzünden können – beispielsweise mit den Gesammelten Dramen von García Lorca. In den nächsten Tagen würde er sie verbrennen, bevor der Tod sie scheiden konnte. Bei einer bestimmten Gelegenheit hatte er bereits versucht, *Dichter in New York* zu verbrennen, aber auf dem Weg zum Kamin noch einmal darin gelesen und Verse gefunden, die allzuviel Wahrheit in sich hatten.

(Die Rose von Alexandria)

Für vier Personen
Vorbereitung: 12 Stunden; Garzeit: 2 Stunden

150 g gepökelte Schälrippchen vom Schwein; 100 g geräucherter Schinken; 300 g gepökeltes Rindfleisch (Dörrfleisch); 400 g gepökelte Schweineschulter; 100 g geräucherter Speck; 1 gepökeltes Schweinsohr; 1 gepökelter Schweinsfuß; 200 g *longaniza* (Schlackwurst); 250 g *morcilla* (Blutwurst); 400 g *fabes* (getrocknete weiße Bohnen); 1 Knoblauchknolle; 2 mittelgroße Zwiebeln; 1 Lorbeerblatt; Salz, Pfefferkörner, 1 Paprikaschote ohne Kerne, geviertelt

Die gepökelten Zutaten 12 Stunden wässern.
Die Bohnen, das Lorbeerblatt, Salz und Pfefferkörner in einen Topf geben, mit Wasser bedecken und zum Kochen bringen. Dann die gewässerten Zutaten und Knoblauchzehen hinzufügen. Auf kleiner Flamme etwa anderthalb Stunden kochen lassen.
Paprikaschote, Schinken, Speck, Schlackwurst und Blutwürste dazugeben, eventuell nachwürzen und weitere dreißig Minuten kochen lassen. Deckel stets geschlossen halten.

Tripa a la Catalana con Judías

Kutteln mit Schweinskopf und weißen Bohnen

Die Ramblas waren bereit, die Besucher der Restaurants und Cafeterias aufzunehmen. Die Leute, die es eilig hatten, und die Grüppchen der Großväter vor den Kiosken waren verschwunden.

Statt dessen wälzte sich eine zähe, gesprächige Masse über die Ramblas, glücklich in der Erwartung der gastronomischen Wunder, die in den dunklen Seitengassen auf sie warteten. Täglich wurden neue Restaurants eröffnet, ein Beweis mehr für den demokratischen Pluralismus, der die Befreiung vom gastronomischen häuslichen Patriarchat ankündigte. Mitten in der Krise der patriarchalischen Gesellschaft suchten die Familienoberhäupter neue Restaurants auf. Sie bekamen dasselbe Herzklopfen wie bei ihren amourösen Abenteuern, wenn sie eine verbotene Soße mit Crème fraîche und Trüffeln aus Olot entdeckten, Leckerbissen mit Strapsen und schwarzer, durchsichtiger Reizwäsche, oralgenitale Genüsse, die auf allen vieren genossen sein wollten, mit einer Zunge, die bereit war für die Polysemantik der aromatischen Kräuter der *sofritos* mit Pinienkernen.

«Überraschen Sie mich mit etwas, das mir hilft, mich von dieser Stadt für eine gewisse Zeit würdig zu verabschieden.»

Der Chef der Charcuterie in der Calle Fernando zeigte auf einen Rosé. «Ganz frische Lieferung. Er kommt aus Valladolid und ist von der Rebsorte her ein echter Rosé.»

«Den trinke ich zu Reis mit Venusmuscheln.» Carvalho wollte eigentlich im *Les Quatre Barres* essen, das für seinen *rape al ajo quemado** berühmt war, aber die Straße war voller streikender Prostituierter, und die wenigen Tische des Lokals waren besetzt von den Beamten des Rathauses und der Regierung Kataloniens, die den Wiederaufbau ihres Landes mit dem Wiederaufbau ihrer eigenen Gaumen begannen. Ebenso sinnlos war es, sich im *Agut d'Avignon* für einen Sitzplatz anzustellen. Dort mußte man die Tische schon mindestens so lange im voraus buchen wie Jane Fonda den Platz für einen zivilen Mondflug. Außerdem gönnte Carvalho dem Inhaber die Genugtuung nicht, Kundschaft wegschicken zu können, die Genugtuung eines Iraners, der Erdöl geben oder verweigern und vor allem den Preis heraufsetzen kann.

* Seeteufel mit geröstetem Knoblauch

Also ging er lieber zur Boquería-Markthalle und kaufte zwei Kilo Muscheln und Fisch für eine Fischsuppe. Dann holte er sein Auto vom Parkplatz La Gardunya, um im *Pa i Trago* einen Klippfisch nach Art des Hauses zu verzehren. In diesem Restaurant in der Nähe der Markthalle San Antonio konnten zivilisierte Menschen ab neun Uhr morgens *cap-i-pota con sanfaina** essen.
Zwischen dem herrlichen Fisch, der noch aus der sagenumwobenen Klippfischgeneration stammte, die vor dem Bürgerkrieg aus der Neuen Welt in Barcelonas Restaurants gelangt war, und dem Hauptgericht, Kutteln auf katalanische Art mit weißen Bohnen, rief Carvalho den Sitz des ZK der PSUC an und verlangte Salvatella. «Morgen früh fahre ich nach Madrid. Aber ich möchte mich gerne in Ruhe mit Ihnen unterhalten. Ich lade Sie ein, bei mir zu Abend zu essen.»
Sein Gesprächspartner war an diesem Abend sehr beschäftigt. Er mußte einer Gruppe aus den Außenbezirken die Beschlüsse der letzten ZK-Sitzung erläutern und dann eine Rede über den Entwurf des Wahlgesetzes vorbereiten, der in zwei Tagen im Parlament von Katalonien diskutiert werden sollte.
«Und dazu noch die Gruppensitzung zu den Folgen der Ermordung Garridos.»
«Ich glaube, es gibt bestimmte Prioritäten, und das Gespräch über unser Geschäft gehört dazu.»
«Selbstverständlich!»
«Außerdem wollte ich einen Reis mit Venusmuscheln kochen, etwa in der Art von Arzac.»

(Carvalho und der Mord im Zentralkomitee)

1 kg Lammkutteln, in Stücke geschnitten; ½ kg *cap-i-pota*, ebenfalls kleingeschnitten; 1 Zwiebel; Tomatensoße; feingehackte Mischung aus Knoblauchzehen, Mandeln, Pinienkernen, Haselnüssen und geröstetem Brot; 2 Nelken;**

* Schweinskopf und -fuß mit Leberragout
** cap-i-pota ist das Fleisch von Schweinskopf und -fuß

1 Kräutersträußchen; schwarzer Pfeffer; rote Paprika; gekochte weiße Bohnen und etwas von ihrem Sud

Aus Zwiebel und Tomatensoße ein *sofrito* bereiten. Wenn es dickflüssig ist, die Paprika, das Kräutersträußchen, die beiden Nelken, schwarzen Pfeffer und die gehackte Mischung, die man mit Bohnensud verrührt hat, zugeben.
Kutteln und *cap-i-pota* in diesem *sofrito* erhitzen, dann Bohnensud dazugeben, bis die Kutteln knapp bedeckt sind.
Kochen lassen, bis die Flüssigkeit etwas reduziert ist. Fünf Minuten vor dem Servieren werden die gekochten Bohnen und noch etwas vom Sud dazugegeben. Das Gericht soll fest, aber dabei saftig und locker sein.

Albóndigas con Sepia

Fleischbällchen mit Tintenfisch

Anfruns betrachtet Carvalho mit eindeutiger Verachtung.
«Nur Kleinmütige sorgen sich um ihr eigenes Alter.»
«Ich mache mir Sorgen, daß ich alt werde und in die Hosen pisse, ohne jemanden zu haben, der mir die Windeln wechselt. Was soll ich Ihnen sagen, jeder ist, wie er ist. Ich spare, um mir die Würde leisten zu können, daß ich wie ein Herr behandelt werde, auch wenn ich mich bepisse. Haben Sie sich schon einmal in die Hosen gemacht?»
Aber da eilt Biscuter mit dem dampfenden Topf herbei, in dem eine dunkle Soße mit Sepiastücken und kleinen Fleischbällchen brodelt.
«Ich sehe, Biscuter hat selbständig entschieden. Fleischklopse mit Sepia ist das beste gegen Kater. Möchten Sie probieren?»
«Mir wird übel. Wenn Sie wüßten, was Sie da zu sich nehmen wollen...»

«Biscuter gibt ihnen genau den richtigen Pfiff. Es ist eine traditionelle Zubereitungsweise aus dem Ampurdán, die einigen Gerichten farblich und geschmacklich Charakter verleiht: man brät die Zwiebel an, ohne zu übertreiben, und zerkleinert sie erst dann. Probieren Sie einen Fleischklops! Wenn Sie Wissenschaftler sind, müssen Sie es kennenlernen!»

«Das ist das erste vernünftige Argument, das ich höre. Geben Sie mir einen!»

Carvalho spießt einen der kleinen Klopse auf und steckt ihn in den Mund, den ihm der Soziologe mit geschlossenen Augen hinhält. Er kaut, ohne sie zu öffnen, und als er den Bissen geschluckt hat, erwacht er wieder zum Leben, um den erwartungsvollen Blicken von Carvalho und Biscuter zu entgegnen: «Wie ein Tumor! Genau wie ein kleiner Tumor mit Zwiebeln.»

(«Jordi Anfruns, Sexualsoziologe»
aus *Das Zeichen des Zorro*)

400 g Hackfleisch vom Schwein; 400 g Scampi; altes, in einem milden Weißwein eingelegtes Brot; 2 Eier; 400 g Sepia; Knoblauch, Petersilie; 1 Zwiebel; Tomatensoße; Pinienkerne, Haselnüsse, Mandeln, geröstetes Brot; 1 Glas starker alter Wein

Das Scampifleisch, den Knoblauch und die Petersilie fein hacken und mit dem Schweinehack vermischen. Das eingeweichte Brot, die geschlagenen Eier, Salz und Pfeffer beimengen. Fleischbällchen formen und einmehlen.

Die Scampiköpfe in Öl braten, herausnehmen und kochen, damit man einen dicken Sud erhält.

Etwas Öl nachgießen und darin die Sepia braten.

Im selben Öl die gehackte Zwiebel braten und die Tomatensoße dazugeben. Wenn das *sofrito* dickflüssig ist, die Sepia dazugeben, etwas von dem Sud der Scampiköpfe und eine feingehackte Mischung aus Knoblauchzehen, Petersilie, geröstetem Brot, Mandeln, Pinienkernen und

Haselnüssen, die man mit dem Glas Wein vermengt hat.
Wenn die Sepia weich ist, die Fleischbällchen dazugeben und kurz mitkochen.

Oreiller de la Belle Aurore

Paté in Blätterteig

«Kommen Sie her! Vertrödeln wir keine Zeit mit Förmlichkeiten! Ich kann das nicht allein lassen.»
Er folgte dem Ruf, ging wieder über den Flur und drang in die Küche ein, wo der Schriftsteller ganz allein eine Symphonie spielte, komplett instrumentiert mit Töpfen, Saucieren, Rührlöffeln, Ölen, Kräutern und Fleischwölfen.
«In diesem Monat muß es klappen. Ich arbeite an einem *oreiller de la belle Aurore,* was übersetzt ganz fatal klingt, ‹Kopfkissen der schönen Aurora›. Wie aus einem schlechten Porno von Pedro de Répide.»
Beim Sprechen konzentrierte er sich auf die Tätigkeit seiner Hände, ohne Carvalho anzusehen.
«Ich werde alt und habe noch zwei Prüfungsfächer offen: den Yorkshire-Pudding und das *oreiller de la belle Aurore.* Wer diese beiden Gerichte beherrscht, kann wirklich kochen. Alles andere ist Großmutters Küche und Reissalat, miserabel.»
Der Schriftsteller trug seine tagealten Bartstoppeln mit ebensolcher Würde, wie es Dr. Jekyll nach tagelanger Suche nach einer Formel getan hätte, die verhinderte, daß er sich noch einmal in Mr. Hyde verwandelte. Bartstoppeln und ungekämmtes Haar, aber frisch geduscht.
«Wenn man kocht, muß man häufig duschen, sonst vermischen sich die Gerüche in einem selbst. Aber keine Seife! Seife zerstört den Geruchssinn. Ganz zu schweigen von diesen gallertartigen farbigen Shampoos, die in Mode sind. Einmal damit geba-

det oder geduscht, und man kann nicht einmal mehr ein Bocadillo mit harten Eiern von einem gefüllten Fasan unterscheiden.»

Der Blätterteig wartete in der Backform auf seine fleischigen Innereien.

«Ich mache es zum siebtenmal in diesem Monat. Hinterher koste ich kaum davon. Die drei ersten schickte ich durch einen dieser Motorradkuriere verschiedenen Kritikern von der Sorte, die weder zu essen noch zu lesen verstehen. Dann dachte ich, daß es umsonst war. Jeder Mast muß sein Segel aushalten. Wissen Sie, was man braucht, um ein gutes *oreiller* hinzukriegen? Kalbfleisch, Rebhühner, einen Hasenrücken, mageres Schweinefleisch, rohen Schinken, Speck, Hühnerleber, Rindermark, Weißweinessig, Olivenöl, Zwiebeln, Thymian, Champignons, Trüffel, Eier, Semmelbrösel, Pistazien, Sülze aus den Knochen von Rebhuhn und Hase, Butter, und zu guter Letzt Blätterteig, versteht sich. Das schönste ist das Anschneiden. Dabei kommen die Schichten von Hackfleisch und die mit den ganzen Fleischstücken zum Vorschein. Wie eine geologische Symphonie. Außerdem ist es ein Gericht für Verrückte, das sich ein Verrückter ausgedacht hat. Es wird Brillat-Savarin zugeschrieben, einem trockenen Gastrosophen des neunzehnten Jahrhunderts, der dieses Gericht für seine Mutter kreierte. Man sollte diese Aurora kennenlernen. Sie muß genauso unerträglich gewesen sein wie ihr Sohn. Das neunzehnte Jahrhundert wimmelt von Söhnen und eigenartigen Müttern. Denken Sie an Baudelaire und seine Mutter, Brillat-Savarin und seine Mutter, Alexandre Dumas *fils* und seinen Vater. Sie waren allesamt verrückt. Die Kochkunst ist ein heuchlerisches Mäntelchen des Kannibalismus. Die Angelsachsen, die die größten Kannibalen der Welt sind, essen Fleisch fast roh.»

Sánchez Bolín schichtete das Fleisch in den Blätterteigsarg, und als er fertig war, breitete er obendrauf eine erneute Blätterteigschicht als Deckel. Er schwelgte in einer wahren handwerklichen Filigrankunst, um die Teigränder zu verbinden. Dann bohrte er Löcher in die Oberfläche und steckte Schlote aus gefettetem Papier hinein.

Schließlich bestrich er die Oberfläche mit geschlagenem Ei und schob den Katafalk in den Ofen.

«Von jetzt an ist es eine Sache des Feuers und der Hitze.»

(«Mord in Prado del Rey»
aus *Das Zeichen des Zorro*)

Für fünfeinhalb Kilo

500 g mageres Kalbfleisch, zur Hälfte in Streifen und zur Hälfte gehackt; 2 Rebhühner in Streifen, die Knochen und Leber extra; 1 entbeinter Hasenrücken in Streifen, die Knochen extra; 1 entbeinte Ente in Streifen, Knochen und Leber extra; 500 g mageres Schweinefleisch, zur Hälfte in Streifen, zur Hälfte gehackt; 250 g roher Schinken, zur Hälfte in Streifen, zur Hälfte gehackt; 2 blanchierte und gepreßte Kalbsbriese, in Scheiben geschnitten; 250 g fetter Speck, gehackt; 250 g Hühnerleber; 125 g Rindermark, gehackt; 2 Eßlöffel Olivenöl; 30 cl Weißweinessig; 2–3 Zwiebeln in Scheiben; 1 großer Zweig Thymian; Salz, Pfeffer; 125 g gehackte Champignons; 125 g Butter; 125 g abgezogene und gewürfelte Trüffel mit der kleingehackten Haut; 2 Eier; 60 g altes Brot, mit Fleischbrühe zu einem glatten Brei gekocht; 1 kg Blätterteig; 125 g Pistazienkerne; 2 Eigelb, mit zwei Eßlöffeln Wasser verschlagen; Sülze aus den Knochen

Alle Fleischstreifen, außer die vom Schinken, mit dem Bries, dem Olivenöl, dem Essig, den Zwiebeln und dem Thymian vermischen. Salzen und pfeffern und 12 Stunden marinieren lassen.

Das Kalbs- und das Schweinehack, den gehackten fetten Speck und den gehackten rohen Schinken vermengen. Salzen und pfeffern.

Die Geflügellebern und Champignons würzen und fünf Minuten in Butter dünsten. Wenn sie abgekühlt sind, mit dem Rindermark zerdrücken, durch ein feines Sieb streichen und mit den kleingehackten Trüffelhäuten vermengen.

Die beiden Hackmischungen mit je einem Ei und der Hälfte des Breis aus altem Brot und Fleischbrühe vermengen.
Die eine Hälfte des Blätterteigs zu einem großen Quadrat von 1,5 cm Dicke ausrollen und auf ein Backblech legen.
Darauf 10–12 Längsreihen von Fleischstreifen legen, auch die vom Schinken, und an jeder Seite einen 7,5 cm breiten Rand lassen. Zwischen den Fleischstreifen Pistazienkerne und Trüffelstücke verteilen.
Diese Schicht mit gehacktem Schweine- und Kalbfleisch bedecken.
Eine weitere Schicht von Fleischstreifen machen, wobei auch Bries verwendet wird, und Trüffeln und Pistazien hinzufügen, aber keinen Schinken. Mit gehackter Geflügelleber bedecken. Diese Schichten wiederholen, bis alles Fleisch aufgebraucht ist. Die restliche Butter in Flocken darüber verteilen.
Den restlichen Teig ausrollen und damit die Paté bedekken. Die Ränder befeuchten und die untere Teigschicht über die obere klappen. Einen dekorativen Rand formen. Um die Basis der Pastete einen Teigstreifen in der Art eines Kissenvolants herumlegen.
Die Oberfläche mit der Mischung von Eigelb und Wasser bestreichen. Fünf Löcher in den «Deckel» schneiden und in jedes einen Schlot aus dünnem Karton stekken.
Die Pastete im auf 180 Grad vorgeheizten Backofen 2 Stunden lang backen. Wenn sie etwas abgekühlt ist, etwas von der ausgetretenen Fleischbrühe in die Schlote gießen. Abkühlen lassen, dann in den Kühlschrank stellen und am nächsten Tag servieren.

El Niu
«Das Nest»

Es war ein untergeordnetes Motiv. Zweifellos half es ihm jedoch, die Reise zu bewältigen und die geistige Trägheit zu überwinden, die die Strecke von 130 km zwischen Barcelona und San Miguel hervorrief. Bei einem Umweg von nur 20 km konnte er im *Cypsele* in Palafrugell essen gehen: schwarzen Reis mit Fisch, einen durchgebratenen, mit geriebenen Zwiebeln gebräunten Reis, geröstetes Brot mit Tomate und Anchovis, exquisite Schweinefleischklößchen und Riesengarnelen mit Tintenfisch. Nebenbei konnte er beim Restaurantbesitzer ein *Niu* für zwei Wochen später bestellen. Er hatte Fuster und Charo versprochen, sie zu dieser Völlerei einzuladen. Über der Vereinbarung verstrich die Zeit mit Kaffee, einem Gläschen Himbeergeist und einer Zigarre Marke «Cerdán». Er wartete, bis es vollends elf Uhr war, um sich dem Haus der Alvarez de Enterría zu nähern.

«Ich habe schon Kabeljauinnereien aus Italien und einen Stockfisch von Gott weiß woher bekommen. Ich kann an den verbleibenden Aprilwochenenden ein *Niu* machen. Danach ist es schon zu warm.»

«Ich habe drei Tischgenossen, die zu jeder Schandtat bereit sind.»

Er war in Hochstimmung, nachdem er das Auto an der Landstraße geparkt hatte und nun den Weg zum Haus einschlug. Tiefschwarze Nacht lag über der ampurdanischen Villa. Eine Lampe beleuchtete grell das Schloß, und eine Hand führte einen Dietrich in die Öffnung. Er probierte, fing mit kraftvoller, sicherer Geschicklichkeit wieder von vorne an und schließlich gelang es ihm, die Tür zu öffnen. Die Lampe erleuchtete ihm einen Weg durch das Innere des Hauses, das ausgeraubt und leer im Lichtbündel erschien. Er entschied sich schließlich für einen methodischen Durchgang, wobei ihm die Hände halfen, die Schubladen zu öffnen. Er gab auf die Einzelheiten der Möbel acht, folgte noch einmal der Spur der neuen elektrischen Leitungen und registrierte aufs neue pedantisch die Kammer, jedes einzelne Buch, als ob zwischen den Seiten die Lösung des Geheimnisses stecken würde.

(«Die Vergangenheit kennt keine Gnade»
aus *Zur Wahrheit durch Mord*)

½ kg Sepia; pro Person ein Stück gewässerten Klippfisch; ein Stück Stockfisch (luftgetrockneter Kabeljau) pro Person, gewässert; 1 Drossel und ½ Taube pro Person; ½ kg Kartoffeln; ½ kg gekochte Erbsen; Kabeljauinnereien; eine feingehackte Mischung aus Mandeln, Knoblauchzehen, Pinienkernen und geröstetem Brot; 1 rote Paprikaschote; Aioli; Gemüsebrühe (man kann auch den Erbsensud verwenden); ein Glas Weißwein

Die verschiedenen Tiere mit Salz und Pfeffer braten, ebenso den Klippfisch und den mit Mehl bestäubten Stockfisch.
Im Öl bereitet man ein *sofrito* aus Zwiebeln, die man sehr dunkel werden, aber nicht anbrennen läßt, und Tomate.
Die feingehackte Mischung aus Knoblauchzehen, Mandeln, Pinienkernen und kleine Stücke gebratener Kabeljauinnereien dazugeben.
Den Sud und die Kartoffeln dazugeben. Wenn es zu kochen beginnt, die Vögel dazugeben, dann die Sepia, die Erbsen und schließlich den Stockfisch und den Klippfisch, so daß jede Zutat die richtige Festigkeit behält.
Mit Salz abschmecken, rote Paprika hinzufügen, und wenn alles gar ist, vom Feuer nehmen und mit einem Eßlöffel Aioli servieren. Dieses Gericht ist ein köstliches Magenpflaster, der König aller schweren gastronomischen «Geschütze».

Die Küche der läßlichen Sünden

Rape al Ajo Quemado

Seeteufel mit Kartoffeln und geröstetem Knoblauch

Er war kein schlechter Kerl, aber man hatte ihm eine Spielwiese zugewiesen, und er verstand es nicht, sich selbst im Spiegel zu betrachten. Es gab Leute, die sich nicht selbst im Spiegel betrachten konnten. Wer konnte das überhaupt? Er war wieder in seinem Zimmer und stand genau vor dem Spiegel. Seine Leber mußte wie neu aussehen, aber er hatte immer noch das Gesicht eines verlebten Menschen. Das Ende der Quarantäne würde mit dem Ende seines Fastens zusammenfallen, dann würden die drei Tage der Umstellung auf feste Kost folgen, und danach würde er wieder zu Hause sein, bei den Gerichten von Biscuter oder seinen eigenen oder auf einer Pilgerfahrt zu Restaurants, von denen er geträumt hatte. Er wollte bestimmte Gerichte essen, die ihm in rosa und engelsweißen Wölkchen erschienen waren. Das erste, was er unternehmen würde, wäre eine gastronomische «Tour de Catalunya», ein selbstmörderisches «Großes Fressen», das in der Cerdanya beginnen würde, und zwar im *Hostal del Boix* in Martinet de Cerdaña. Folgen würden *Can Borell* in Meranges, *Bulli* in Rosas, *Cypsele* in Palafrugell, *Big Rock* in Playa de Aro, *El Dorado*

Petit in San Feliu de Guíxols und *La Marqueta* in La Bisbal. Dort würde er alten und neuen Vorlieben frönen, *trinxat*, Makkaroni mit Rosmarin, Nouvelle cuisine mit einem Hauch von Mittelmeer: Sepias mit zarten Bohnen, Schweinsfüße mit Muscheln, Klippfisch mit Roquefort und Reis mit Sepiatinte. Er durfte nicht versäumen, bei *María* in Cadaqués, im *Peixerot* in Vilanova oder bei *Els Perols de l'Empordà* in Barcelona einen Reis in Brühe zu verzehren. Aber zuallererst würde er ins *Hispania* gehen und mit etwas gelangweilter Stimme zu Señora Paquita sagen: «Bringen Sie mir alles zum Frühstück, was ich in einem Monat zu Abend essen könnte.» Dann würde er wie Peter Pan im Himmel von einem Mittagstisch zum andern tanzen, von der *Casa Leopoldo* zu *La Odisea*, zu *Bota Fumeiro*, *La Dorada* oder *Casa Rodri*, und sich auf die Suche nach Konversation und gastronomischen Landschaften machen, um sich für diesen Tümpel von Gemüsesuppe zu entschädigen, der ihm das Gehirn zersetzte wie eine Fata Morgana unmöglicher Gerichte: Salat von Glasaalen mit Kiwis und Entenschinken! Crêpes mit Aioli und roter Soße! Gebackene Goldbrasse auf Mittelmeerkräutern und schwarzen Oliven, dampfgegarte Kartoffeln mit Kaviar und Sauce hollandaise, mit dunklen Meeresfrüchten gefüllte Paprika, Seeteufel mit geröstetem Knoblauch, Hirsch mit Preiselbeermarmelade, panierter Camembert mit Tomatenmarmelade... Bei jedem Öffnen und Schließen seines inneren Auges blitzte ein imaginäres Blitzlicht auf und machte jede Erinnerung zu einer Fotografie und einem Versprechen. Er fühlte in seinem Inneren das Wiedererwachen des sinnlichen Tieres, das nicht bereit war, die Natur mit Handschuhen und Pinzette zu verzehren.

(Manche gehen baden)

1 kg Kartoffeln, in Würfel geschnitten; 6 feingehackte Knoblauchzehen; 4 reife zerdrückte Tomaten; Olivenöl; 2 Scheiben Seeteufel pro Person (es kann auch Zackenbarsch oder Goldbrasse sein)

Die Knoblauchzehen in einem Topf bei mittlerer Hitze im Olivenöl anbraten, bis sie gebräunt sind.
Die Tomaten dazugeben und unter Rühren schmoren, damit sie nicht anhängen. Wenn sie fast gar sind, einen halben Liter heißes Wasser angießen und zum Kochen bringen.
Wenn es zu kochen beginnt, die Kartoffeln dazugeben, und erst wenn diese fast gar sind, den Fisch, damit er seine Festigkeit behält.
Salzen und im geschlossenen Topf fertiggaren.

Dorada a la Sal

Goldbrasse im Salzmantel

Sullivan kam gähnend an. Er trug schwer an der Last seines Handtuchs, trotz der Eleganz, mit der er es trug, und sein Morgenmantel war so schlaff wie sein ganzer Körper.
«Jetzt stehst du erst auf?»
«Ja.»
«Es ist doch schon Zeit für die Gemüsesuppe!»
«Na ja, heute nacht war ich mit einem Freund in Bolinches, der zu Besuch kam. Also ich kann euch sagen! Ich bin ganz schön spät zurückgekommen.»
«Und... und ganz schön blau», sagte der Baske mit versagender Stimme, innerlich zitternd vor Aufregung, und die Schwingungen dieser Erregung übertrugen sich auf Don Ernesto und bewirkten, daß Doña Solita aufhörte zu stricken, für den Fall, daß sich die Geschichte lohnte. Sullivan sah sich nach allen Seiten um, senkte die Stimme und erzählte: «Ein paar Stückchen Jabugoschinken und eine halbe Goldbrasse, in Hagelsalz gegrillt!»
«Verdammte Unzucht! Eine halbe Goldbrasse vom Grill! Habt ihr das gehört, der Typ macht sich einen schönen Lenz, während wir anderen hier beinahe verhungern!»
Der Baske war empört, nicht wegen der Tabuverletzung, sondern

wegen der mangelnden Kameradschaft des Gutsbesitzers. «Ein ganz schöner Egoist, dieser Gutsbesitzer», wiederholte der Baske mit wachsendem Zorn, «so läuft das in Andalusien, und dann schickt ihr die ganzen Saisonarbeiter, die ihr nicht braucht, zu uns, und wir können sie im Baskenland durchfüttern.»
Sullivan war baff über diese Reaktion, und der Oberst wurde nachdenklich. Er wog das Für und Wider der Situation ab, und obwohl er Sullivan das Recht nicht absprach, sich mit einer halben Goldbrasse vom Grill zu vergiften, war er doch nicht weit davon entfernt, sich als der hungrige Dumme zu fühlen und beleidigt zu sein, wie es der Baske tat.

(Manche gehen baden)

1 Goldbrasse zu 1 kg; 1 ½ kg Hagelsalz

Den Fisch waschen, möglichst in Meerwasser.
In Hagelsalz wälzen, bis er auf beiden Seiten mit einer dicken Salzschicht bedeckt ist.
Auf den Grill legen und von beiden Seiten grillen, bis das Salz bräunt.
Vom Grill nehmen und die Haut abziehen, die mit dem Salzmantel abgeht und das Fleisch sauber und weiß zurückläßt.
Kann mit Aioli oder einer grünen Kräutersoße serviert werden.

Lubina al Hinojo

Wolfsbarsch mit Fenchel

Carvalho bestellte sich eine Scampi-Crème und Wolfsbarsch mit Fenchel. Der Marqués begann mit Schnecken auf Burgunder Art und aß danach ebenfalls Wolfsbarsch.
«Jetzt, wo Ihr Magen etwas gefüllt ist, kann ich wohl beginnen. Es war mir sehr unangenehm, erfahren zu müssen, daß Sie in San

Magín herumgeschnüffelt haben. Wenn Sie unbedingt etwas finden müssen, finden Sie es von mir aus überall, ich wiederhole, überall, nur nicht in San Magín!»

«Niemand hat mir dieses Gebiet verboten. Weder Viladecans noch die Witwe.»

«Ich hatte es dir doch gesagt. Viladecans läßt es in letzter Zeit sehr an Aufmerksamkeit fehlen. Gestern wollte er mir doch tatsächlich Vorwürfe machen, weil ich mich rundweg weigerte, San Magín abreißen zu lassen. Was glaubt dieser Junge eigentlich?»

«Ich habe kaum das Mißvergnügen, ihn zu kennen. Das ist deine Sache.»

«Aber wenn es Komplikationen gibt, betrifft es dich genauso. Carvalho, wir sind an einem kritischen Punkt angelangt. Die Revision der Gebäude von San Magín konnten wir verhindern, ebenso die Versuche einiger Journalisten, einen sogenannten ‹Immobilienskandal› dazu zu benutzen, um meinen Aufstieg zu behindern. Ich habe einen verantwortungsvollen Posten erreicht, auf dem ich mir keinen Skandal leisten kann.»

«Ich schließe mich dem an, was Isidro gesagt hat, Señor Carvalho. Wenn ich ein Städteplaner wäre, würde ich den Abriß von San Magín empfehlen. Aber das ist leider nicht möglich. Ein Skandal würde nur dazu dienen, Señor Planas und mir zu schaden. Ich habe damals meinen ganzen Einfluß geltend gemacht und vom Präsidenten der städtischen Planungskommission fast unmögliche Genehmigungen erhalten. Ein klarer Fall von Spekulation, den ich nicht verbergen will, dessen ich mich aber auch nicht schäme. Das Wirtschaftswunder der Franco-Zeit war ein Bluff. Wir haben alle mit dem einzigen spekuliert, was wir hatten: Grund und Boden. Weil es darunter keine Bodenschätze gibt, lohnte es sich nicht, ihn zu erhalten. Unser Land ist unglücklich. So viel Boden und so wenig darunter. Und jetzt beginnt auch noch das Meer zu verfaulen. Haben Sie den Nachgeschmack bemerkt, den dieser Fisch hat? Erdöl. Der Wolfsbarsch ist der größte Schmutzfink unter den Fischen.»

(Tahiti liegt bei Barcelona)

1 Wolfsbarsch zu 1 kg; Fenchelkraut, wenn möglich, frisch; Salz und Pfeffer; 1 Gläschen Calvados; Butter oder Öl

Den Wolfsbarsch putzen, salzen und pfeffern.
Auf gebutterte Alufolie Zitronenscheiben und Fenchelkraut und darauf in Längsrichtung den Fisch legen.
Auf den Fisch wieder Fenchelkraut und Zitronenscheiben legen, einen Schuß Öl und das Gläschen Calvados darüber gießen. (Das Öl kann durch vier Butterkügelchen ersetzt werden.)
Die Folie einschlagen. Sie muß hermetisch geschlossen sein. Für zehn Minuten in den sehr heißen Backofen legen.
Herausnehmen, die Haut und die Gräten entfernen. Mit ein paar Eßlöffeln von dem Saft, der sich gebildet hat, übergießen und mit Sauce tartare servieren.

Merluza a la Sidra

Seehecht in Cidre

«Gib ihr Seehecht in Cidre! Aber entferne die Gräten sorgfältig!»
«Dem Hund? Seehecht in Cidre für den Hund?»
«Man muß allmählich seinen Gaumen erziehen. Hat jemand nach mir gefragt?»
«Immer dieselbe.»
«Das Mädchen?»
«Das Mädchen.»
«Ich komme morgen frühzeitig ins Büro.»
«Soll ich es ihr sagen, wenn sie wieder anruft?»
«Nein. Paß mir mit den Gräten auf! Nicht daß der Hund eine in die Speiseröhre bekommt!»
«Muß das sein mit dem Seehecht?»
«Mach, was du willst!»

«Kann ich Sie nicht irgendwo erreichen?»
«Ich habe leider meinen Kompaß nicht dabei, sonst könnte ich dir Längen- und Breitengrade durchgeben.»
Er schnitt Biscuter das Wort ab, als er noch einmal wegen Bledas Futter fragen wollte. Guten Appetit, Bleda. Erhebe dich durch eine gepflegte Küche zu der Welt der zivilisierten Menschen, und wenn ich sterbe, erinnere dich daran, daß ich dir eines Tages das Abendessen gab, das Biscuter mit Liebe für mich zubereitet hatte.
«Was bin ich schuldig?»
«Mir ist keiner etwas schuldig. Ich bin es, der bei aller Welt Schulden hat», antwortete ihm der Mann, vor sich hin starrend.
Carvalho suchte in den Straßen nach einer offenen Bar. Er bekam ein Sandwich mit Thunfisch und verzehrte eine Portion Kartoffeltortilla. Dann erstand er eine Flasche trockenen Weißwein ohne Stammbaum, ging zurück in Stuart Pedrells Wohnung und stellte den Heizlüfter an. Er ging unter die Dusche, seifte sich mit dem Badeschaum von Legrain, Paris, ein und hüllte sich in den muffig riechenden Burnus. Dann ging er in der Wohnung umher, bis er die Kälte wahrnahm, die Kälte eines Grabes ohne Leiche. Er prüfte die Sauberkeit der Laken und Decken und machte sich das Bett fertig. Die Flasche Wein leerte er, während er Seite um Seite die Bücher durchging, die Stuart Pedrell von seinem Schiffbruch gerettet hatte. Ihre Auswahl zeugte von einem intellektuellen Hunger, der Carvalho krankhaft erschien. Er fand aber nicht mehr als ein Buchzeichen zwischen den Seiten der *Gesammelten Lyrik* von Cernuda.

> Ich erinnere mich, daß wir den Hafen erreichten / nach langer Irrfahrt – und Schiff und Mole verlassend, / durch Gäßchen, in deren Staub sich Blütenblätter und Fischschuppen mischten, / gelangte ich zum Platz der Basare. / Groß war die Hitze und gering der Schatten.
>
> *(Tahiti liegt bei Barcelona)*

4 große Scheiben Seehecht (oder 8, wenn es sich um ein kleineres Exemplar handelt); 1 Eßlöffel gehackte Mandeln; 1 gekochtes Ei; 2 Eßlöffel Kognak; 1 rote Paprikaschote; 250 g Venusmuscheln; 1 Zwiebel; Knoblauch und Petersilie; 1 Glas Cidre; ½ Zitrone; Öl

Die Seehechtscheiben mit Zitrone beträufeln.
In einer Pfanne die gehackte Zwiebel auf kleiner Flamme braten. Eine mit etwas Petersilie im Mörser zerdrückte Knoblauchzehe, das gekochte Eigelb und einen halben Eßlöffel Mehl in etwas Cidre auflösen und dazugeben.
Die feingehackten Mandeln und Salz dazugeben und einige Minuten garen lassen.
Die Soße durch ein Sieb streichen.
Einen Teil dieser Soße gibt man in eine flache feuerfeste Form, verteilt die Fischscheiben darauf und umlegt diese mit den gründlich gewaschenen Venusmuscheln.
Den Rest der Soße über den Seehecht gießen, mit ganz feingehackter Paprika bestreuen, den Rest Cidre und den Kognak darüber gießen und eine Viertelstunde lang auf guter Hitze garen lassen.
Mit dem gekochten und feingehackten Eiweiß bestreuen und in dieser Form servieren.

Salmonetes en Hojas de Limonero

Rotbarben in Zitronenblättern

Auch die Witwe fand keine Gnade vor den Augen Puig Serratosas. Die Gründe für das Verbrechen gehörten offensichtlich nicht zu seinem Ressort, es war kein Thema, das zu seinem Kompetenzbereich gehörte. Die Gebrüder Alvarez hatten sich während ihres unternehmerischen Aufstiegs keine großen Feinde geschaffen, bis auf die Millionen von Hähnchen, die sie gefüttert und im besten aller möglichen Leben mitleidlos erledigt hatten.

Nach diesem Gespräch schlenderte Carvalho durch die Stadt und bemerkte dann, daß er entweder das Meer betrachten oder auf den Montjuïc fahren mußte, um Gerüche und Umrisse zu suchen, die ihn nicht an Geruch und Form der Leiter zum Schafott erinnerten, der Hühnerleiter. Er entschied sich für den Wellenbrecher, wo er versuchte, sich die Ladung der großen Frachtschiffe vorzustellen, die draußen vor dem Hafen vor Anker lagen. Ladungen aus Romanen von Josef Conrad, den einzigen Büchern, die er noch nicht verbrennen konnte. Um den Schatten eines Industriehähnchens mit durchschnittener Kehle loszuwerden, der ihn verfolgte, aß er Entenschinken und Rotbarben in Zitronenblättern in einem Restaurant, das den Namen einer Automarke führte, MG. Er dachte an Marta und stellte sich ihren Körper vor, der alle runden Formen vermied, einen Körper voller Relativierungen. Dann ging er von Reisebüro zu Reisebüro und erkundigte sich, wie man nach Sanssouci gelangte, einer paradiesischen Residenz, wenige Kilometer von Ocho Ríos entfernt, im Norden von Jamaika.
«Freunde von mir waren vor kurzem dort. Ich glaube, sie haben hier bei Ihnen eine Reise gebucht.»

(«Das Mädchen, das nicht Nein sagen konnte»
aus *Lauras Asche*)

Pro Person 2 Rotbarben; Salz und Pfeffer; Estragon; Zitronenblätter; 1 Zitrone; Stanniolpapier

Am besten entgrätet man die Rotbarbenfilets mit einer Pinzette zum Augenbrauenzupfen. Wer nicht so viel Geduld hat, läßt es.
Die ausgenommenen, gewaschenen und gut abgetrockneten Rotbarben auf Stanniolpapier legen, salzen und mit gehacktem Estragon, etwas Zitronensaft, Öl und den Zitronenblättern bedecken.
Gut in das Stanniolpapier einpacken und zehn Minuten im ziemlich heißen Backofen garen.
Mit einer Zitronenmayonnaise servieren.

Cazuela de Sepias

Sepiatopf

Biscuter und Charo treiben Carvalho mit ihren Fragen vor sich her; heftig atmend und mit klopfendem Herzen kommt er endlich im Büro an. Es gibt Sepia mit Kartoffeln und Erbsen, die sie mit einer Flasche Montecillo begießen. Charo nimmt sich nur ein paar Happen von der Sepia, verschmäht Soße und Beilagen, süffelt aber genüßlich an ihrem Weinglas, was ihr einmal mehr Carvalhos Kritik an ihrer Art, Diät zu halten, einträgt. Nach dem Essen stecken sich Biscuter und Carvalho eine «Montecristo Spezial» an.

«Die Witwe hat angerufen. Ich weiß nicht, wie oft.»

«Welche Witwe? Die von Franco?»

«Von Jaumá, Chef. Sie muß Sie unbedingt heute noch sehen.»

«Morgen ist auch noch ein Tag.»

«Und Núñez. Der hat sich auch wichtig gemacht. Er hat gesagt, er wartet auf Sie im *Sot*, wenn Sie vor drei Uhr aus dem Gefängnis kommen sollten.»

«Ich war nicht im Gefängnis, Biscuter.»

«Für mich macht das keinen Unterschied. Ich war noch nie auf dem Kommissariat, ohne daß ich anschließend mindestens sechs Monate hinter Gittern gelandet bin.»

«Ich werde mir jetzt anhören, was Núñez auf dem Herzen hat, und dann fahre ich auf dem schnellsten Weg nach Hause. Ich will endlich meine Ruhe haben.»

«Nicht heute nacht, Pepiño! Heute nacht komme ich mit.»

«Wenn du unbedingt willst.»

Charo küßt ihn über der Schulter aufs Jackett und faßt ihn um die Taille, als sie die Treppe hinuntergehen. Er läßt sie vor dem *Sot* im Auto warten und verzieht sich mit Núñez in eine Ecke der Bar. Carvalho informiert ihn über die Niederlagen des Tages. Jemand hat der Polizei einen wunderschönen Mörder geliefert, und Rhombergs Leiche scheint für immer verschwunden.

(Carvalho und der tote Manager)

Für vier Personen

1 kg Sepia, in kleine Stücke geschnitten; ¾ kg Tomaten, geschält und grob gehackt; 3 zerdrückte Knoblauchzehen; Olivenöl; 75 g entsteinte grüne Oliven; 1 kleines Glas Weißwein; Salz, Pfeffer, ein Sträußchen aus Fenchel und Lorbeer; 1 ½ kg geschälte Erbsen; ½ kg Kartoffeln

Alle angegebenen Zutaten bis auf den Weißwein und die Oliven in einen Topf – möglichst aus Ton – geben.
Wenn der Saft von Sepia und Tomaten zu kochen beginnt, den Weißwein, die Oliven und die in kleine Würfel geschnittenen Kartoffeln dazugeben.
Den Topf schließen und auf kleinster Flamme köcheln lassen, bis die Sepia ganz zart ist und beim Hineinstechen mit der Gabel beinahe zerfällt.
Die Erbsen kochen und dazugeben.
Das Fenchel-Lorbeer-Sträußchen vor dem Servieren herausnehmen.

Sashimi

Roher Fisch und Gemüse mit Tunken

Im *Dusit Thani* hatte er die Auswahl zwischen einem teuren internationalen Restaurant, einem mit einheimischer und einem mit japanischer Küche; außerdem gab es einen etwas billigeren *Coffee Shop* mit verwestlichtem asiatischem und asiatisiertem westlichem Essen. Carvalho hatte sich fest vorgenommen, nichts Westliches zu essen, ganz egal, wie lange sein Aufenthalt dauern sollte. Also betrat er das japanische Restaurant. Er wurde von scheinbar japanischen Bedienungen empfangen, die in dem traditionellen Gruß beide Handflächen vor der Brust zusammenlegten und sich leicht verneigten. Er bestellte ein Sashimi und bekam eine mit Eisstücken belegte Platte, worauf winzige rote Fischfilets lagen, Goldbrasse, Karpfen, Steinbutt, Thunfisch und eine Tasse mit *Sambai-yo*, einer Soße, dazu Eßstäbchen, eine weitere leere Tasse und eine Kanne Tee. Es dauerte eine Zeit, bis er eine gewisse Fertigkeit im Umgang mit den Stäbchen erreicht hatte und die rohen Fischstücke dazwischen klemmen, sie in die Soße aus Senf, Essig und Öl tauchen und zum Mund führen konnte. Als er das Gericht beendet hatte, war ihm, als hätte er das ganze Meer aufgegessen, und er bestellte zum Nachtisch einen Sake-Reis, zu dem er mit zwei schnellen Schlucken eiskalten Sake trank.

Er schlenderte durch das Hotel, besah sich die Schaufensterauslagen, Juwelen, Seidenstoffe, Teakholzarbeiten, und vergeudete in seinem Zimmer einige Zeit in einem verzweifelten Kampf mit dem Videokanal seines Fernsehens, bis er schließlich einen amerikanischen Film erwischte, mit Rod Steiger und einer blonden Schönheit, die von ein paar Jägern, die es im Hosenschlitz juckte, vergewaltigt wurde. Hundert Meter vom Hotel entfernt erwarteten ihn die unbegrenzten Möglichkeiten der Silom Road und die drei aufeinanderfolgenden engen Gäßchen von Patpong, dem historischen Bordellviertel, das nach Meinung des als Peter Pan verkleideten Portiers auch nicht mehr das war, was es früher war.

«Es gibt andere Orte, die viel interessanter sind.»

Der Portier setzte zu einer Empfehlung an, für die er Kommission bekommen würde, aber Carvalho ließ sich nicht von Patpong abbringen, und der Portier lenkte ein: «Es hat einiges verloren, aber es ist immer noch, was es früher war.»

Am Hoteleingang überfiel ihn die nächtliche, klebrige Hitze. Das *Dusit Thani* mit seiner westlichen Helligkeit war eine Insel in einem Meer von Dunkelheit, das nur ab und zu erhellt wurde durch ein paar vereinzelte schwache Glühbirnen, die die Silom Road säumten.

(Die Vögel von Bangkok)

750 g verschiedene Arten von rohem Fisch (z. B. Goldbrasse, Thunfisch, Lachs, Seeteufel); 200 g Sepia ohne Arme; 4 gekochte Scampi; 4 Teelöffel Lachsrogen; ½ Gurke; Grün von 2 frischen Zwiebeln; 1 Karotte; 1 weißer Rettich; Meerrettichsoße; milde Sojasoße

Den rohen Fisch in Streifen von etwa vier Zentimeter Länge und einem Zentimeter Breite schneiden.
Die Gurke, die Zwiebel, den Rettich und die Sepia in Streifen schneiden und in Form von Blumen auf einem Teller anordnen, deren Mitte der Lachsrogen bildet.
Den Fisch und das Gemüse zum Verzehr jeweils zuerst in die Soßen eindippen, Meerrettichsoße oder *wasabi* und Sojasoße.

Atún Mechado

Gespickter Thunfisch

«Ich kann dir helfen.»
Carvalho betrat die Küche, die der Geruch von Omelett erfüllte. Er sah nach, was an Küchengeräten vorhanden war, und überwand die darauf folgende Entmutigung mit der Erinnerung an die Zeiten im Knast, als er nur ein Feldgeschirr und einen Gaskocher zur Verfügung gehabt hatte. «Ich stelle fest, ihr ernährt euch gesund. Eier, gegrilltes Fleisch und Spargel aus der Dose. Der ist sehr diuretisch.»
«Manchmal kriege ich Lust zu kochen, und dann koche ich. Wir essen fast nie zu Hause, und abends ist der Junge begeistert, wenn er ein Stück Fleisch und ein paar Pommes kriegt. Was gibt es heute?»
«Kaldaunen und *cap-i-pota* mit Erbsen und Artischocken und gespickten Thunfisch.»
«Wir werden bis Mitternacht beschäftigt sein!»
«Nur eine Dreiviertelstunde.»

«Das sagst du wohl zu allen.»
«Ich will deine Emanzipiertheit als Frau nicht in Frage stellen, aber hättest du in Anbetracht des Umstandes, daß du garantiert kein Gerät zum Spicken besitzt, vielleicht eine Stricknadel für mich?»
Carmela verließ mit der Miene verletzten Stolzes die Küche und kehrte mit Stricknadeln in drei verschiedenen Größen zurück.
«Mach dir keine Illusionen! Die sind von meiner Mutter. Sie paßt manchmal auf den Jungen auf und fängt dann an, wie verrückt Pullis zu stricken.»
Carvalho begann, das Thunfischstück mit Sardellen zu spicken. Er salzte und pfefferte den Fisch, mehlte ihn ein und briet ihn in Gesellschaft einiger Knoblauchzehen in Olivenöl, bis er goldbraun war. Dann gab er etwas Wasser dazu und ließ das Stück auf kleiner Flamme gar werden. Er entblätterte die Artischocken, bis ihre weißen Herzen zum Vorschein kamen, schnitt die Spitzen ab und teilte jedes Herz in vier Teile. Die daraus resultierenden sechzehn Teile briet er an, stellte sie beiseite und briet die Kaldaunen und *cap-i-pota* an, um dann ein *sofrito* aus Tomaten und Zwiebeln hinzuzufügen. Sobald sich das *sofrito* gut mit dem Angebratenen vermischt hatte, gab er die Erbsen dazu und eine Fleischbrühe aus Brühwürfeln, die er Carmelas reichhaltigem Sortiment entnommen hatte.

(Carvalho und der Mord im Zentralkomitee)

1 kg Thunfisch in einem Stück aus der Mitte; 50 g Schweineschmalz; Knoblauch; Petersilie; Gewürznelken; Lorbeer; Mehl; 50 g Speck; Pfefferkörner; 1 Karotte; 1 Glas Weißwein

(Ich schlage dieses Rezept vor, da es zivilisierter und andalusischer ist als das, das Carvalho unter den erschwerten Bedingungen des Romans verwirklichte.)

Den Thunfisch eine halbe Stunde in kaltes Wasser legen, damit er das Blut verliert.
Mit Speckstreifen, Knoblauchstiften und Pfefferkörnern spicken.

Mit Mehl bestäuben und im Schweineschmalz in der Pfanne braten, bis er auf allen Seiten gebräunt ist.
Im selben Fett die gehackte Zwiebel, die gehackte Karotte und Knoblauchzehen bräunen.
Den Thunfisch in eine Kasserolle legen, die Mischung aus der Pfanne darüber geben, Pfefferkörner, Nelken, Lorbeer, Petersilie, Weißwein und die gleiche Menge Wasser dazugeben. Zudecken und eine halbe Stunde kochen lassen. Den Fisch aus der Soße nehmen und im Backofen bräunen.
In Scheiben schneiden, die durch ein Sieb gestrichene Soße darüber gießen und servieren.

Caldeirada Carvalho

Fischtopf mit Kartoffeln

Als sich das Feuer beruhigt hatte und Wärme verbreitete, ging Carvalho in die Küche und stellte das Eingekaufte in der Reihenfolge auf, wie es die Zubereitung des Abendessens erforderte. Dann stieg er in den Keller hinunter. Er hatte dort einen Teil der Rückwand entfernen lassen, so daß die Erde und das Gestein des Berges zutage traten. In der dort ausgeschachteten Grotte erblickte man staubbedeckte Weinflaschen im grellen Licht einer Glühbirne.
Er trat zu der Reihe der Weißweine und wählte unter den spärlich vertretenen spanischen Sorten einen Fefiñanes aus. Als er ihn schon in der Hand hatte, war er versucht, die andere Hand nach einem Blanc de Blancs aus Bordeaux auszustrecken. Aber das Abendessen war nicht gut genug für diesen Großen unter den zweitklassigen Weinen Frankreichs. Jedesmal, wenn er in den Keller hinabstieg, nahm er vorsichtig eine der drei Flaschen Sauternes in die Hand, die er für das Muschelessen an Weihnachten eingelagert hatte. Der Sauternes war sein Lieblingswein, abgesehen von dem unberührbaren Poully-Fuissé, einem Wein, der es nach Car-

valhos Meinung verdiente, ausschließlich für den Tag der Testamentseröffnung intellektueller Gourmets reserviert zu werden, allerdings nur, wenn es mit ihnen zu Ende ging.
Resigniert seufzend stieg er mit seinem Fefiñanes wieder zur Küche hinauf. Zunächst befreite er den Fisch von seinen Gräten und die Riesenkrabben von ihrer Schale. Die Gräten und die roten Schalen kochte er zusammen mit einer Zwiebel, einer Tomate, Knoblauch, einer Pfefferschote, einer Sellerie- und einer Porreestange. Die Fischbrühe war ein unerläßlicher Bestandteil von Pepe Carvalhos speziellem Fischtopf. Während die Brühe leise vor sich hin kochte, schmorte er Zwiebeln, Tomaten und die Pfefferschote in einem Topf und ließ sie eindicken. Als sie zu einer dicken, fettigen Masse geworden waren, gab er ein paar Kartoffeln dazu, dann die Riesenkrabben, den Seeteufel und den Seehecht. Die Fische nahmen Farbe an und gaben Wasser ab, das sich mit der feuchten Masse des *sofrito* vermischte. Zu diesem Zeitpunkt goß Carvalho eine Kelle starken Fischsud dazu, und nach zehn Minuten war der Fischtopf fertig.

(Carvalho und die tätowierte Leiche)

4 große Scheiben Seeteufel; 8 Riesenkrabben; ½ kg Kartoffeln; Tomatensoße; 1 Zwiebel; 1 *ñora*; Knoblauch; eine Sellerie- und eine Porreestange; Öl; Salz

Die Köpfe der Riesenkrabben anbraten und dann mit den Gräten des Seeteufels, dem Sellerie, dem Porree und der Pfefferschote kochen.
In Öl Zwiebel und Tomate schmoren, die Kartoffeln andünsten und Knoblauchscheibchen sowie das Fleisch der Pfefferschote, das mit einem Teelöffel ausgekratzt wurde, dazugeben.
Genügend Brühe angießen, damit die Kartoffeln kochen können, und, kurz bevor sie gar sind, zuerst die Seeteufelscheiben und dann die Riesenkrabben dazugeben.
Mit Salz abschmecken und vom Feuer nehmen; es soll saftig, aber nicht zu flüssig sein.

Pescado a la Naranja
Fisch mit Orangensaft

In dem touristischen Gebäudekomplex von César Manrique in Puerto de la Cruz zu essen hat den Vorteil, daß jede eventuelle Frustration des Gaumens reichlich durch die Aussicht kompensiert wird. Puerto de la Cruz zu Füßen, dahinter die Bananenstauden des Orotava-Tales und der feierliche Teide, der eher zum Himmel als zur Erde gehört. Sie beobachtet, mit wieviel Neugier und Appetit sich Carvalho ans Essen macht.

«Haben Sie die kanarische Küche noch nie probiert?»

«Kaum.»

«Wie finden Sie dieses *sancocho* *?»

«Primitiv, aber hervorragend.»

«Man muß es vorbestellen. Das Eigene wird hier nicht allzu hoch geschätzt. Ich werde einmal Fisch mit Orangensaft für Sie zubereiten. Aber das muß man zu Hause machen und sich Zeit dafür nehmen. Obwohl, ich habe jetzt Zeit.»

Sie ist melancholisch geworden, stochert lustlos auf ihrem Teller herum. Carvalho nimmt ihr die Gabel aus der Hand und führt sie zu ihrem Mund.

«Witwen, die nicht essen, erwecken ihren Mann nicht wieder zum Leben, sondern sterben selbst auch noch. Es ist der große Vorteil des Witwendaseins, daß der *andere* tot ist.»

Sie ist unschlüssig. Sie weiß nicht, ob sie Carvalhos Ausspruch als Provokation auffassen soll. Und er ist eine, denn Carvalho, der ihr immer noch die mit Essen gefüllte Gabel hinhält, lächelt sie an und sagt: «Außerdem weiß alle Welt, daß Ihr Gatte – er ruhe in Frieden – nichts taugte.»

(«Der fliegende Spanier» aus *Der fliegende Spanier*)

* Auf den Kanaren: gekochter Klippfisch mit Süß- und Salzkartoffeln mit Knoblauchsoße und Maisbrot

1 ½ kg Fisch; 5–6 Petersilienzweige; 5–6 Knoblauchzehen; Saft von 3 süßen Orangen; Saft von 1 sauren Orange oder einer Zitrone; Salz, Safran, Öl

Den Fisch häuten und in dicke Filets schneiden. In einer Kasserolle das Öl erhitzen, und wenn es ziemlich heiß ist, sehr vorsichtig die Filets hineingeben und ganz leicht bräunen. Herausnehmen und in eine andere Kasserolle geben. Darauf achten, daß sie nicht zerfallen.
In einer Pfanne den sehr fein gehackten Knoblauch bräunen, dann die Petersilie im Mörser zerquetschen, dazugeben und beides über den Fisch in der Kasserolle streuen. Den Saft der Orangen und Salz darangeben und zum Kochen bringen.
Wenn es einige Minuten gekocht hat, den Safran zerstoßen und mit einem gestrichenen Teelöffel Maisstärke vermischen. Alles in etwas Wasser auflösen, zum Fisch dazugeben und kurz mitkochen lassen.

Chipirones Rellenos de Setas

Mit Pilzen gefüllte kleine Tintenfische
in eigener Tinte

Wie soll sich da einer zurechtfinden, wenn es sieben Leute nicht wollen. Vielleicht können sie ihm auch nicht helfen, vielleicht wissen sie selbst nicht, wie sie zu diesem Thema stehen.
«Ich habe Ihnen die kleinen Tintenfische in der eigenen Tinte gemacht, gefüllt mit Pilzen und Hackfleisch.»
«Sehr gut.»
«Eine Mordsarbeit, Chef!»
Aber Biscuter spürt, daß Carvalho nicht in gastronomischer Laune ist, und besteht nicht darauf, weiter die Vortrefflichkeit des Gerichtes anzupreisen. Carvalho ißt ohne rechte Lust. Er schiebt den Teller beiseite, auf dem noch ein Häufchen Tintenfische liegt.

«Schmeckt's nicht, Chef?»
«Ich hab keinen Hunger, Biscuter.»
Er wirft die Serviette auf den Schreibtisch, und im selben Moment kommt Martís Bruder herein. Er sieht die Essensreste und blickt dann von Biscuter zu Carvalho, als seien sie verrückt.
«Tintenfische in eigener Tinte um diese Zeit?»
«Ja, wir sind nämlich in Trauer.»

(«Eine unbekannte Reisende ohne Papiere»
aus *Der fliegende Spanier*)

3–4 kleine Tintenfische von 7–8 cm Länge; ½ kg *cardo*-Pilze; 50 g roher, ganz milder Schinken; Knoblauch, weißer Pfeffer, Zwiebel; 1 Kräutersträußchen; 1 Glas Weißwein; altes, in Milch eingeweichtes Weißbrot; 1 Ei; dünner Fischsud

Die *chipirones* putzen; Kopf und Flossen für ein anderes Gericht verwenden und nur den Schwanzbeutel und den darin enthaltenen Tintenbeutel nehmen.

Füllung: Cardo-Pilze fein hacken, mit Salz und weißem Pfeffer und dem feingehackten rohen Schinken, dem eingeweichten Brot und dem Ei kurz in der Pfanne schmoren.
Die Schwanzbeutel füllen und mit einem halben Zahnstocher verschließen.
Anbraten und vom Feuer nehmen, sobald sie zu bräunen beginnen.
Im selben Öl mit der Zwiebel und einem Eßlöffel Tomatensoße ein *sofrito* bereiten, das Kräutersträußchen dazugeben, einen Eßlöffel Mehl, das Glas Weißwein und die Tintenbeutel, die man im Mixer kleingehackt und in einem Glas lauwarmem Fischsud aufgelöst hat. (Man kann sie auch in ein Sieb legen und mit einem Löffel die Tinte herausstreichen, dann etwas Fischsud darüber gießen und den Vorgang wiederholen, bis man die ganze Tinte herausgedrückt hat.)
Wenn die Soße zu kochen beginnt, die Flamme kleiner

drehen, etwas einkochen lassen und durch ein Sieb streichen.
Die gefüllten *chipirones* in dieser Soße kochen lassen und etwas Fischsud dazugeben, wenn sie zu dick wird.
Die Zahnstocher entfernen und mit weißem Reis servieren.

Suquet

Katalanische Fischsuppe

«Ich darf Sie darauf aufmerksam machen, daß ich ein ausgezeichneter Koch bin.»
Sie nickt, bleibt jedoch skeptisch.
«Außerdem habe ich *viejas* für ein Experiment gekauft.»
Sie zeigt immer noch keine Reaktion.
«Ich will ein katalanisches Gericht mit kanarischem Fisch machen. Haben Sie von *suquet* gehört, einem Gericht der Costa Brava? Nein? Heute abend werden Sie es mit diesem edlen, altehrwürdigen Fisch bekommen, den Sie *vieja** nennen.»
Carvalho brät kleine Krebse an und nimmt sie dann aus der Pfanne, um sie kurz aufzukochen. In das verbliebene Öl gibt er geschälte Knoblauchzehen, Tomate, Zwiebel, Salz und Pfeffer, und als das *sofrito* eingedickt ist, fügt er Kartoffelscheiben von einem halben Zentimeter Dicke hinzu sowie den kurzen Sud, den er mit den kleinen Krebsen bereitet hat. Als die Kartoffeln bereits gut sind, gibt er die *viejas* dazu, damit sie garziehen und das Aroma des *sofrito* und der kleinen Krebse aufnehmen. Nun bleibt nur noch Petersilie und Knoblauch zu hacken, dann zu Tisch! Sie hat einen Weißwein vom Tacoronte aufgetrieben, damit er nicht sagen kann, er habe keinen kanarischen Wein probiert; sie hat noch einen Sancerre in Reserve, falls Carvalho der einheimische

* wörtl.: die Alte

Wein nicht zusagt. Aber er schmeckt ihm, denn es gibt nichts Angenehmeres, als das zu essen und zu trinken, was die vier Horizonte um einen herum hervorbringen.
«Sie legen Ihren Zynismus nur ab, wenn Sie vom Kochen reden.»
«Es ist das einzige unschuldige Wissen, das ich kenne. Jedes andere Wissen ist gefährlich.»

(«Der fliegende Spanier» aus *Der fliegende Spanier*)

1 roter Drachenkopf (*escórpora* oder *cabracho*) von 1 kg; 4 Scheiben Seeteufel; 3 Weißbrotstücke; 4 Scampi; 4 Miesmuscheln; 5 Knoblauchzehen; Petersilie; Rosenpaprika, süß; Mandeln; Mehl; 1 Gläschen trockener Weißwein; 50 g Erbsen; ½ kg Kartoffeln; Aioli

Öl in einer Kasserolle erhitzen und die Knoblauchzehen darin bräunen. Herausnehmen und im Mörser zerdrükken.
Im selben Öl die drei Brotstücke rösten und ebenfalls in den Mörser geben.
Im selben Öl die Scampi kurz anbraten und herausnehmen.
Die Mandeln rösten, Petersilie hacken und beides mit den anderen Zutaten im Mörser zerstoßen.
Den Inhalt des Mörsers und einen Eßlöffel Mehl in das heiße Öl geben. Mit einem hölzernen Rührlöffel durchrühren und etwas kaltes Wasser dazugeben. Wenn sich ein Brei bildet, Fischsud angießen, beispielsweise vom Kopf des Drachenkopfs, und die kleingeschnittenen Kartoffeln dazugeben. Der Sud soll sie bedecken.
Wenn sie gar sind, den Fisch und den Weißwein, und wenn der Fisch fast fertig ist, die Scampi und vorgekochten Erbsen dazugeben.
Zum Schluß Aioli dazugeben und die Kasserolle hin und her rütteln, damit die Soße bindet.
Kann mit Toastbrot, das mit Knoblauch eingerieben wurde, serviert werden.

Dorada a la Mallorquina

Goldbrasse auf mallorquinische Art

«Ich war damals auch in Griechenland, als ich noch mit ihrem Vater zusammen auftrat, dem ‹Großen Marcel›. Dann starb er – Gott hab ihn selig! –, und ich widmete mich an verschiedenen Orten dem französischen Chanson. Es war Dalidas große Zeit. Also, Dalida war ganz nach meinem Geschmack! *Ventiquattro mila baci* haben wir praktisch zur selben Zeit gesungen, ich und sie. Ich trat auch vor Don Juan de Borbón in Estoril auf. Er fragte mich: ‹Können Sie *Luna de España* singen?› Als ob ich ausgerechnet dieses Lied nicht im Repertoire gehabt hätte! Also sang ich für ihn: *Ay luna, lunera cascabelera*... Stellen Sie sich vor, wie lange das her ist! Damals ahnte noch keiner, daß der Sohn von Don Juan eine so große Zukunft vor sich hatte und einmal so nobel und bekannt werden würde! Ich kenne die Welt, und meine Tochter tut nichts, ohne mich um Rat zu fragen. Nach diesem Foto in Athen schrieb sie mir, sie würde mit einem französischen Freund eine Kreuzfahrt nach Djerba machen, nach Tunesien. Dort wollte sie in einem Hotel des Club Mediterrané wohnen und dann nach Marbella kommen. Von dort würde sie sich wieder melden und dann den Rest des Urlaubs in einem kleinen Haus in Lloret de Mar verbringen, das mir gehört. Das war's. Seit diesem Brief habe ich nichts mehr von ihr gehört.»

«Wo soll ich beginnen? Die Kreuzfahrt Punkt für Punkt wiederholen? Soll ich auf Djerba anfangen?»

«Was ist Ihrer Meinung nach das beste?»

«Wenn ich nach Marbella fahre, haben wir vielleicht Glück, und Sie kommen billiger weg.»

Kaum war Mme. Pepita gegangen, kam Biscuter hinter dem Vorhang hervor, der Carvalhos Büro von der kleinen Kochnische, Biscuters Kammer und der Toilette trennte.

«Die hat vielleicht einen Kropf, Chef! Mit dem Kehlsack vorne dran muß sie ja singen wie eine Lerche. Haben Sie Hunger? Es gibt Goldbrasse *a la mallorquina* mit Gemüse der Saison.»

Carvalho aß an seinem Schreibtisch, studierte nebenbei Fahrpläne und tätigte Anrufe. Nach dem letzten Schluck «Señorío del Bierzo» zündete er sich eine «Cerdán» an. Biscuter war an seiner Schreibtischecke ebenfalls fertig mit dem Essen, nahm mit fachmännisch zusammengekniffenen Äuglein seine «Cerdán» entgegen und war der Komplize von Carvalhos stummen Überlegungen. Erfreut beobachtete der Detektiv, mit welcher Sicherheit der häßliche, bartlose Zwerg die Zigarre ansteckte, wobei eine geheimnisvolle kapillare Nervosität die aschblonden Härchen über seinen Ohren absträubte.
«Was ist ein Schlangenmensch, Biscuter?»
«So ein Kerl mit Flöte, stimmt's, Chef?»
«Nein, das verwechselst du mit einem Schlangenbeschwörer. Ein Schlangenmensch ist ein besonders gelenkiger Artist mit überdehnten Sehnen an Muskeln und Knochen, der unglaubliche Körperhaltungen einnehmen kann: Er kann sich den Fuß in den Nakken setzen und sich mit den Fußsohlen die Wangen streicheln.»
«Wie ekelhaft, Chef! Würden Sie sich nicht auch vor Füßen in Ihrem Gesicht ekeln?»

(«Auf der Suche nach Sherezade» aus *Zweikampf*)

1 Goldbrasse von 1 kg; 1 kg Mangold; 1 kg Porree; 1 Tomate; 1 geschmorte rote Paprikaschote; gemahlener Kreuzkümmel; 1 Knolle junger Knoblauch; 2 kleine Dosen Sardellen; Öl, Salz und Pfeffer; 2 reife Tomaten

Die Goldbrasse salzen, pfeffern und in eine tiefe, gefettete Backform legen.
Das Gemüse (Mangold, Porree und den frischen Knoblauch) sehr fein hacken, salzen und pfeffern. Die Sardellen in 1 cm lange Stücke schneiden, die Paprika und die geschälte und entkernte Tomate grob hacken und alles auf das Gemüse verteilen. Das Sardellenöl darüber gießen und normales Öl hinzufügen, bis alles gut eingeölt ist.

Das so vorbereitete Gemüse über die Goldbrasse schütten und in den ziemlich heißen Backofen geben.
Wenn das Gemüse gar ist, ist es die Goldbrasse darunter auch.

Pescado à la Manera de Casa Leopoldo
Fisch nach Art der «Casa Leopoldo»

Schweigen, das ernste Geschäft eines guten Essens, die Vorfreude auf den nächsten Gang, der den vorangegangenen in nichts nachstehen wird. Kleine Sepias, Scampi, kleiner Kaisergranat.
«Hör mal, ich muß heute abend noch arbeiten.»
«Es sind leichte Sachen, gut verdaulich. Ist es für einen Mann wie den, den ich dir beschrieben habe, leicht, eine Mitgliedskarte für diese Privatclubs oder auch renommierte Nachtlokale zu bekommen?»
«Ein hoher Bankangestellter, sagst du? Vielleicht arbeiten diese Unternehmen sogar mit seiner Bank zusammen.»
«Das paßt nicht zu der Person.»
Carvalho gibt ihm ein Foto.
«Also, das ist doch ein bekanntes Gesicht! Ich kenne ihn irgendwoher. War noch mehr?»
Der Chef des Restaurants bringt ihnen eine Goldbrasse für zwei, aufgeklappt, gegrillt und danach langsam im Backofen gegart, saftig. Carvalho sieht ihn die ganze Zeit nachdenklich an.
«Er denkt, wir steuern direkt auf eine Ernährungskatastrophe zu. Verdrücke nicht erst morgen, was du heute schon verdrücken kannst!»
«Es könnte auch ein gastronomischer Club sein!»
«Der *Club Lion*?»
«In letzter Zeit sind hier ähnliche Vereinigungen wie die baskischen Kochzirkel entstanden. Eine Gruppe von Freunden tut sich

zusammen, mietet ein Lokal, installiert ein paar phänomenale Herde, richtet einen guten Weinkeller ein, und die Kocherei geht los.»
«Diese Stadt wird allmählich zivilisiert.»
(«Ich machte einen Mann aus ihm» aus *Zweikampf*)

1 Goldbrasse oder 1 Steinbutt oder ein anderer festfleischiger Fisch, der nicht allzu dick ist; Salz und Pfeffer; Öl

Es kommt bei diesem Fisch darauf an, den richtigen Punkt des Garens zu treffen.
Er wird in der Mitte aufgeschnitten, gesalzen und gepfeffert und auf einem sehr heißen Backblech auf beiden Seiten angebraten.
Dann knapp fünf Minuten im sehr heißen Backofen vollends durchgaren.
Entgräten und servieren, so wie er ist.

Cogote de Merluza al Ajillo Tostado

Seehechtnacken mit geröstetem Knoblauch

«Er geht nicht zu Mercabarna.»
«Nein.»
«Aber seinen Eltern erzählt er, daß er dort arbeitet.»
«Er ist ein guter Sohn, im Sinne der klassischen Vorstellung davon, wie ein guter Sohn zu sein hat. Die unteren Klassen konservieren Vorstellungen aus den pädagogischen Handbüchern der Jahrhundertwende. Bücher über den guten Ton werden von armen Leuten respektiert, wenn sie zeigen wollen, daß sie fein sind.»
«Was arbeitet er denn?»
«Was soll's. Ich lade Sie zum Abendessen ein.»
Er deckte seine geliebten Sachen zu, und in der Art, wie er das

Licht löschte und den Auslöser der automatischen Tür drückte, lag die Wärme eines zärtlichen Abschieds bis zum folgenden Tag. Carvalho folgte ihm in seinem Auto bis zum Paseo del Colón und suchte neben dem Börsengebäude einen Parkplatz, nicht weit von der Stelle, wo Narcís seinen neuen Volkswagen gelassen hatte. Das Restaurant, in das er ihn führte, wirkte wie die Filiale einer Sparkasse, und man betrat es über einen Korridor, der direkt zur Straße führte. An der mit Schnörkeln verzierten Glastür prangte das Schild *Racó d'en Pep*. Dahinter lag ein kleines, L-förmiges Lokal, mit einer nicht weniger kleinen Küche zur Linken, in der die Köche praktisch unter den Augen der Gäste schufteten.

«*Hola, maco! Tens la tauleta teva com sempre**.» Der Mann, der Narcís so familiär begrüßte, war jung und trug einen gepflegten Bart. Obwohl das Lokal voll war, kam er sofort an ihren Tisch, trug ihnen alles vor, was es gab, und kommentierte die einzelnen Speisen. Sobald er bemerkt hatte, daß Narcís mit Carvalho spanisch sprach, ging er auch dazu über. Seinen Empfehlungen folgend bestellten sie grüne Bohnen mit Venusmuscheln und Seehechtnacken mit geröstetem Knoblauch. Der Inhaber des Restaurants erwies sich als guter Weinkenner und begrüßte Narcís' Patriotismus, als er einen Weißwein aus dem Penedès bestellte. «*Sí, maco, sí. Hem de fer país***.»

War es Sinn für Humor oder fürs Geschäft?

(Die Rose von Alexandria)

Pro Person eine dicke Scheibe Seehechtnacken; Knoblauchzehen, Öl, eine Zitrone, Salz

Die Nackenscheiben in ziemlich heißem Öl braten und versuchen, sie äußerlich zu bräunen, ohne daß sie trokken werden.

Im verbliebenen Bratöl feingehackten Knoblauch ganz kurz bräunen, dann den Zitronensaft dazugeben.

* «Hallo, Junge! Du hast denselben Tisch wie immer.»

** «Ja, Junge, das ist richtig. Wir müssen unser Land fördern.»

Jede heiße Scheibe auf einem Teller anrichten und das Öl mit den Knoblauchstückchen und dem Zitronensaft darüber gießen.

Brandade d'Ourade
Goldbrasse püriert

«...und von Blödheit, falls ich noch deutlicher werden muß.» Sie war deutlich genug.
«Ich hole dich heute nachmittag ab.»
«Ich hab es nicht nötig, daß man mit mir Gassi geht wie mit einem Hund. Pinkeln kann ich selbst.»
«Dann hole ich dich heute nachmittag eben nicht ab.»
Von neuem ein Monolog, dem er zuhören mußte und der auf ein von Mal zu Mal weinerlicheres ‹Was glaubst du denn eigentlich?› hinauslief. Pause des Schweigens, in Erwartung einer Antwort, die Carvalho ihr nicht geben konnte, und schließlich akzeptierte sie sein ‹Ich hole dich heute nachmittag ab› mit der Stimme eines Menschen, der seiner Angst Luft gemacht hat. Carvalho wartete, bis Biscuter zurückkam – ein vernünftiger Biscuter im vollen Katzenjammer seiner Tollkühnheit –, und erklärte ihm den Fall Mortimer, als sei es unbedingt notwendig, daß er genau auf dem laufenden war. Biscuter versetzte sich unschwer in die Rolle des treuen Watson und trug mit seinem Scharfsinn zur Analyse der Situation bei.
«Es müssen die Araber sein, Chef.»
«Welche Araber?»
«Die arabischen Scheichs. Sie nehmen alle guten Fußballer in diese Wüstenstädte mit und wollen mit ihrem Scheckheft unschlagbare Mannschaften zusammenstellen. Erst schüchtern sie Mortimer ein und dann heuern sie ihn an. Ich habe übrigens zufällig einen Teil Ihres Gesprächs mit Bromuro mitgehört und meine eigenen Schlüsse daraus gezogen. Er hat uns nichts gesagt, was wir nicht schon gewußt hätten. Ich habe mir schon mehr oder weniger dasselbe gedacht, und man braucht bloß runter auf die Straße zu

gehen, um zu sehen, was los ist. Sie waren in letzter Zeit zu viel unterwegs oder auf dem Sprung oder da oben in Vallvidrera, vielleicht haben Sie gar nicht bemerkt, wie sich hier unten alles verändert hat. Das ist hier der Wilde Westen, aber ein wilder Westen mit mehr Schnappmessern als Revolvern. Bleiben Sie zum Abendessen? Ich habe alles da und könnte Ihnen eine *brandade de urade* machen.»

«Und was ist das, Biscuter?»

«Ein Rezept aus der Enzyklopädie, von der ich Ihnen erzählt habe. Zufällig ist von neulich noch eine Scheibe gekochte Goldbrasse übrig. Die *brandade* ist schnell gemacht: den Fisch entgräten, Knoblauch, temperiertes Öl, Schlagsahne, Salz, Pfeffer, etwas Tabasco und in den Mixer. Fünf Minuten.»

«Nichts wie los!»

Biscuter freute sich so sehr, daß er von der Küche aus Charos Unglück banalisierte.

«Sie ist ganz schön sauer, Chef, aber das geht vorbei. Sie hat mir gesagt, daß sie keinen Bissen ißt, daß sie seit der AIDS-Geschichte nur noch ihre Stammkunden hat und daß die allmählich alt werden. Einer ist sogar gestorben, ein Apotheker aus Tarrassa. Sie war ein wenig traurig darüber. Sie wissen ja, was sie für ein gutes Herz hat.»

Carvalho teilte die *brandade d'Ourade* mit Biscuter. Dazu gab es eine Flasche Milmanda de Torres, die den Gnom die Augen verdrehen ließ, denn er wußte, daß eine Flasche auf dem Tisch den Willen zur Ausnahme und zum Feiern bedeutete. Aber Carvalho aß hastig, weil er das Bedürfnis verspürte, hinunter auf die Straße zu gehen und Leute zu sehen und zu sprechen, die ihn weder mit ihren Kümmernissen und ihrem Unglück behelligen würden noch mit ihren Vorahnungen von kommenden Kümmernissen und Unglücksfällen. Er nahm den Besuch von Charo als Vorwand, um Biscuter allein zu lassen, seiner Lust zu frönen und durch die Straßen zu schlendern, um vor Ort den Veränderungen nachzuspüren, die Biscuter ihm kundgetan hatte.

(Schuß aus dem Hinterhalt)

800 g Goldbrasse; Olivenöl; 100 g süße Sahne; 1 feingehackte Knoblauchzehe; Zitronensaft; Salz und Pfeffer

Die Goldbrasse kochen und darauf achten, daß sie saftig bleibt.
Haut abziehen und entgräten, zerkleinern und mit der gehackten Knoblauchzehe und vier Eßlöffeln lauwarmem Olivenöl vermengen.
In einem elektrischen Mixgerät zerkleinern und vorsichtig immer mehr Olivenöl dazugeben.
Sahne dazugeben, bis die Mischung cremig wird.
Zitronensaft, Salz, Pfeffer und ein paar Tropfen Tabasco dazugeben.
Im Kühlschrank erkalten lassen und mit dreieckig geschnittenem Toastbrot servieren.

Sopa de Ostras y Langosta a la Thermidor

Austernsuppe und Languste «Thermidor»

Zu dem Abendessen in Aliottos Lokal wurde noch ein dritter Gast erwartet: Rhomberg, Generalinspektor der Petnay für das Gebiet der USA. Carvalho fuhr mit der Spielzeugstraßenbahn von der Power Street zum Fisherman's Wharf. Er hatte genügend Zeit, um über die Gehwege zu schlendern, mit ihren Ausrufern von Undergroundzeitschriften, Folksängern und langmähnigen Technikern der billigsten und überflüssigsten Künste: Halskettenmacher mit Sonnenblumenpeifen, Messingjuweliere, Vervielfältigungspoeten und Maler, die den Halbmond malten, wie er hinter der Golden-Gate-Brücke am Himmel schwamm, als sei er zum freiwilligen Untergang bereit. Weil er fühlte, daß sein Magen schon für das Abenteuer eines richtigen Essens bereit war, widerstand Carvalho der Versuchung, eine Tüte gekochte Krebse als Vorspeise zu nehmen, die fliegende Händler den Passanten anboten. War es eine Art Trostpflaster dafür, daß sie nicht in die großen Restaurants gehen konnten, oder Reklame, damit der Passant zu Größerem überging? Carvalho blieb keine Zeit zu überlegen. Aus einem Taxi stieg Jaumá, begleitet von einem Mann, dem man auf den ersten Blick den Deutschen ansah. Kaum hatte er einen Fuß auf der Erde, überraschte Jaumá auch die hartgesottensten Hippies mit wildem Gestikulieren und dem Ausruf: «Carvalho! Langusten schlemmen und Gott erkennen!» Auch die Vorstellung des Deutschen erledigte er auf ganz eigene Art und Weise: «Dieter Rhomberg. Der dritte Mann der Petnay – was meinen Produktbereich angeht. Das heißt: wichtiger als Franco. Und dieser Halbgott will uns heute abend einladen.»

«Ich?»

Der Deutsche schien eher überrascht als unangenehm berührt zu sein.

«Du hast schließlich einen Sieg zu feiern. Obwohl Rhomberg ein verfluchter Kapitalistenknecht ist, steht er nämlich auf der Seite der Sozialisten. Er unterstützt die Jusos in der SPD.»

«Ich nehme an, das interessiert deinen Freund ganz außerordentlich», erwiderte der Deutsche.

«Aber sicher doch. Er ist schließlich von der CIA.»

Carvalho hatte ein Gefühl, als hätte ihm jemand eine Faust in den Magen gerammt. Die Augen Jaumás funkelten vor Spott, aber das Wort war heraus.

«Ja, ja, bei der CIA. Was für einen Grund gäbe es sonst für einen Galicier, regelmäßig zwischen Las Vegas und San Francisco hin- und herzufliegen?»

«Na, er könnte zum Beispiel Croupier sein.»

«Genau das ist er. Croupier, ein CIA-Croupier!»

«Aber warum denn von der CIA?»

«Weil die CIA in Spanien nur Leute aus Galicien anwirbt. Nachzulesen in *Reader's Digest*.»

Jaumá brach in schallendes Gelächter aus und schob seine Begleiter in Richtung Restaurant. «Durch die Languste zu Gott! Languste, Vaterland und Gerechtigkeit, amen!»

Eine halbe Stunde später warteten sie immer noch auf die Austernsuppe und die Languste à la Thermidor, die Jaumá ohne lange zu fragen bestellt hatte. Inzwischen leerten sie zwei Flaschen gut gekühlten Riesling, und Jaumá diskutierte mit Rhomberg weitschweifig die Lage auf dem amerikanischen Markt und die Notwendigkeit, die Verpackung einiger Petnay-Produkte dem Niveau der First-Class-Läden San Franciscos anzupassen.
«Ich urteile erst, wenn ich die Geschäfte in Hollywood gesehen habe. In ein paar Straßen zu Füßen von Beverly Hills befindet sich die weltweit wichtigste Ansammlung von First-Class-Läden, wichtiger als Paris und New York.»
«Was produziert Ihre Petnay denn eigentlich?»
«Parfüm, Liköre, pharmazeutische Produkte...»
Da es nicht so aussah, als würde der Deutsche die Liste fortsetzen, fuhr Jaumá fort: «...Kampfflugzeuge, Bomber, High-Tech-Nachrichtensysteme – *supersophisticated*, wie es im einschlägigen Jargon heißt –, Papier, Zeitschriften, Zeitungen, Politiker, Revolutionäre und noch ein paar andere Dinge. Sogar die Languste, die wir gleich serviert kriegen, könnte von der Petnay sein, falls sie aus der Tiefkühltruhe stammt. Die Petnay besitzt eine der größten Fischvermarktungsketten der Welt. Wir sitzen in Japan, Grönland, den USA, Senegal und Marokko. Hier in diesem Lokal könnte buchstäblich alles von der Petnay sein. Vom französischen Wein *made in California* bis zu Herrn Rhomberg und meiner Wenigkeit.»
Carvalho und Jaumá tranken keinen Wein zur Suppe, während sich Rhomberg eine neue Flasche kommen ließ und sie – ein Löffel Suppe, ein Schluck Wein – zügig leerte. Jaumá rechtfertigte seine Entscheidung für Languste «Thermidor» damit, daß bei dieser Zubereitungsart die Fadheit der Yankee-Langusten am wenigsten störe. Kaum stand sie auf dem Tisch, wurde sie auch schon von ihm kritisiert: «Groß, aber ohne Geschmack. Carvalho, Sie müssen mich mal in meinem Landhaus in Port de la Selva besuchen, an der Costa Brava. Wir werden zur Fischversteigerung nach Llansá fahren, und dann zeige ich Ihnen Langusten, noch richtig gefan-

gen, nicht aus Zuchtkästen. Wild um sich schnappende Biester, die man ganz vorsichtig aufbrechen muß, damit... damit... Carvalho?»

«Damit sie nicht ihren Saft verlieren. Ihr Blut, das einzige, was ihnen Geschmack gibt. Außerdem sollte man die Eingeweide in einem Stück entfernen. Indem man am Afterschlauch zieht, der in der mittleren Schwanzflosse steckt.»

«Ist ja toll!» Der Deutsche schüttelte sich vor Lachen, das Gesicht vom Wein gerötet.

«Lieber Rhomberg, nur die Kochkunst und die Weiber haben uns über die Trostlosigkeit der Franco-Zeit hinweggeholfen.»

(Carvalho und der tote Manager)

Pro Person ½ Dutzend Austern; ½ l Milch; 2 Eßlöffel Butter; 1 Eßlöffel Mehl; 1 Eßlöffel Erbsen; 1 Zwiebel; 1 Eßlöffel Kapern; ½ Teelöffel Zucker; Salz und Pfeffer; 1 Teelöffel Austernsoße

Die Zwiebel hacken und in der Pfanne mit etwas Butter andünsten.

Die Austern im Dampf öffnen und den Sud beiseite stellen.

Die Milch erhitzen. Sobald sie zu kochen beginnt, die Austern, den Austernsud, die angedünstete Zwiebel, die Kapern, den Zucker, Salz und Pfeffer dazugeben.

Etwa eine Viertelstunde kochen lassen.

Je nach Geschmacksintensität der Austern kann etwas Austernsoße hinzugefügt werden.

Mit gerösteten Brotwürfeln servieren.

**2 Langusten zu 900 g; 1 Teelöffel in Essig eingelegtes Estragon; 1 Schalotte; 10 g Pfeffer;
2 dl trockener Weißwein; 3 dl Milch; 1 dl Crème fraîche; 1 Eßlöffel Senf; 75 g geriebener Gruyère; 2 Eßlöffel Mehl; 75 g Butter; 1 Zwiebel; 1 Karotte;
1 Kräutersträußchen; 2 dl Essig; 1 dl Kognak; Hagelsalz; Salz und Pfeffer**

Zwiebel schälen, Karotte putzen und beide in dünne Scheiben schneiden; den Essig, das Kräutersträußchen, die Zwiebel, die Karotte, eine Prise Hagelsalz mit 5 Liter Wasser in einer großen Kasserolle zum Kochen bringen. Die Langusten darin dreißig Minuten kochen lassen.

Inzwischen den Estragon und die Schalotte kleinschneiden und die Pfefferkörner zerstoßen. Die drei Zutaten mit dem Weißwein zum Kochen bringen und reduzieren.

30 g Butter in einem kleinen Topf zerlassen, mit Mehl verrühren, Milch angießen und auf kleiner Flamme kochen lassen.

Diese Soße zu der Weißweinsoße gießen, aufkochen, Crème fraîche dazugeben, mit Salz und Pfeffer abschmecken und warm halten.

Die beiden Langusten halbieren, die Innereien entfernen, das Fleisch aus dem Panzer lösen und in Würfel schneiden.

Den Rest der Butter schmelzen, die Langustenstücke darin anbraten, mit Kognak ablöschen und flambieren.

Darauf die Soße durch ein Sieb streichen, einige Minuten kochen lassen und den Senf mit einem Holzlöffelchen dazugeben.

Mittlerweile hat man den Backofen auf höchste Stufe erhitzt. Das Backblech mit Hagelsalz bestreuen, was verhindert, daß die Langustenpanzer umkippen.

Diese mit dem Fleisch und der Soße füllen, mit Gruyère bestreuen und gratinieren.

Ganz heiß servieren.

Bacallà a la llauna

Kabeljau mit Paprika und Tomate

An der Plaza Real nimmt er auf die Schnelle ein Bier und vermißt dabei die Tapa mit Kalamares in einer Soße mit Pfeffer und Muskat, die früher das Wahrzeichen der belebtesten Bierkneipe des Viertels war. In einer bräunlichen Tunke schwimmend, geben die mumifizierten Kalamaresarme vor, die illustre Vergangenheit fortzusetzen. Das Schlimme an der Kultur des Vergänglichen ist eben ihre Vergänglichkeit. In dieser Küche wirkte einmal ein Genie in der Kunst der Kalamareszubereitung; er erzeugte die Illusion eines ewigen Geschmacks, verschwand aber dann und hinterließ eine nicht auszufüllende Leere. Es ist auch keiner mehr von der alten Belegschaft da, der ihn auf die Spur des Genies hätte bringen können. Kellner sind flatterhafte Vögel, vor allem in der heutigen Zeit, wo jeder Kellner werden kann, der weiß, wie man in eine weiße Jacke schlüpft, die heute dreckiger ist als gestern, aber sauberer als morgen.

Nach dem hundertsten masochistischen Gedanken daran, wohin wohl die Kalamares von einst verschwunden sind, beschließt Carvalho, sich durch ein Essen im *Agut d'Avignon* zu entschädigen, das er wegen der Qualität eines Essens schätzt, dessen Genuß durch die Sparsamkeit seiner Portionen allerdings sehr geschmälert wird. Als Gracian schrieb, daß «... Gutes, wenn wenig, doppelt gut» sei, hat er nicht ans Essen gedacht, oder er war einer dieser schmierigen Scheißintellektuellen, die von Buchstabensuppe und einem Ei leben können, das so hart wie ihr Kopf ist. «Man muß essen, um zu leben, nicht leben, um zu essen», hat mehr als ein abgestandener Philosoph behauptet. Heute bekommt er Verstärkung durch Ernährungsspezialisten, denen verdammt noch mal nichts Besseres einfällt, als auf den Dicken herumzuhacken.

Er bestellt zum Auftakt eine Tortilla mit jungen Knoblauchtrieben, darauf einen Teller *múrgula*-Pilze mit Schweinebauch und schließlich *Bacallà a la llauna,* gefolgt von einem Teller Himbeeren ohne jede Zutat.

«Ohne alles?»
«Jawohl.»
Er schwelgt in der Ähnlichkeit der Himbeere mit einer Klitoris und der Festigkeit ihres kurzfaserigen, sauren Fleisches, das die Zähne weniger angreift als die Brombeere und mehr physische Substanz besitzt als die Erdbeere. Der Besitzer des *Agut d'Avignon* wirkt wie ein Gutsherr der zwanziger Jahre, der sein Vermögen in einer verrückten Nacht beim Bakkarat verspielt hat und nur dank dieses Restaurants nicht selbst verrückt wurde. Es bedarf genauso der persönlichen Führung wie ein Füllfederhalter oder eine Frau. Carvalho erinnert sich vage an ihn, wie er damals, als freischweifender Rebell kostümiert, mit der *bandurria** über der Schulter, die Kreuzgänge der Universität des Schreckens durchstreifte und mit seinem Schnauzbart eines jungen Libertin der zwanziger Jahre musikbesessene Mädchen anlockte. Eines schönen Abends muß er mit seiner *tuna*** dieses Lokal betreten und begriffen haben, daß ein Restaurant eine Heimat ist, vielleicht die beste von allen.

(Carvalho und der tote Manager)

Für vier Personen
Vorbereitung: 45 Minuten (Wässern am Abend vorher); Kochzeit: 40 Minuten

½ Klippfisch vom dicken Rumpf, in acht Stücke zerteilt; 1 große Paprikaschote; 200 g reife Tomaten; 3 Knoblauchzehen; ½ Glas Weißwein; 1 Lorbeerblatt; ½ Teelöffel Paprikapulver; Zimt, Petersilie, Pfeffer, 1 Teelöffel Zucker; Mehl; 1 dl Öl

Den Klippfisch 24 Stunden vorher in kaltes Wasser einlegen. Wasser mehrmals wechseln. Vor der Zubereitung gut abtropfen lassen und mit einem Tuch trocknen.
Öl in einem Topf erhitzen, bis sich leichter Rauch bildet. Den in Mehl gewälzten Klippfisch darin braten. Wenn

* andalusisches Saiteninstrument
** Studentenkapelle in mittelalterlicher Tracht

die Stücke gebräunt sind, herausnehmen und nebeneinander in eine Blechform oder *llauna* legen, von der das Gericht seinen Namen hat (in dieser Blechform wird er im Backofen gebacken).
Die Paprikaschote im Backofen schmoren. Dann wird sie geschält, in Streifen geschnitten und beiseitegelegt.
Die Tomaten grob hacken und entkernen; Knoblauch schälen und hacken; das Öl, in dem man den Klippfisch gebraten hat, in der Pfanne erhitzen und die Hälfte des Knoblauchs darin bräunen. Paprikapulver und Tomaten dazugeben; umrühren und das Lorbeerblatt, etwas Zimt, Pfeffer, Salz und einen Teelöffel Zucker dazugeben. Kochen lassen, bis die Tomaten eingedickt sind. Den Wein dazugeben und auf kleiner Flamme reduzieren.
Das *sofrito* über die Klippfischstücke verteilen, die Paprikastreifen darauf legen, mit einer feingehackten Mischung aus Petersilie und Knoblauch bestreuen. Etwas Öl darüber träufeln. Im Backofen bei niedriger Hitze fertiggaren und überbacken.
In der *llauna* servieren.

Bacalao al Pil-pil

Kabeljau auf baskische Art

«Die Triglyzeride sind eine Katastrophe, das hängt mit den erhöhten Zuckerwerten zusammen. Alles, was über der Cholesteringrenze liegt, ist schlecht, alles darunter gut. Von den Lipidwerten reden wir lieber erst gar nicht. Wenn Sie nicht bereuen und Ihr Leben ändern, sind Sie eine selbstmörderische Zeitbombe.»
«Ich bin nur hierhergekommen, um ein paar Tage lang Buße zu tun. Nach zwei Wochen der Läuterung kann ich wieder zehn Jahre lang sündigen.»
«Glauben Sie das ja nicht! Kurz vor Ihrer Entlassung werden wir noch einmal Ihr Blut untersuchen, und alle gefährlichen Werte werden gesunken sein. Sollten Sie zu Ihrem schlechten Lebens-

wandel zurückkehren, stehen Sie nach drei Monaten vor dem Abgrund.»

«Wir haben unterschiedliche Vorstellungen vom Leben. Was halten Sie von Kabeljau *al pil-pil*?»

«Was ist das?»

«Ein spanisches Gericht aus dem Baskenland.»

«Der Kabeljau ist doch sicherlich frisch?»

«Nein, eingepökelt. Er wird gewässert, mit Öl und Knoblauch gegart und dabei gerüttelt, damit sich, mit der Gelatine, die die Haut absondert, eine Emulsion bildet.»

«Wenig Öl?»

«Viel Öl!»

«Wie schrecklich!»

Doktor Gastein wies die Versuchung des imaginären Gerichtes mit beiden Händen weit von sich. In seiner schlanken Gepflegtheit, die er der vegetarischen Medizin verdankte, wirkte er wie ein männliches Model, umrahmt von einem Fenster, das sich auf den stillen Frieden des subtropischen Parks im Tal des Río Sangre öffnete. Ein Mikroklima, sagte sich Carvalho ein ums andere Mal, wenn er über das Wunder der Jacarandas, der hohen Gummibäume, Hibiskussträucher und Bananenstauden staunte. Trotzdem war auch die Mittelmeerflora vertreten. Es gab Pinien, Johannisbrot- und Orangenbäume, Lorbeerbüsche, so hoch wie dicke Türme, und Oleander.

(Manche gehen baden)

Für vier Personen
Vorbereitung: am Vortag in Wasser legen;
Kochzeit: 15–20 Minuten

½ kg Klippfisch von der Seite; 1 ½ dl raffiniertes Olivenöl; 4 Knoblauchzehen; ½ *guindilla* (wenn es sehr scharf werden soll)

Den Klippfisch 24–36 Stunden wässern und mehrmals das Wasser wechseln.

Vor dem Kochen den Klippfisch waschen, schuppen, noch einmal waschen und auf einem Tuch abtropfen lassen.
Knoblauchzehen schälen und längs halbieren; Öl in einer flachen runden Tonform erhitzen und darin die Knoblauchzehen und die Pfefferschote braten. Wenn sie gebräunt sind, mit einem Schaumlöffel herausnehmen und beiseite legen.
Die Klippfischstücke mit der Hautseite nach unten in diese Form legen, ohne das Öl zu wechseln. Die Kasserolle mit beiden Händen ein wenig anheben und ganz knapp über dem Feuer 10–15 Minuten lang rhythmisch hin und her rütteln. (Die Zeitdauer variiert mit der Qualität des Klippfischs.) Durch diese Bewegung wird der Klippfisch mit heißem Öl überspült und der Haut ihre Gelatine entzogen. Diese bindet die Soße, die sich bildet.
Wenn die Soße zu einer leichten Mayonnaise geworden ist, ist das Gericht fertig. Mit den gebräunten Knoblauchzehen und der gehackten Pfefferschote bestreuen. Kurz auf dem Feuer lassen und dabei weiter bewegen. Sehr heiß servieren.

Bacalao al Roquefort

Kabeljau mit Roquefort

Es gab keine Ecke, die er nicht untersucht hatte. Nicht der Ansatz einer Spur! Carvalho widmete sich mit Vergnügen einer umfassenden Lektüre zum besseren Verständnis der Jugendjahre dieses Lebens: die wichtigsten Erinnerungen an die republikanischen Hoffnungen und an den Bürgerkrieg. Als Carvalho in die Wohnräume zurückkam, war Don Felipe auf seinem Stuhl eingeschlafen, und die Frau setzte eilig zu einer Geste an, als ob sie weiterhin in ihre Patience vertieft wäre. Carvalho hatte eine ständige bösartige Verfolgung gespürt, wie durch den Schatten der Schlüsselfigur von *Rebecca*, der auf den Spuren der armen Joan Fontaine war.

«Was mich betrifft, so können wir gehen.»

«Das wurde auch höchste Zeit. Von hier bis San Miguel de Cruilles brauchen wir mindestens anderthalb Stunden mit dem Auto.»

Es gab ein kurzes Hin und Her wegen des Autos, das man zur Fahrt nach San Miguel de Cruilles benutzen sollte. Carvalho bestand auf seinem eigenen, um gegebenenfalls ein Restaurant auswählen zu können und sich nicht dem voraussichtlich schlechten Geschmack der Geschwister unterwerfen zu müssen.

«Wir könnten an der Autobahn anhalten und uns etwas zu essen kaufen.»

«Ernähren Sie sich etwa mit Benzin?»

«Nein, aber für mich gibt es da schon etwas zu essen.»

«Wir könnten Sandwiches mit etwas gutem Schinken essen. Die machen sie gut an der Autobahn. Ich habe schon einmal ausgezeichnet im *La Marqueta* in La Bisbal gegessen: Schnecken mit Ziege und Kabeljau mit Roquefort.»

«Was sind das denn für Barbareien: Schnecken mit Ziege?»

«Die sogenannte Ziege ist eine Art fast leerer Taschenkrebs, der an der Küste des Ampurdán als Geschmacksverstärker verwendet wird.»

«Kabeljau mit Roquefort? Hatte der Kabeljau Würmer?»

«Es ist eine gute Idee, die sich Savalls, der Besitzer des Restaurants, hat einfallen lassen. Ein phantasievoller Mensch!»

«Schrecklich. Kabeljau mit Roquefort!»

Er ließ die beiden Geschwister vor einem Glas Drambuie beziehungsweise Rum sitzen, um bei Savalls essen zu gehen. Eine halbe Stunde später kam er wieder aus *La Marqueta* heraus, an Leib und Seele gestärkt und bestens informiert über das, was man sich so über Doña Jacinta und ihren verstorbenen Mann erzählte, einen Richter ohne bedeutsames Vermächtnis, der nicht die Zeit gefunden hatte, die alte Villa von San Miguel wiederherzustellen, da er von einer Ducati 750 ccm überfahren worden war, als er die Straße wegen der Morgenausgabe des *Correo Catalán* überqueren wollte. Es war ein unglücklicher Umstand, da der *Correo Catalán* an diesem Tag, dem 20. November 1975, erschien, ohne jedoch darüber zu informieren, daß Franco gestorben war. Er war damit die einzige Zeitung der Welt, die die Nachricht nicht rechtzeitig herausgebracht hatte.

(«Die Vergangenheit kennt keine Gnade»
aus *Zur Wahrheit durch Mord*)

4 Stücke Klippfisch vom Kopfstück, ohne Flossen; 1 Zwiebel; 1 Eßlöffel dicke Tomatensoße; Knoblauch, Petersilie, Mandeln, Haselnüsse, Pinienkerne (die Haselnüsse sollen dominieren); 1 Prise Safran; 30 g Roquefort; 1 Gläschen Calvados oder ein anderer Schnaps; Öl und wenig Salz

Den gewässerten Klippfisch panieren, braten und beiseite stellen.
Die sehr feingehackte Zwiebel mit der Tomatensoße zu einem *sofrito* verarbeiten, den Knoblauch, die Petersilie, die Haselnüsse, die Mandeln und die Pinienkerne fein hacken, den Safran dazugeben. Alles, mit etwas Wasser vermengt, zum *sofrito* geben.
Den in kleine Stücke zerbröselten Käse dazugeben und mit einer Gabel zerdrücken, damit er sich mit dem *sofrito* verbindet.
Den Calvados angießen und ein paar Minuten kochen lassen. Danach alles durch ein Sieb streichen.
Die gebratenen Klippfischstücke in eine flache runde Tonform geben und mit der Soße übergießen, die mit einem Glas Wasser verdünnt wurde.
Ein paar Minuten kochen lassen und abschmecken. Wenn der Roquefort zu sehr vorschmeckt, muß man noch ein paar Tropfen Calvados und etwas Wasser hinzufügen, aber die Soße muß dick bleiben.

Farcellets de Col Rellenos de Langosta y Lenguado con Moras

Mit Languste gefüllte Kohlrouladen und Seezunge mit Brombeeren

«Du kannst dir nicht vorstellen, wie es in der Sozialklinik zugeht, Pepe. Wie lange warst du schon nicht mehr beim Arzt?»
«Seit mich der Thai angeschossen hat.»
«Erinnere mich nicht daran, Pepe, ich krieg sofort Gänsehaut.»
Charo war reif und schön. Sie alterte mit ernster Würde, und sein Anflug von Zärtlichkeit wurde unterbrochen von der kundigen Erläuterung der Speisenfolge durch Isidro und Montserrat, das Paar, das das Restaurant führte. Sie schätzten Carvalho als Kenner, der dem «Cigales» aus ihrem Keller gut zusprach. Auf Carvalhos einfache Formel «Was haben Sie Neues?» antworteten sie, ohne mit der Wimper zu zucken: «Foie gras mit Creme von grünen Linsen, Vorspeise von Foie gras, Kalbsbries mit grüner Limonencreme, gratinierter Klippfisch mit Knoblaucharoma, Kohlrouladen mit Langustenfüllung und Safran, Wolfsbarsch mit Schnittlauch, Seezunge mit Brombeeren.»
Sie beendeten ihre Darlegungen ebenso gleichmütig, ohne Carvalhos tiefe innere Aufgewühltheit zu bemerken. Er war empört über so viele Möglichkeiten und den Zwang, sie zu reduzieren.
«Von allem etwas», sagte er ironisch.
Aber Isidro notierte seine Bestellung, als sei sie verbindlich, und er mußte sie zurücknehmen und zur direkten Sprache zurückkehren. Charo nahm Zuflucht zu dem, was mit dem geringsten Risiko verbunden war: Vorspeise von Foie gras und Seezunge mit Brombeeren. Carvalho bestellte eine Kostprobe von der Foie gras mit Creme von grünen Linsen und das Kalbsbries mit grüner Limonencreme als Hauptgericht.
«Als Bromuro noch jünger war, schimpfte er immer darüber, daß Gott uns für so viele Frauen mit so vielen Begierden so wenig mitgegeben habe, und genauso geht es mir jetzt mit der Küche. Ich werde nicht lange genug leben, um alles probieren zu können.»

«Die Schlemmerei ist dein Laster, Pepe.»
«Nein, die Neugier, sozusagen wie ein Voyeur, der ahnt, was er alles nicht mehr zu sehen bekommen wird.»

(Schuß aus dem Hinterhalt)

Für vier Personen

1 mittelgroßer Winterkohlkopf; 1 Langustenschwanz von ½ kg; 100 g geschälte Scampi; 100 g geschälte Riesenkrabben; 5 Safranfäden; Zwiebel, Tomate und Mehl; Salz und Pfeffer nach Belieben

Die zarten Deckblätter des Kohlkopfs kochen, in kaltem Wasser abkühlen, abtropfen lassen und auf einer ebenen Fläche ausbreiten. Die Languste mit den geschälten Scampischwänzen und Riesenkrabbenschwänzen kochen. Die Schalen für die Soße aufbewahren.
Die Schalen mit etwas Zwiebel und Tomatensoße erhitzen. Mit einem Eßlöffel Mehl binden, das man in ein wenig Sud der Meeresfrüchte aufgelöst hat.
Die Meeresfrüchte in die Kohlblätter einschlagen, in Mehl und Ei wälzen und braten. Die vorher zubereitete Soße durch ein Sieb streichen und mit Safran würzen. Alles zusammen in eine runde Tonform geben und fünf Minuten im Backofen überbacken.

Für vier Personen

4 Seezungenfilets; 100 g Brombeeren; 50 g Crème fraîche; Butter; 200 ml Fond blanc; 1 Glas Whisky; Mehl

Die Seezungenfilets in der Pfanne in Butter braten. Wenn sie gebräunt sind, die Brombeeren dazugeben und mit Whisky flambieren. Nun die Crème fraîche und den Fond blanc dazugeben und etwa zwei Minuten kochen lassen.
Die Filets auf einer Platte anrichten, mit der Soße übergießen und nach Belieben dekorieren.

Die Küche der Todsünden

Saltimbocca
Kalbsschnitzel mit Schinken und Salbei

Carvalho hat die italienische Spaghettimaschine eingeschaltet. Sie sondert Spaghettifäden ab, die er dann abschneidet, wenn sie die richtige Länge erreicht haben. Er geht in seinen Garten hinaus, zupft ein paar Blätter vom Basilikumstock und gibt sie, wieder in der Küche, mit Pinienkernen, Knoblauch, Olivenöl, Essig, Pfeffer und Salz in ein Mixgefäß. Er rührt die Soße, bringt die Spaghetti zum Kochen und bereitet inzwischen die *saltimbocca*: dünne Scheiben Schweinefleisch mit Schinken und einem Salbeiblatt, alles mit einem Zahnstocher zusammengehalten und kurz in der Pfanne gebraten. Er betritt das Eßzimmer mit einem Tablett mit den dampfenden Spaghetti und einem zugedeckten Topf, in dem die *saltimbocca* ruhen. Dort erwartet ihn Anfruns als einziger Tischgenosse. Er mustert die Gerichte mißtrauisch. «Drogen».
«Harte oder weiche?»
«Essen ist stets eine harte Droge.»
«Aber die einzige, die man genießt.»
«Ein Symptom der Wertkrise unserer Zeit ist das Interesse an der Kochkunst.»
«Das bezweifle ich nicht.»
«Es schmeckt sehr gut», sagt Anfruns anerkennend, nachdem er die ersten Spaghetti auf die Gabel aufgewickelt und in den Mund

geschoben hat. Das Essen verläuft schweigend, und Carvalho betrachtet mit einem gewissen Unbehagen, wie wenig Anfruns ißt.
«Stehen Sie auch über dem Essen?»
«Gewiß.»

(«Jordi Anfruns, Sexualsoziologe»
aus *Das Zeichen des Zorro*)

8 nicht zu große Kalbsschnitzel; 8 dünne Scheiben frischer roher Schinken; 60 g Butter; Salbeiblätter (am besten frisch); 1 Eßlöffel Mehl; 1 Zitrone; Salz, Pfeffer

Die Kalbsschnitzel salzen und pfeffern.
Mit Mehl bestreuen.
Auf jedes Schnitzel eine Scheibe Schinken und ein Salbeiblatt legen und mit einem Zahnstocher befestigen.
Auf guter Hitze in Butter ein paar Minuten von beiden Seiten anbraten.
Den Fond in der Pfanne mit etwas Butter und dem Saft der Zitrone vermischen, die Soße über die Saltimbocca geben und heiß servieren.

Ternera con Salsa de Ostras
Kalbfleisch mit Austernsoße

«In einem China-Restaurant kann man nicht ‹irgendwas› bestellen!»
«Bestell du etwas für mich!»
Carvalho wählte eine Portion gebratenen Reis, zwei Frühlingsrollen, Abalone, Riesenkrabben und Kalbfleisch in Austernsoße. Yes hatte den Kopf auf die Hand gestützt, während sie lustlos im Essen herumstocherte. Carvalho überwand den Ärger, der ihn in Gesellschaft eines lustlosen Essers immer überkam, und entschuldigte die innerliche Abwesenheit von Yes.

«Meine Mutter will mich wieder nach London schicken.»
«Ausgezeichnete Idee.»
«Wozu? Ich kann die Sprache, und das Land kenne ich auch gut genug. Sie will mich nur aus dem Weg haben.»
Carvalho aß weiter, als spreche sie nicht mit ihm.
«Sie hat ihn umgebracht.»
Carvalho kaute langsamer.
«Das sagt mir meine Intuition.»
Carvalho kaute wieder schneller.
«Diese Familie ist schrecklich. Mein ältester Bruder ging weit fort, weil er das alles nicht mehr aushielt.»
«Was hielt er denn nicht mehr aus?»
«Ich weiß nicht. Er ging nach Bali, als ich noch in England war. Dieses Getue, als sei sie eine Diva! Ihre Selbstsicherheit ist nur gespielt. Meinem Vater hat sie das auch immer vorgemacht. Sie hat ihm seine Abenteuer nie verziehen, weil sie zu feige war, selbst welche zu haben. Weißt du, warum? Weil sie meinem Vater sonst hätte verzeihen müssen. Nein, nein, lieber blieb sie weiter tugendhaft und schimpfte, forderte, verdammte. Mein Vater dagegen war ein zarter, phantasievoller Mensch.»
«Die Riesenkrabben sind ausgezeichnet.»
«Er lernte Klavier spielen, ohne daß er einen Lehrer brauchte, und er spielte genauso gut wie ich, sogar besser.»
«Dein Vater war genauso egoistisch wie jeder andere auch. Er lebte sein Leben, das ist alles.»
«Nein. Das stimmt nicht. Man kann nicht mit dem Gedanken leben, daß alle Menschen Egoisten sind, daß alle ein Haufen Scheiße sind.»
«Ich habe es geschafft, mit dem Gedanken zu leben. Ich bin überzeugt davon.»
«Bin ich auch ein Haufen Scheiße?»
«Eines Tages wirst du es sein. Ganz bestimmt.»
«Und die Menschen, die du geliebt hast, waren sie auch ein Haufen Scheiße?»
«Das ist eine Fangfrage. Wir müssen freundlich umgehen mit de-

nen, die mit uns freundlich umgehen. Das ist ein ungeschriebenes Gesetz. Normalerweise leben wir so, als wüßten wir nicht, daß alles und alle ein Haufen Scheiße sind. Je intelligenter einer ist, desto weniger vergißt er das, desto mehr ist er sich dessen bewußt. Ich kenne niemanden, der wirklich intelligent ist und die anderen liebt oder ihnen vertraut. Er hat höchstens Mitleid mit ihnen. Dieses Gefühl kann ich gut verstehen.»

«Aber die anderen müssen nicht unbedingt schlecht oder invalide sein. Ist es das, wonach du die Leute einteilst?»

«Es gibt auch Dumme und Sadisten.»

«Sonst nichts?»

«Arme und Reiche, und noch Leute aus Zaragoza und Leute aus La Coruña.»

(Tahiti liegt bei Barcelona)

½ kg Kalbfleisch; 1 mittelgroße Zwiebel; 1 Bambussprosse; 1 kleine Karotte; Salz, Pfeffer, Sojasoße, Austernsoße, Maisstärke; 1 Eiweiß; trockener Sherry; eine Prise Zucker; Sodiumglutamat, frischer Ingwer, Knoblauch

Das Fleisch in dünne, längliche Scheiben schneiden. In Sherry, einen Eßlöffel Maisstärke, das geschlagene Eiweiß, Sojasoße, Salz und Pfeffer einlegen.

Die Bambussprosse in dünne und die Karotte in hauchdünne Scheiben schneiden und kurz dünsten.

Die Zwiebel in ganz dünne Streifen schneiden.

Öl in einer Pfanne erhitzen. Feingehackten Knoblauch und Ingwer anbraten und herausnehmen.

Das Fleisch und die Zwiebelstreifen im selben Öl einige Minuten braten. Bambus, Karotte und mit Wasser oder Fleischbrühe verdünnte Austernsoße dazugeben. Mit Glutamat würzen und eventuell nachsalzen.

Alles zusammen gut vermischen und braten. Einen Eßlöffel Maisstärke in Wasser auflösen und dazugeben. Wenn die Soße andickt, vom Feuer nehmen und mit weißem Reis ganz heiß servieren.

Estofado Dietético

Kalorienarmes Schmorgericht mit Auberginen

«Wissen Sie, wen ich besuchen will?»

«Francisco wahrscheinlich. Mich besucht niemand.»

Der Alte begab sich in einen kleinen Raum, der mit vier Meter hohen Wänden von dem riesigen Atelier abgetrennt war. Carvalho ging weiter, bis er Artimbau entdeckte, der entrückt am Bild eines Mädchens arbeitete, das gerade sein Kleid auszog. Der Künstler wandte sich überrascht um, und langsam wurde in seinem Gesicht die Vergangenheit lebendig.

«Du? Altes Haus!»

Sein dunkles Kindergesicht, von dichter Mähne und schwarzem Bart umrahmt, schien aus dem Abgrund der Zeit aufzutauchen. Das Modell hatte den Pullover herabgezogen, um ihre weißen, durchscheinenden Brüste zu bedecken, zwei solide, feste Halbkugeln.

«Für heute ist Schluß, Remei.»

Der Maler umarmte Carvalho und schlug ihm auf die Schulter, als habe er ein Stück seiner selbst wiedergefunden.

«Du bleibst zum Essen! Das heißt, wenn es dir schmeckt, was ich da zusammenkoche.»

Er wies auf einen Gaskocher, auf dem eine bedeckte Tonform dampfte. Carvalho hob den Deckel, und der Duft eines exotischen Schmorgerichts stieg ihm in die Nase, in dem sich der Gemüse- und der Fleischanteil um die Vorherrschaft stritten.

«Ich muß auf mein Gewicht achten, deshalb verwende ich keine Kartoffeln und kaum Fett. Aber das Resultat ist gut.»

Artimbau strich sich über den Bauch, der aus seinem nicht übermäßig dicken Körper hervorsprang. Das Modell verabschiedete sich mit einem gemurmelten Gruß und einem trägen, langen Blick auf Carvalho.

«Ich wollte, ich könnte diesen Blick malen!» sagte Artimbau lachend, als sein Modell verschwand. «Jetzt male ich Gesten, Bewegungen des Körpers. Frauen, die sich anziehen, sich ausziehen. Ich komme wieder auf den menschlichen Körper zurück, nachdem ich mich über die Gesellschaft ereifert habe. Nur in meiner Kunst natürlich. Ich bin immer noch Parteimitglied und will Wandbilder machen für die Wahlen. Neulich habe ich eins in Clot fertiggestellt. Und du?»

«Ich male nicht.»

«Weiß ich. Ich will wissen, ob du noch aktiv bist.»

«Nein. Ich habe keine Partei. Ich habe nicht einmal eine Katze.»

Es war eine Anspielung, die vielleicht früher der Realität entsprochen hätte, aber heute nicht mehr ganz. Carvalho dachte: Ich habe einen Hund. Mit irgend etwas fängt man an. Vielleicht bin ich am Ende genauso etabliert wie die anderen? Artimbau war ziemlich etabliert. Er hatte eine Frau und zwei Kinder. Vielleicht würde seine Frau zum Essen kommen, obwohl er das Gegenteil versicherte. Er zeigte ihm zwei Bilder und ein Skizzenbuch mit Bildern von Franco auf dem Totenbett. Ja. Er wußte, daß er dies noch nicht veröffentlichen konnte. Dann versuchte er, in Erfahrung zu bringen, wie Carvalho lebte und was er machte. Carvalho faßte alles in einem Satz zusammen: er sei in den USA gewesen und arbeite jetzt als Privatdetektiv.

«Das ist das letzte, was ich erwartet hätte! Privatdetektiv!»

«Genau das ist der Anlaß meines Besuchs. Es geht um einen Klienten.»

«Hatte er eine Fälschung entdeckt?»

«Nein. Er ist tot. Ermordet.»

(Tahiti liegt bei Barcelona)

800–1000g Schmorfleisch; 1 kg Artischocken; ½ kg geschälte Erbsen; ½ kg geschälte dicke weiße Bohnen; 1 Zwiebel; 1 Knoblauchknolle; 1 große, reife Tomate; 1 Glas Kognak; 1 Kräutersträußchen; Gemüsebrühe; Öl; eine beschichtete gußeiserne Kasserolle; 4 Gewürznelken

In solchen Kasserollen muß weniger Öl verwendet werden.

Pro Person anderthalb Eßlöffel Öl erhitzen und das Fleisch darin anbraten. Wenn es goldbraun ist, die geschälte Zwiebel, mit vier Gewürznelken gespickt, dazugeben, ebenso die Tomate, die Knoblauchknolle, das Kräutersträußchen, das Glas Kognak und einen halben Liter Gemüsebrühe.
Das Fleisch in der zugedeckten Kasserolle dreiviertel Stunden lang kochen und dann die geviertelten Artischocken, von denen man fast nur das Herz und die zartesten Blätter übriggelassen hat, sowie die dicken weißen Bohnen dazugeben.
Zehn Minuten später die Erbsen.
Eventuell nachsalzen und etwas Gemüsebrühe oder Kognak nachgießen, je nach Geschmack und Flüssigkeitsgrad. Diese Art von Schmorgerichten zieht allerdings wegen des Gemüses etwas mehr Flüssigkeit als die üblichen.

Filetes de Buey al Foie
Rindersteaks mit Foie gras

«Ich sage dir, Enric, sie ist eine der merkwürdigsten Frauen, die mir je begegnet ist. Wahrscheinlich würde sie bei einem Intelligenztest nur sehr niedrige Werte erzielen. Aber sie ist nicht dumm, sie ist eine Autistin, die spricht, eine dieser Personen, die völlig in ihrer eigenen Welt leben. Aber sie kommt ab und zu heraus, sagt Dinge und spürt die Neugier zu erfahren, was andere denken und warum sie selbst nicht denkt. Ich hab die klassischen Heuchlerinnen erlebt, diese Damen, die so tun, als seien sie der Realität entrückt. Sie versuchen, sich interessant zu machen oder zu kaschieren, daß sie keine Ahnung haben, indem sie zu verstehen geben, daß alles an ihnen abgleitet. Aber das ist diesmal nicht der Fall. Sie geht in der Realität ein und aus. Das ist es, Enric. Sie geht aus und ein in der Realität, und eine Seite des Spiegels ist genauso normal wie die andere Seite. Sie tut, was man normalerweise von einer jungen Frau erwartet, die verheiratet ist, Kinder hat, keinem Beruf nachgeht und kein eigenes Einkommen hat, aber in wohlhabenden Verhältnissen lebt. Aber sie tut es nicht auf normale Weise. Es genügt, sie am Steuer ihres Wagens zu sehen. Sie macht den Eindruck, als interessierten sie weder die Kinder noch wohin sie sie bringt, noch das Auto... eine üble Sache, daß man mich engagiert hat, um aufzupassen, damit dieses Mädchen sich nicht im Dschungel verirrt. Ich interessiere mich allmählich viel zu sehr für sie.»

Fuster lauscht dem Monolog und reibt dabei Trüffel aus Villores, in der Absicht, einer *Sauce de Foie* das richtige Aroma zu verleihen, mit der er einige Rindfleischscheiben überziehen will.

«Nein, das stimmt nicht. Der Mann ist auch kein normaler Ehemann. Zuerst dachte ich, er sei ein Liberaler. Aber jetzt denke ich das nicht mehr. Ich glaube, die Pflichten eines Ehemannes interessieren ihn gar nicht, aber er muß sie aus Rücksicht darauf erfüllen, was die anderen sagen würden, ich, seine Frau, er selbst. Es ist eine Ehe von begeisterten Blasés, oder vielleicht sind sie auch nur fabelhafte Heuchler.»

Fuster erklärt, man müsse die Scheiben in der Pfanne in Butter schwenken, ganz kurz, sie dann ruhen lassen, damit sie das Wasser verlieren, und dieses Wasser nutzen, um den Fond in der Pfanne zu aktivieren und die Soße anzurühren. Man müsse sie unbedingt gut mit der Soße befeuchten, mit dem Häufchen Gänseleber obenauf, das von der heißen Soße angewärmt wird.

«Ich habe das Gefühl, daß ich diese Geschichte immer noch aus der Ferne beobachte, von jenem Hotelfenster aus, dazwischen liegt eine Straße und andere, weniger materielle Distanzen, als würde ich nur das zu sehen kriegen, was die Gestalten mich sehen lassen. Normalerweise ist es egal, aber ich habe einen konkreten Auftrag, und in diesem Fall spiele ich wieder Leibwächter; es ist, als sei ich wieder der Leibwächter einer unreifen Frau...»

(«Das Mädchen, das nicht Nein sagen konnte»
aus *Lauras Asche*)

4 dicke Rindersteaks; 1 frische oder fast frische Scheibe Gänseleberpastete; Pfefferkörner; 250 g Kalbfleisch für Suppe; 1 Schinkenknochen, 1 Bund Suppengrün; 1 Kräutersträußchen; 1 Nelke; Öl, Salz, 1 Knoblauchzehe, gehackte Zwiebel, 1 Eßlöffel Mehl, Butter

Mit dem Kalbfleisch eine Brühe kochen.
Die Steaks salzen und pfeffern und von beiden Seiten, aber auch an den Kanten in heißer Butter anbraten.
Aus der Pfanne nehmen und zugedeckt beiseite stellen, damit ihr Saft austritt.
Zu dem Fond in der Pfanne etwas Öl, die gehackte Zwiebel, das geschnittene Suppenfleisch sowie den Schinkenknochen, das feingehackte Suppengrün und das Kräutersträußchen geben. Wenn alles gut erhitzt ist, den Eßlöffel Mehl und die Nelke hinzufügen und gut durchrühren.
Den Sud vom Suppenfleisch dazugeben und dreißig Minuten kochen lassen.
Durch ein Sieb streichen und die Soße mit einigen Pfefferkörnern und dem ausgetretenen Fleischsaft reduzieren.
Die Steaks in eine flache runde Backform geben. Auf jede eine Scheibe Gänseleber legen und mit der Soße übergießen, die sich geschmacklich noch verfeinern läßt, indem man einen halben Becher Crème fraîche hineinschlägt.
Fünf Minuten in den sehr heißen Backofen stellen und servieren.

Ternera con Setas

Kalbfleisch mit Pilzen

Die drei anderen sahen sich fragend an.

«Mancher würde jetzt sagen, das *sofrito*, und es stimmt, auf das *sofrito* kommt es an. Auf die Pilze auch. Und ob man es mit Fleischbrühe oder mit Wasser macht, und pi pa po. Aber was ist das Wichtigste, das Allerwichtigste?»

Carvalho wußte schon, worauf sein Zögling hinauswollte, aber der Wirt wagte die vorsichtige Frage: «Das Fleisch?»

«Haargenau, das Fleisch! Gratuliere, *amigo*! Sie wissen Bescheid. Mit Ihnen kann man sich richtig gut unterhalten! Bei Señora Amparo, meiner Metzgerin, lasse ich mir immer *llata** zurücklegen. Es gibt nichts Besseres als *llata*, wenn man Kalbfleisch mit Pilzen machen will, denn diese Sülze aus dem Knorpel innen drin, die paßt wie die *puta madre* – also, ich meine, die paßt einfach total gut zu dem Saft, den die Pilze abgeben, so was Dickes, wie es aus den Pilzen kommt. Ist das verständlich, was ich sage?»

«Sie sprechen wie ein Buch.»

Als er von Biscuters Weisheiten genug hatte, entschuldigte sich Antonio und ging, um mit anderen Gästen zu plaudern. Carvalho blieb die vernügliche Aufgabe, Biscuter zu gratulieren, während ihnen ein Marc de Champagne serviert wurde, eine Aufmerksamkeit des Wirtes, der Biscuter aus der Ferne zuprostete. Dieser wollte sich revanchieren, erhob sich, obwohl ihn Charo von hinten am Jackett zog, und rief mit geröteten Augen, die beinahe aus den Höhlen traten, und Halsschlagadern wie Dampfschläuche unter Druck: «Ein Prosit auf diesen großartigen Kerl, der uns das Essen gemacht hat!» Nach der anfänglichen Befremdung derer, die in der Nähe saßen, wurden hier und dort Gläser erhoben, aus Jux oder alkoholisierter Solidarität. Antonio nahm die improvisierte Hauptrolle gerne an, und die Flasche Marc de Champagne blieb für die halbe Stunde, die noch bis Mitternacht und zum rituellen

* Ein Stück aus dem Rücken mit Nerven und Knorpel

Glockenläuten fehlte, auf dem Tisch bei Biscuter, Carvalho und Charo. Die Gäste hatten Tellerchen mit Weintrauben vor sich stehen, und als die Glocken klangen, stopften sie sie sich mit der Pünktlichkeit einer Digitaluhr unter Husten und Tränen der Hoffnung und des Verschluckens in den Mund. Beim letzten Glockenschlag umarmte und küßte man sich an jedem Tisch, einige machten auch den Versuch und schafften es manchmal sogar, wildfremden Menschen die Hand zu drücken, verbunden durch das gemeinsame Erlebnis des Banketts und des Jahreswechsels.
«Wie schön, Chef, wie schön!» sagte Biscuter mit Tränen in den Augen. «Ich muß gerade an eine andere Silvesternacht denken, Chef, im Gefängnis von Lérida. Ich glaube, Sie waren auch dabei. Antonio «El Cachas Negras» sang mit viel Temperament, und die Wärter waren so nett in dieser Nacht, nicht wahr, Chef? Erinnern Sie sich noch an diese Tortilla aus fünf Kilo Kartoffeln, die ich für euch Politische gemacht hatte? Wir aßen sie mit den Aluminiumlöffeln, sie war ausgezeichnet. Alle waren betrunken, und die Wärter tanzten Cancan auf dem Flur.»

(Die Rose von Alexandria)

800 g Kalbfleisch am Stück zum Braten, von der Schulter oder aus der Keule; 1 Zwiebel; 1 Tomate; 1 Knoblauchknolle; 1 Kräutersträußchen; 1 kg echte Reizker; 1 Glas Kognak; Oregano, 1 Lorbeerblatt; Hühnerbrühe; Öl und Schweineschmalz; Salz und Pfeffer

Das Schweineschmalz in einem Topf in Öl schmelzen und darin den Kalbsbraten anbraten.
Wenn er von allen Seiten goldbraun ist, die Zwiebel, die Tomate, die Knoblauchknolle und das Kräutersträußchen hinzufügen und mit dem Fleisch schmoren.
Das Glas Kognak angießen und zugedeckt auf ganz kleiner Flamme kochen lassen.
Mittlerweile die geputzten Reizker, mit Salz und Pfeffer bestreut, mit etwas Öl in einer Pfanne braten. Die Flüs-

sigkeit, die austritt, gesondert aufbewahren und die Pilze beiseite stellen, wenn sie gar sind.
Dem köchelnden Fleisch immer wieder Hühnerbrühe zufügen. Salzen und pfeffern.
Wenn es gar ist, vom Feuer nehmen. Lösen, wenn das Fleisch in der Pfanne anhängt. Abkühlen oder wenigstens lauwarm werden lassen, bevor man es in zentimeterdicke Scheiben schneidet.
Das Fleisch mit den Pilzen in eine Kasserolle geben und die durch ein Sieb gestrichene Soße und die Flüssigkeit der Reizker angießen. Etwas Kognak dazugeben und reduzieren.

Frikandeau

Kalbsfleisch mit Pilzen

Eine Rallyefahrt zurück in das Lehrerzimmer. Man kneift sich gegenseitig vor Freude. Jemand hat die glückliche Idee gehabt, den Freigelassenen in Carvalhos Büro zu bringen.
Groß, schlank, fast dürr, Ringe unter den Augen. Seine Kleidung riecht nach Gefängnis, auf den Wangen sprießt ein spärlicher Dreitagebart. Jacinto hat es sich in dem Sessel bequem gemacht. Carvalho sitzt ihm gegenüber. Von einem anderen Sessel aus wird er von der ‹Langhaarigen› betrachtet, als sei seine Erscheinung etwas ganz Kostbares.
«Ich wette, Sie haben seit drei Tagen nichts gegessen.»
«Die Wette könnten Sie gewinnen.»
«Das kann ich nicht zulassen. Biscuter!»
Biscuter taucht in der Verbindungstür zur Küche auf. «Ja, Chef?»
«Mach mal einen Menüvorschlag für einen großen, schlanken Jungen, der gerade aus dem Knast kommt!»
«Als Vorspeise etwas Heißes mit Fleischbrühe, Chef. Wenn man aus dem Bau kommt, hat man einen Magen wie eine Kaktusfeige. Was halten Sie von Reissuppe mit geröstetem Knoblauch und

einem Eigelb und danach ein leichtes Frikandeau, das ich von gestern noch übrig habe?»

«Haben Sie darauf Appetit?»

Der Junge verzieht angewidert das Gesicht und starrt Biscuter mißtrauisch an. «Haben Sie nichts Einfacheres? Einen Hamburger?»

«Sie haben den größten Koch dieses Mietshauses vor sich! Ich selbst esse, was er mir kocht, und mein Gaumen ist sehr verwöhnt!»

«Na gut, aber von allem nur ein wenig!»

(«Lauras Asche» aus *Lauras Asche*)

Für sechs Personen
Vorbereitung: 45 Minuten; Garzeit: 45 Minuten

1 kg Kalbfleisch; 100 g *moixernon* *-Pilze; 1 Zwiebel; ½ kg reife Tomaten; 6 Mandeln; 2 Knoblauchzehen; 4 Eßlöffel Mehl; 1 dl Öl; 1 kleine Zimtstange; Petersilie; 1 Kräutersträußchen; Salz

Das Kalbfleisch in dünne Scheiben von etwa zehn Zentimeter Länge schneiden und in Mehl wälzen. In einer Pfanne in Öl halb durchbraten und in eine flache Backform legen.

Im selben Öl die feingehackte Zwiebel und die geschälten, entkernten und grobgehackten Tomaten zu einem *sofrito* verarbeiten.

In die Backform über das Fleisch geben und mit Wasser bedecken. Das Kräutersträußchen, Zimt und Salz dazugeben. Eine halbe Stunde kochen lassen.

Die sehr sorgfältig geputzten *moixernons* kurz in Öl schwenken und zum Frikandeau geben. Alles auf kleiner Flamme weiterköcheln lassen, bis das Fleisch weich ist.

Kann mit Kartoffelpüree oder weißem Reis serviert werden.

* spanisch: *mojardón*

Ossobuco
Geschmorte Kalbshaxe

«Meine Mutter ist vor ein paar Tagen gestorben.»

«Mein herzliches Beileid, Biscuter. Pepe hat mir nichts davon erzählt. Sonst wäre ich zur Beerdigung gekommen.»

Biscuter räumte vorsichtig Carvalhos Papiere beiseite, legte für jeden ein Leinenset auf und stellte die Schüssel mit dem dampfenden Ossobuco auf einen Untersatz aus Stroh. Dann brachte er zwei Teller aus der Küche mit je einem Berg Pilaw, dazu zwei Gläser und eine Flasche Torres Santa Digna, die Carvalho angebrochen hatte stehenlassen. Biscuter genehmigte sich jeden Mittag ein Glas davon, abends wagte er es nicht.

«Ich mache mir ins Hemd! Ein Markenwein! Es ist lange her, seit Pepe mir eine Flasche von seinem Wein geschenkt hat. Was der für gute Sachen trinkt, der Alte!»

Und was für gute Sachen er ißt, hätte er Sekunden später hinzufügen können, als er sich ein Pfund Fleisch auf einen Schlag in den Mund schob.

«Und das hast du gekocht, Biscuter? Du bist ja ein Meister, alle Achtung! Wenn ich eines Tages ein Restaurant aufmache, dann zähle ich auf dich!»

Biscuter nickte, nicht ohne Bromuros physischen Zerfall abzuschätzen, mit seinen Runzeln, geplatzten Äderchen, Mitessern und den speckigen Schmutzrändern auf seinem kahlen Schädel.

«Gestatten Sie?»

Bromuro und Biscuter legten automatisch die Hände über ihre Teller, als wollten sie sie schützen oder verstecken, und starrten auf die Frau, die da so plötzlich eingedrungen war.

«Mein Name ist Marta Miguel und ich möchte zu Señor José Carvalho.»

Biscuter wischte sich die fettigen Lippen, rollte die Augen und räusperte sich; seine Stimme versagte ihm ihren Dienst.

«Señor Carvalho ist leider nicht da. Er ist verreist.»

«Für wie lange?»

«Das läßt sich leider nicht genau sagen», antwortete Biscuter und machte Anstalten, der Gattin des Generals einen Stuhl anzubieten, die soeben in einen Londoner Club eingeführt wurde.
«Nein danke, ich möchte nicht stören. Ist er weit weggefahren?»
«Nach Bangkok. Einer unserer Fälle machte es erforderlich. Von Zeit zu Zeit müssen wir reisen. Denn, wie Señor Carvalho immer sagt, ein Luftzug in Kalkutta verursacht einen Schnupfen in Tarassa.»
«Wie recht Sie haben!» orakelte Bromuro, der Messer und Gabel wieder zur Hand genommen hatte und wie Waffen bereithielt, um sich entschlossen auf das restliche Essen zu stürzen, sobald es die Situation erlaubte.

(Die Vögel von Bangkok)

4 große Stücke Kalbshaxe; 1 Glas Öl; 20 g Butter; Zitronensaft; Tomatensoße; 1 mittelgroße Zwiebel; 250 g kleine Zwiebeln; 1 Eßlöffel Kräutermischung, bei der Oregano dominiert: 1 Suppenlöffel geriebene Zitronenschale; 1 Glas Weißwein; 1 Glas Fleischbrühe; 1 Eßlöffel gehackte Petersilie; 1 Knoblauchzehe; weißes Mehl; Salz und Pfeffer

Die Osso-Buco-Stücke salzen und pfeffern und in Mehl wälzen.
In der Pfanne braten und beiseite stellen. Die Hälfte des Öls abgießen und beiseite stellen. Im restlichen Öl aus gehackter Zwiebel, Tomatensoße, Kräutern und geriebener Zitronenschale ein *sofrito* bereiten. Weißwein und Fleischbrühe angießen und mit Salz und Pfeffer abschmecken.
Die Osso-Buco-Stücke in eine Kasserolle legen und mit dieser Soße übergießen. Auf kleiner Flamme in der geschlossenen Kasserolle etwa zwei Stunden köcheln lassen.
Gleichzeitig die Zwiebelchen mit Wasser, Butter, Zitronensaft und Salz schmoren. Dann in dem beiseite gestellten Bratöl andünsten.

Wenn das Fleisch weich ist, aus der Soße nehmen und mit den kleinen Zwiebeln in eine vorgewärmte flache Schüssel legen. Mit der durch ein Sieb gestrichenen Soße übergießen und mit feingehackter Petersilie bestreuen. Dieses Gericht wird üblicherweise mit Pilaw serviert.

Carne Guisada con Berenjenas

Schmorfleisch mit Auberginen

«Schon wieder ein Telegramm, Chef!»

«Von Teresa?»

«Ja, von Teresa Marsé muß es sein, denn es kommt aus Bangkok. Soll ich es Ihnen vorlesen?»

«Nein. Sie ist verrückt. Sie gibt mehr Geld für Telegramme aus als für ihre ganze Reise!»

«Haben Sie schon etwas gegessen?»

«Nein.»

«Dann ist es höchste Zeit! Drei Uhr. Warum kommen Sie nicht einfach hierher, und ich wärme Ihnen das Schmorfleisch mit den Auberginen und Reizkern auf?»

«Ich bin am andern Ende der Stadt, Biscuter, ich komme hier schon zurecht.»

Er hängte auf und ging die Straße entlang. Das *Cathay* war ganz in der Nähe, und sein Körper sträubte sich nicht, als er ihn befragte, was er von einem chinesischen Essen halten würde. Außerdem war das Gespräch mit dem Besitzer immer amüsant. Er war ein Geschichtsprofessor und schon viel in der Welt herumgekommen, dabei aber immer noch so nationalistisch eingestellt, daß er Mao als den großen, eigentlichen Schöpfer der chinesischen Nation vergötterte.

«Haben Sie gesehen, was sie mit dem Zwerg gemacht haben?»

Der Zwerg war der politische Führer, der mit Chinas Entmaoisierung begonnen hatte.

«Aber die andern wissen es auch nicht zu schätzen, was der große Riese geleistet hat. Sie sind ein Haufen Pygmäen. Sie gehören auch zu den Zwergen.»
Der Wirt des *Cathay* wußte genau, was Carvalho bestellen würde: gebratenen Reis, Abalone, Kalbscurry und dazu eine Flasche eisgekühlten Sekt. Er war seit der Zeit der Pekinger Prozesse nicht mehr da gewesen, sie hatten daher eine Menge Gesprächsstoff.
«Die Witwe weint jetzt, aber auch sie hat keinen Respekt vor dem Werk des Riesen.» Beim Dessert verkündete er die abschließende und in gewissem Sinne umfassende Einschätzung der Lage: «Was wäre aus China geworden ohne Ihn?»
Man hörte förmlich, wie er das Pronomen mit großem Anfangsbuchstaben aussprach, und Carvalho mußte akzeptieren, daß Sein oder Nichtsein der Weltgeschichte eine Funktion der Existenz Mao Tse-tungs war.
«Ich werde Biscuter in den nächsten Tagen zu Ihnen schicken, damit Sie ihm ein paar Rezepte beibringen.»
«Für meine Frau wird es eine Ehre sein, Señor Biscuter zu unterrichten. Er war schon zweimal hier.»
«Ja, aber er sagte mir, er fühle sich in der Küche des Ampurdán noch nicht ganz zu Hause, die er sich gerade aneignet.»

(Die Vögel von Bangkok)

700 g Kalbfleisch; 1 Aubergine pro Person; ½ kg Reizkern, möglichst etwa gleich groß und nicht zu groß; 1 Zwiebel; 1 Eßlöffel konzentrierte Tomatensoße; gehackte Mischung aus Knoblauch, Haselnüssen, Mandeln, Pinienkernen, Rostbrot und Safran; Brühe von Knochen und Gemüse; 1 Gläschen starker Wein; Petersilie

Die Pilze waschen, in Öl braten, salzen und pfeffern. Wenn sie Saft lassen, sind sie fertig.
Das Fleisch in viereckige Stücke von 7–8 cm Kantenlänge und der Dicke eines Schnitzels, das paniert werden soll, schneiden.

Die Auberginen schälen und in regelmäßige, nicht sehr dicke Stücke schneiden.
Das Fleisch salzen und pfeffern, in weißem Mehl wälzen und braten.
Die Auberginen salzen, in weißem Mehl wälzen und in einem anderen Öl braten.
Das jeweilige Öl, in dem Fleisch und Auberginen gebraten wurden, vermischen und darin ein *sofrito* aus der gehackten Zwiebel und dem Eßlöffel Tomatensoße zubereiten. Das Fleisch dazugeben und erhitzen, dann den starken Wein und die mit einem Glas Brühe verrührte gehackte Mischung dazugeben.
Brühe angießen, so daß das Fleisch bedeckt ist, und eine Dreiviertelstunde kochen lassen. Die Pilze und gebratenen Auberginen dazugeben und eine weitere Viertelstunde kochen lassen. Es soll saftig, aber nicht zu flüssig sein.

Albóndigas Guisadas

Geschmorte Fleischbällchen

In der Bar *Egipto* an der Plaza Gardunya gab es schon am frühen Morgen drei oder vier verschiedene Gerichte aus dem Schmortopf und frische Tortillas, die sich wohltuend unterschieden von den mumifizierten Eierkuchen, die man normalerweise vormittags in spanischen Bars bekommt. Carvalho aß fast niemals Hackfleischbällchen in einer Bar oder einem Restaurant. Er aß sie einfach zu gerne, und er wußte genau, welche üblen Fleischsorten für dieses iberische Gericht verwendet werden, das ohne Schweinenetz, das die Franzosen nehmen, hergestellt wird, nur mit Mehl und Eiern als Bindemittel, ein dünner, ehrlicher Film, damit das Bällchen so wird, wie es werden soll, eben ein Bällchen und keine Kugel, die Erde ist schließlich auch keine. Fast alle guten Fleischbällchen sind an den Polen abgeplattet. Die Fleischbällchen in der

Bar *Egipto* besaßen genau die richtige Festigkeit, weil das Verhältnis von Fleisch und Brot stimmte. Wenn das Bällchen zu viel Fleisch enthält, sieht es aus wie der dunkle Tumor eines Tieres, wenn dagegen zu viel Brot verwendet wird, hat man das Gefühl, etwas Vorgekautes zu essen. Man darf bei der Soße nicht zuviel Tomate verwenden. Obwohl Carvalho als Freund kultureller Vermischung ein begeisterter Anhänger der Tomate war, konnte er nicht akzeptieren, daß sie überall zur Verstärkung von Farbe und Geschmack herhalten mußte, so daß alle übrigen Geschmacksnuancen des Körpers und der Seele der Lebewesen darin untergingen. Wenn also ein Gericht die richtige Menge Tomaten enthalten soll, vor allem vormittags, dann darf man sich den Genuß eines *pan con tomate* nicht entgehen lassen, geröstetes Weißbrot mit Tomate und Olivenöl. Es paßt ausgezeichnet zu einer guten Tortilla mit Kartoffeln und Zwiebeln, und sogar zu Fleischbällchen, die in der Bar *Egipto* nur ein ganz leichtes Tomatenaroma haben.

Bemerkenswert sind auch die Kasserollen mit marinierten Sardinen, Schweinsfüßen oder Kaldaunen. Die Wahl fällt also nicht leicht. Carvalho bestellte normalerweise Fleischbällchen und Tortilla, denn marinierte Gerichte machte er selbst zu Hause, dagegen war es schwierig, das richtige Material für den Mikrokosmos des Fleischbällchens zu bekommen. Im *Egipto*, der Bar am Markt, frühstückten viele Künstler, Schauspieler und junge Leute von zweifelhafter Volljährigkeit. Sie befand sich direkt neben der Bar *Jerusalem* in einem Viertel, das sich hinter dem Boquería-Markt zu einem barcelonesischen Harlem entwickelte. Wenn es Nacht wurde, bevölkerten die Schwarzen die Straßen, die mit ihrem herrlichen Gang die Elastizität des Körpers verkündeten. Sie trafen sich in einfarbigen Bars in den Gäßchen, deren Labyrinth die Boquería mit der Calle del Carmen und der Calle del Hospital verbindet. Aber um diese Zeit des Vormittags war die Plaza Gardunya der Arsch des Boquería-Marktes, Anlaufstelle der kleinen Lieferwagen und Stapelplatz der Abfallcontainer, deren Inhalt sofort in Fäulnis überging, sobald er den Tempel verlassen hatte. Halbwilde Katzen wa-

ren sich einig in der gnadenlosen Bekämpfung der Mäuse, die die geringste Unachtsamkeit ausnutzen würden, um die Macht an sich zu reißen und den Markt, das *Barrio Viejo* und die ganze Stadt in Besitz zu nehmen. Diese Stadtkatzen standen in vorderster Front und führten den entscheidenden Kampf gegen die unterirdischen Feinde der Menschheit. Die Schrammen und Narben in ihrem Fell erzählten von schmutzigen Begegnungen mit der Nagerbande und von mysteriösen Kämpfen hinter dem Rücken der Menschen, so als hätten Leibwächter und Mörder ihren eigenen Raum, ihre eigene Zeit und ihre eigenen Konventionen über Leben und Tod.
Das Hupkonzert der vielen Autos, die in der Schlange auf einen Parkplatz auf der Plaza Gardunya warteten, und der unschuldige morgendliche Optimismus eines wohlgefüllten Magens überzeugten Carvalho davon, daß er seine Beine benutzen sollte. Er ging durch den Mittelgang des Marktes, in dem die dichtgedrängte, schwerfällige Menge der Käufer von hin und her geschobenen Handwagen gepiesackt wurde, die die Waren verteilten. Er ging den Früchtekorso entlang, der die ganze Geographie der Welt repräsentierte, aber die geschichtliche Tradition der Früchte, das Bewußtsein von Sommer und Winter nicht kannte. Der Pfirsich aus Chile lag neben dem Salat aus dem Gewächshaus. Dann trat er hinaus auf die Rambla der Blumen und Floristinnen und hielt auf seinem Weg ins Büro kurz inne.

(Die Vögel von Bangkok)

½ kg Hackfleisch von Schwein und Kalb (der Kalbfleischanteil kann durch mageres Lammfleisch ersetzt werden); 1 Zwiebel; 1 Eßlöffel konzentrierte Tomatensoße; altes, in Weißwein eingeweichtes Weißbrot; Knoblauch und Petersilie; schwarzer Pfeffer, 1 Messerspitze gemahlene Muskatnuß; 1 Glas Weißwein; Brühe von Huhn und Gemüse; Safran und Salz, 2 Eier; weißes Mehl

Das Hackfleisch salzen und pfeffern, eine feingehackte Mischung aus Knoblauch und Petersilie und das einge-

weichte, zerkleinerte Brot hinzufügen und zu Bällchen formen.
Die Bällchen in Mehl wälzen und braten. Darauf achten, daß sie nicht allzusehr durchgaren. Beiseite stellen.
Im selben Öl ein *sofrito* aus der gehackten Zwiebel und der Tomatensoße bereiten. Safran, Muskat und Wein dazugeben.
Einen halben Liter Brühe angießen, zum Kochen bringen. Dann die Fleischbällchen und zuletzt auch eine gehackte Mischung aus Knoblauch und Petersilie dazugeben. Etwa eine Viertelstunde kochen lassen.

Albóndigas

Gulasch

Vor einigen Tage war ich drauf und dran, mich mit Nancy Flower zu verloben, einer Kinderpflegerin der «Ann Mary Moix Heime». Ich hatte sie acht Kilometer vor Washington aufgelesen, vom Regen durchnäßt; ihr Blondhaar hing ihr wild zerzaust über die Schultern. Nancy zog, kaum saß sie neben mir, ihre Strümpfe aus, und aus den Augenwinkeln konnte ich die exakte Wölbung ihrer Wade sehen, während der Strumpf langsam das Fleisch freigab, wie eine Haut, die sich der Einsamkeit widersetzt. Das Mädchen frottierte sich wiederholt die Beine und versuchte mit dem Mund an den Knien, sie mit ihrem Atem zu wärmen. Manchmal glitt ihr linkes Auge über meine Hände auf dem Lenkrad oder über mein Profil, das der Autobahn zugewandt war. Danach reckte sie sich ausgiebig auf ihrem Sitz, die Arme hinter dem Nacken verschränkt. So konnte ich feststellen, daß ihr Busen klein war, ihre Taille hoch und sehr schlank und daß die Linie vom Kinn über das Profil des sitzenden Körpers zu den Fußspitzen einen geometrisch offenen und perfekten Raum skizzierte, der die Bewunderung einer neugierigen und erfahrenen Hand erheischte. Nancy, eine Expertin der richtigen Gesten, ließ dann den Kopf auf die linke

Schulter sinken, so daß ich ihr Gesicht von vorn sehen konnte, nur ein paar Sekunden lang, weil sie mit einem köstlichen Schwung des Halses eine Wendung um 180 Grad machte und ihr Gesicht der vorbeifliegenden, im Regen brodelnden Landschaft zuwandte.
Von ihrem wenig ergiebigen Aussichtspunkt aus sprach sie mich mit belegter Stimme an, dick wie Himbeermarmelade. Ja, ich war Ausländer. Wie hatte sie das bemerkt? War das bißchen Amerikanisch so schlecht gewesen, das ich während unseres kurzen Dialogs gebraucht hatte? Mein Amerikanisch ist nicht sehr gut, aber auf der anderen Seite ist die Art, wie ich Auto fahre, entlarvend. Ein Amerikaner fährt nicht mit den Händen auf den Lenkratspeichen, er betrachtet auch die Reklame am Straßenrand nicht mit so viel Skepsis, und wenn er ein Mädchen mustert, beginnt er nicht bei ihren Waden. Drei unübersehbare Details, die ich natürlich gut fand, und ich schnitt mir selbst eine bewundernde Grimasse.
Es war mein freier Tag. Wir aßen in *Gilber's House* ein exzellentes Gulasch. Später ließ sich Nancy drei Straßenblöcke von ihrem Haus entfernt die Bluse aufknöpfen. Meine rechte Hand kannte schon die bewundernswerte Festigkeit ihrer kleinen Brüste, als ich vor ihrem Haus parkte. Dann bewies Nancy den guten Geschmack, mit ihrer Hand fest den Lichtschalter zu umklammern, während wir im euphemistisch so genannten Abgrund der Lust versanken. Kurz darauf versanken wir zum zweitenmal, und Nancy umklammerte wieder den Schalter, ein Detail, das mir außerordentlich behagte.

(Ich tötete Kennedy)

300 g Kalbfleisch, in Stücke geschnitten; 2 große, sehr feingehackte Zwiebeln; 3 Eßlöffel Tomatenpüree; 1 ½ Eßlöffel Paprikapulver (es muß sehr gut und aromatisch sein); 1 ½ Eßlöffel ungarischer Rosenpaprika (scharf); 1 Eßlöffel Mehl; ½ l Weißwein; Hühnerbrühe; Öl, Kräuter, Salz und Pfeffer

Das Fleisch würzen, indem man es mit dem Mehl, dem scharfen Rosenpaprika, Salz und Pfeffer vermischt.

Braten, bis es stark gebräunt ist.
Im selben Öl die Zwiebeln braten; Tomatenpüree und Wein, das Fleisch, etwas Hühnerbrühe, Paprikapulver und Kräuter dazugeben und eine dreiviertel Stunde kochen lassen.
Nach dem Rezept aus dem *Rincón de Pepe* kann man mit sehr feingehackter Zitronenschale, Kreuzkümmel und Knoblauch den Geschmack verstärken.

Riñones al Jerez

Nieren in Sherry

In dem Lokal duftete es nach Nieren in Sherry. Carvalho setzte sich an einen Eßtisch, von dem er alles überblicken konnte, und ließ sich von der nierenfettgeschwängerten Luft anregen. Nachdem er sich einen kastilischen Salat und Nieren bestellt hatte, versuchte er sich vorzustellen, was das Eigenschaftswort «kastilisch» alles verspricht, wenn es durch das Nennwort «Salat» ergänzt wird.
Seine Phantasie übertraf die des Kochs. Er bekam ein paar Kartoffeln mit Vinaigrette und einigen marinierten Thunfischstückchen, die strategisch auf der Oberfläche des Kartoffelpflasters verteilt waren.
Carvalho blickte von diesem außergewöhnlichen Thunfischgericht auf und sah sich Lokal und Leute an. Er fragte den Kellner:
«Ist Bromuro hier?»
«Ja, dort hinten. Er ist gerade mit einem Kunden fertig. Wenn Sie wollen, schicke ich ihn her.»
«Sehr gut.»
Bromuro kam, als Carvalho gerade die Nierensoße aufgetunkt hatte, das mit braunem Fett vollgesogene Brot betrachtete und es dann der sehnsüchtig wartenden Zunge übergab. Das Nierengericht war vor allem für den Geruchs- und Tastsinn ein Genuß, den auch Bromuros Ankunft nicht schmälerte. Dieser hockte sich vor

Carvalho hin, nahm einen seiner Füße und stellte ihn auf seinen Schuhputzkasten.
«Bist du zum Essen oder zum Arbeiten hier?»
«Beides. Am Strand wurde einer tot aufgefunden... Er hatte kein Gesicht mehr. Die Fische haben es weggefressen, und auf dem Rücken trug er die Tätowierung *Ich bin geboren, um das Inferno umzustürzen.*»
«Es gibt doch noch echte Kerle.»

(Carvalho und die tätowierte Leiche)

«Keine Angst, Chef, ich stelle mein Klappbett neben das Telefon.» Biscuter wird eine unruhige Nacht verbringen, falls Rhomberg nicht doch noch während der Bürostunden anrufen sollte. Carvalho wählt Jaumás Nummer und muß sich von Concha Hijar auf 9 Uhr vertrösten lassen. Vorher geht es auf keinen Fall. Die Kinder sollen in Ruhe essen.
In den Zeitungen steht nichts Neues. Man hat ein paar Linksextreme verhaftet und ein paar andere Linksextreme freigelassen. Am Nachmittag wird die extreme Rechte verfolgt, in der Nacht schaltet und waltet dieselbe extreme Rechte, als fühlte sie sich ganz wie zu Hause. Die Faschistische Internationale hat ihren Sitz in Spanien. Die Parteien bereiten sich auf den Wahlkampf vor. Von dem Fahrer des BMW, den man in Tordera gefunden hat, fehlt noch immer jede Spur. Der mysteriöse Fall Peter Herzen. Der Fahrer hat den Wagen vermutlich mit falschen Papieren gemietet.
«Also, ich geh dann.»
«Aber das Abendessen ist gerade fertig, Chef. Nieren in Sherry, mit Reis.»
«Was für Reis?»
«Amerikanischer, der, der nicht zerkocht.»
«Heb's bis morgen auf! Und spitz die Ohren, damit du Rhombergs Anruf nicht verpaßt!»
«Also wirklich, Chef! Hab ich schon jemals etwas vermasselt?»
Die Vorbereitungen auf den Ramblas versprechen einen ähnlich

heißen Abend wie am Vortag. Die Polizei erwartet die Demonstranten, und die Demonstranten scheinen nur darauf zu warten, bis die Polizei ihre Plätze eingenommen hat. Ein Trinker, schwarz vor Dreck, lockt ein paar imaginäre Hühner: «Put, put, put...» und besingt den Wein von Asunción.

Carvalho friert zwischen Brust und Rücken, und er versucht herauszufinden, welches seiner jüngsten Erlebnisse ihm Angst eingejagt hat. Ohne Zweifel der Betrunkene. Aber nicht dieser konkrete.

El vino que tiene Asunción
ni es claro ni es tinto
*ni tiene color**

Kleingeld prasselt auf den Gehweg, Fünf- oder Zehn-Céntimo-Stücke. Der Nickel glänzt auf dem buckligen Pflaster oder in den Ritzen dazwischen. Die Sänger früher sammelten ihre Beute ein und verachteten auch den Nickel nicht, der in die Pferdeäpfel gefallen war.

«Dem da, dem wirf was hinunter!»

«Warum dem und dem anderen nicht?»

«Das ist einer von den Alten.»

(Carvalho und der tote Manager)

2 Kalbsnieren; 1 Zwiebel; Tomatensoße; Öl; 1 Eßlöffel Mehl; 1 ½ Gläser Sherry; Salz

Die Nieren in dünne Scheiben schneiden, nachdem man sie von Fett und Sehnen befreit hat.

Salzen und zwei Stunden in einem Sieb liegenlassen.

Dann unter fließendem Wasser die ausgetretene Flüssigkeit und die Salzreste abspülen, abtropfen lassen und in eine Pfanne mit Öl geben.

Dünsten und die gehackte und gebratene Zwiebel, einen Eßlöffel Mehl und die konzentrierte Tomatensoße dazugeben.

* Der Wein von Asuncion / ist nicht weiß und ist nicht rot / und hat keine Farbe

Wenn alles gut eingedickt ist, den Sherry angießen, mit Salz abschmecken und zehn Minuten kochen lassen. Falls es zu trocken wird, noch etwas mit Wasser verdünnten Sherry nachgießen.

Gazpacho Manchego

Kaninchentopf mit Fladenbrot

Im Radio hatte er irgendwann einmal gehört, daß der Besitzer des *Rincón de Ortega* sich zum Don Quijote der alten und neuen Küche der Mancha entwickelt hatte. Er erklärte jedem, der es nicht kannte, die Vorzüge der Schlachtesuppe mit Knoblauch, der *atascaburras* und Gazpachos. Die Gäste waren nicht zahlreich, aber sie sahen wie Stammgäste aus; ihrer Unterhaltung nach gehörten sie zur lokalen Elite oder waren gutbetuchte Vertreter mit gastronomischen Ambitionen. Carvalho ließ sich vom Chef beraten, der seine Fragen lebhaft beantwortete, als er sein Interesse an den Geheimnissen der einheimischen Küche bekundete. Ortega verlieh ihr das Prädikat «wohlschmeckend und solide». Auf dem Teller vor Carvalho dampfte ein dunkles, schweres Gericht, ein Gericht, das seine eigenen Erinnerungen besaß und das Bewußtsein, ein anthropologisches Indiz zu sein. Stücke von Fladen und Kaninchenfleisch lagen in einem gehaltvollen Sud, der mit Pfeffer, Rosmarin und Thymian gewürzt war. Auf Empfehlung des Restaurateurs nahm er zum Essen einen Estola de Villarrobledo, dreizehn Grad, der eher zu den Weinen der äußeren Mancha gehörte als zu den leichten Weinen des kastilischen Teils. Die Vorspeise war nicht gerade leicht: *atascaburras* nennt sich das mit Öl gebundene Püree aus Kartoffeln, Knoblauch und Klippfisch, das in diesem Fall nicht wie in der Gegend von Murcia mit gekochten und gewässerten *ñoras* gewürzt, sondern mit hartgekochten Eiern und Walnüssen garniert war – ein ausgewogenes Gericht, das genau wie *morteruelo* ausschließlich vom einfachen Volk gegessen wird.

Diese erlesene Pâté, die zu seinen Leibspeisen gehörte, hatte ihren Vatikan in Cuenca. In allen Regionen Kastiliens besaß sie gewisse Eigenheiten, die an ihre Abstammung von der *olla podrida* erinnerten. Versunken in die Sensationen der Nase und des Gaumens, dauerte es eine ganze Weile, bis Carvalho bemerkte, daß ein alter Mann mit einer Bandurria an seinen Tisch getreten war und ihn mit offenem Mund angrinste. Dabei konnte man sehen, wie sein Zäpfchen im Hintergrund einer mit gelben, spitzen, wackligen Zähnen bestückten Höhle zitterte.

«Ist das Ihre Gitarre?»

«Das will ich meinen! Ich trage sie den ganzen Tag mit mir herum. Aber es wäre besser, sie *requinto* zu nennen, so heißt hier die kleine, sechssaitige Gitarre.»

«Was für Lieder singen Sie?»

«Maiständchen und Lieder für die armen Seelen. Ich bin ein *animero*. Und Sie essen Gazpacho und trinken Wein aus Villarrobledo, gratuliere!»

«Möchten Sie etwas probieren?»

«Ich würde gerne, aber mein Blutdruck ist zu hoch, und wenn ich wählen darf, nehme ich lieber etwas Wein.»

(Die Rose von Alexandria)

1 Wildkaninchen (oder jedes andere Wildbret);
4 Gazpacho-Fladen aus ungesäuertem Brot;
1 Knoblauchknolle; 2 Tomaten; ½ l Öl;
1 Paprikaschote; Salz

Das Fleisch in Stücke zerlegen und mit dem Knoblauch in der Pfanne gut anbraten. Herausnehmen und in einem Topf mit Wasser kochen lassen, bis es gar ist.

Im selben Öl die Tomaten und die in Streifen geschnittene Paprikaschote schmoren.

Das gekochte Fleisch mit der Brühe in die Pfanne geben und die in kleine Stücke geteilten Fladen hinzufügen. Wenn zu wenig Flüssigkeit da ist, gießt man etwas Fond blanc oder Wasser nach.

Kochen lassen, bis ein Teil der Brühe aufgesaugt ist. Es darf aber nicht zu trocken werden.
Man kann dabei auch verschiedene kräftige Fleischsorten kombinieren.
Die Variationsmöglichkeiten dieses Grundrezepts von *gazpacho manchego* sind unendlich.

Cordero Asado a la Salvia
Lammspieße mit Salbei

Der Kater Fritz war ein echter Freak, eine Außenseiterpersönlichkeit, der unter den haschischrauchenden Intellektuellen der New Yorker Szene sexuelle Revolutionen und in Harlem soziale Revolutionen in Gang brachte. Carvalho fand, daß der Film noch bissiger war als er selbst.
Niedergeschlagen verließ er das Kino und hatte Lust auf einen Flirt. Er ging in die Straße, durch die er in der letzten Nacht hinter dem Hippiemädchen hergegangen war, entschied sich für ein griechisches Restaurant und bestellte Lammspieße mit Salbei und eine Flasche Paros. Er rundete das Mahl mit einem vorzüglichen Toulomisso-Käse ab. Zerstreut aß er und machte sich Sorgen um seine seelische Verfassung. Fremde Städte täuschen immer das Versprechen neuartiger Genüsse vor. Aber sobald man in ihre eigentliche Geographie vordringt, entdeckt man die abweisende Verschlossenheit der Körper, die sich wiederholende Banalität der Situationen und der Personen. Wenn er eine Frau haben wollte, mußte er zu einer Prostituierten gehen oder sich auf ein langes verbales Scharmützel mit ungewissem Ausgang einlassen. Das ganze einleitende Zeremoniell, die ganze Phase der Überredung war ihm lästig. Diese Art Kommunikation sollte automatisiert werden. Ein Mann sieht eine Frau an, und die Frau sagt ja oder nein, und umgekehrt. Alles, was darüber hinausgeht, ist eine Zivilisationserscheinung.

Carvalho sah sich daraufhin die Gesichter im Restaurant der Reihe nach an, um festzustellen, ob eines für diese direkte Kommunikation geeignet wäre. Kein einziges angenehmes Frauengesicht. Er schraubte sein normales Anspruchsniveau herunter und warf einer reifen Frau Blicke zu, die mit einer kurzsichtigen Heranwachsenen am Tisch saß und aß. Natürlich war es eine Notlösung. Aber Carvalho ließ seinen Blick auf dem breiten Gesicht der Dame ruhen und wartete darauf, daß sich ihre Blicke begegneten. Sie begegneten sich, und die Frau begann eine üble Komödie von Witzeleien mit der Heranwachsenden und warf dabei verstohlene Seitenblicke auf Carvalho. Es war ihm klar, daß er ihr nur Stoff für ihre Träume lieferte, nichts weiter. Er machte eine imaginäre Kerbe in den Pistolenschaft, wo er seine platonischen Eroberungen verzeichnete. Frauen sind fast überall auf der Welt gleich.

(Carvalho und die tätowierte Leiche)

800 g Lammfleisch aus Schulter oder Keule;
Salz, schwarzer Pfeffer, gemahlener Salbei;
2 grüne Paprikaschoten; 1 Zwiebel

Das Lammfleisch in Würfel von etwa drei Zentimeter Kantenlänge schneiden und abwechselnd mit Zwiebel- und Paprikastücken auf Grillspieße stecken.
Salz, schwarzen Pfeffer und gemahlenen Salbei vermischen.
Das Fleisch von allen Seiten mit Öl begießen und reichlich mit der Gewürzmischung bestreuen.
Auf dem Grill oder dem Backblech braten.

Espalda de Cordero a la Périgord

Lammschulter a la Périgord

«Hier gehörst du her, Junge!» sagt er zu sich selbst, nimmt ein Kästchen «Montecristo» aus dem Handschuhfach und zündet sich auf die schnellstmögliche Art eine Zigarre an, als wolle er die Gasflamme durch die Havanna inhalieren. Wenn ich sterbe, verschwindet die Erinnerung an die Zeiten und die Menschen, die mich großgezogen und damit zum Zuschauer ihrer eigenen Tragödie gemacht haben. Carvalho hat sich nicht aufs Zuschauen beschränkt, sondern versucht, das Drama zu seinem eigenen zu machen und es der jungen Generation zu vermitteln. Auf den Ramblas hatten alt und jung ihre letzte Angst ausgelebt, an dem Tag, als der Diktator gestorben war. Freude in Köpfen und Herzen, Schweigen auf den Lippen. In den Läden war der Billigsekt ausverkauft; Straßen und Dachterrassen wimmelten von Menschen, die ohne den erdrückenden riesigen Schatten zusammensein wollten, aber sie schwiegen. Immer noch war Schweigen der Garant für mickriges Überleben; letztes Resultat der Erziehung des Terrors. Aber irgendwie war dies seine eigene Vergangenheit. Er verstand ihre Sprache. Die Zukunft dagegen, die Francos Tod eröffnete, schien ihm fremd wie das Wasser eines Flusses, aus dem man nicht trinken muß und auch nicht trinken will. Gausachs, Fontanillas – das waren die Glücksritter der neuen Situation.

«Wenn es zu einem neuen Bürgerkrieg käme, würden diese beiden nach Burgos gehen.»

«Und Argemí? Über die Schweiz nach Tahiti...»

«Und du, Pepe Carvalho, wo zum Teufel würdest du hingehen? Nach Vallvidrera, und dann mache ich mir Lammschulter à la Périgord und *escudella i carn d'olla*. Ob ich den Kohl mit dem Fleisch zusammen koche? Wenn es eine schnelle Suppe sein soll, ist das erlaubt, oder wenn man wenig Kohl nimmt. Sonst erschlägt der Kohlgeschmack alles andere. Und wenn ich nicht die nötigen Zutaten für die *escudella* habe? Dann gibt's eben Klippfischreis. Stell dir das vor, du hättest nicht einmal Klippfisch im Haus! Dann würde ich zu Fuß nach Barcelona hinuntermarschieren und mich von einem Tiefflieger aus abknallen lassen. Und wenn eine Neutronenbombe fällt? Dann sind die Ramblas leer, und die einzigen Überlebenden sind die Gesichter auf den Titelseiten der Zeitschriften, die an den Kiosken hängen. Danach werden die Sieger einmarschieren und den Keim ihres eigenen Todes mitbringen, der sie nach fünfzig bis hundert Jahren vernichten wird. Wirklich zum Kotzen. Alles.»

(Carvalho und die tätowierte Leiche)

1 Lammschulter; fein gehackte Kräuter;
1 kg Kartoffeln; Knoblauchzehen, Salz, Pfeffer, Öl

Die Lammschulter sollte der Breite nach in Stücke geschnitten sein, als sollte sie gegrillt werden.
Vier oder fünf Knoblauchzehen in genügend Öl braten und beiseite stellen.
Die Lammstücke salzen und pfeffern, im verbliebenen Öl braten und beiseite stellen.
Die geschälten und in Würfel geschnittenen Kartoffeln braten, salzen und pfeffern.
Die Kartoffeln und die Lammstücke in eine tiefe Kasserolle legen und mit den Kräutern und den gebratenen Knoblauchzehen bestreuen. Im restlichen Öl dünsten und dann das Ganze fünf Minuten in den heißen Backofen schieben.

Gigot Braseado

Gegrillte Lammkeule

Der Mann aus León sah auf die Uhr und forderte seinen Kollegen auf, sich zu erheben. Sie mußten wieder an die Arbeit. Carvalho begleitete sie bis zum Fabriktor und drückte ihnen mit ungekünstelter Herzlichkeit die Hand.

«Fahren Sie diese Weihnachten nach León?»
«Dieses Jahr habe ich Pech.»
Damit drehte er sich um und ging weg, der andere hinterher. Carvalho dachte an die Ausflüge, die dieses Paar noch zu den Schaufenstern der Nachtclubs machen würde, auf der Suche nach so billigen und verstohlenen Kontakten, die sich aufs Anschauen beschränkten. Die einen kommen zur Welt, um Geschichte zu machen, die andern, um sie zu erleiden. Die einen zum Austeilen, die andern zum Einstecken. Carvalho haderte auf irrationale Weise mit der ganzen Menschheit. Und diesen Groll übertrug er auf die gleichgültigen Holländer, die auf Fahrrädern umherfuhren, ohne gezwungen zu sein, ihr Land zu verlassen und in Murcia Espartogras zu ernten oder in den Raffinerien von Cartagena zu arbeiten. «Ihr habt's gut!» entfuhr es ihm, lauter als beabsichtigt. Das erregte die Aufmerksamkeit eines Gentlemans mit Diplomatenkoffer und Krawatte, der sich mit freundlicher Herablassung nach ihm umsah. Er war deprimiert. Jedoch stellte er fest, daß ihn sein Körper nicht im Stich gelassen, sondern das richtige Ziel angesteuert hatte. Er eilte zum *House of Lords*, um seinen Magen den Alptraum des imitierten türkischen Essens vergessen zu lassen.
Der Burgunder kostete ein kleines Vermögen. Aber Carvalho hätte sich alle Haare einzeln ausgerissen, wenn er die Gelegenheit nicht genutzt hätte, die Keule vom Holzkohlengrill mit diesem Wein zu begießen. Er hatte das Restaurant betreten, als die Kellner gerade begannen, ihr Berufsgehabe abzulegen und sich in die Ruhe arbeitsfreier Stunden zurückzuziehen, in der Kellner und Köche zwischen den Stoßzeiten Zuflucht suchen. Seine Ankunft veranlaßte sie, sich vor seinem Tisch aufzubauen. Die letzten Gäste waren eine indonesische Familie. Die Frau war eine Schönheit in Mauve, die Gauguin gemalt haben könnte, und die beiden Mädchen versprachen ebensoschön zu erblühen. Der Vater dagegen war ein Sukarno-Typ, dem das Alter und fünfhundert Kilo Übergewicht übel mitgespielt hatten. Beim Verlassen des Lokals verbeugten sie sich nach der Sitte ihres Landes vor Carvalho, und

Pepe versuchte mit eindeutigen Blicken, die Flucht der herrlichen Ehefrau aufzuhalten. Seine Augen verfolgten das Spiel ihrer großen, wohlgeformten Gesäßmuskeln, bis diese aufhörten, die Luft im Mittelgang aufzuwirbeln, und der Körper der Frau eine Neunzig-Grad-Wendung machte, um dem Ausgang zuzustreben. Beim Hinausgehen konnte Carvalho feststellen, daß das Profil der Dame in Mauve ihren Hinterbacken in nichts nachstand. Die Dame verdrehte ihre orientalischen Mandelaugen, um das Vergnügen voll auszukosten, das ihr die minutiöse Musterung dieses Ausländers bereitete. Carvalho hatte es bei ähnlichen Anlässen schon mehr als einmal bedauert, daß er keine Visitenkarte besaß, auf die man ein, zwei leidenschaftliche Worte kritzelt, um sie dann in die Hand der scheinbar gelangweilten Frau gleiten zu lassen, die von einer Mauer der erotischen Wohlanständigkeit behütet wird. Eines Tages würde er dieses Experiment wagen. Zu schade, daß er nicht heute daran gedacht hatte.

Er wandte sich nun, frei von allen erotischen Hemmnissen, der Keule zu. Gut zubereitetes Fleisch ist in erster Linie ein taktiler Genuß, der die Mundhöhle erfreut. Die Keule vom Holzkohlengrill ist von der Zubereitungsart her die einfachste. Sie besitzt weder die mit Kartoffeln und Bohnen garnierte Ungezwungenheit der Keule *a la paisana* noch das so oft verfälschte Jagdhorngeschmetter der Rehkeule und auch nicht die Naturverbundenheit der Keule mit Spinat. Eine gegrillte Keule ist vor allem anderen ein gut gebratenes und wohlgewürztes Stück Fleisch. Der Burgunder, dessen Aromastoffe sich auf den empfindlichen Häuten des Gaumens niederschlugen, um dann als weingesättigter Duft Carvalhos Nase zu überfluten, legte sich wie flüssiger Samt auf die Wunden, die das rauhe Fleisch gerissen hatte.

(Carvalho und die tätowierte Leiche)

1 Lammkeule; 100 g Butter; 2 Teelöffel Salz; 3 Knoblauchzehen; 1 Karotte; 2 Nelken; 1 kg kleine Kartoffeln (man kann auch 1 kg Kartoffeln und weiße Rüben nehmen)

Die Keule mit den in Stifte geschnittenen Knoblauchzehen und den beiden Nelken spicken.
Mit Butter bestreichen und in einen ziemlich heißen Backofen stellen (etwa 12 Minuten je 400 g Fleisch).
Kartoffeln und Zwiebeln schälen und um die Keule herum legen, wenn diese zur Hälfte gegart ist. Alles salzen und pfeffern. Während des Garens immer wieder mit der austretenden Flüssigkeit begießen.
Wenn sie durch ist, die Keule in Scheiben schneiden, mit Kartoffeln (und weißen Rüben, wenn vorhanden) umlegen und die entstandene Soße heiß darüber gießen.

Espalda de Cordero a la Catalana Medieval

Katalanische Lammschulter auf mittelalterliche Art

Er zeigte ihnen die Schuhe.
«Die englischen Schuhe sind die besten der Welt, seit John Lobb im 19. Jahrhundert die Grundlagen der bemerkenswertesten modernen Schuhtradition legte. Heute kann man für ein Paar von John Lobb hundert- bis hundertfünfzigtausend hinlegen, und, Hand aufs Herz, ich halte das nicht für übertrieben. Jedes Stück erfordert 45 Stunden Arbeit, und sie wurden und werden von Leuten getragen wie Georges Pompidou, Schah Reza von Persien oder Prinz Charles.»
«Aber Prinz Charles ist doch Labour-Anhänger? Er ist doch ein Ankläger dieser Zeit, in der vielen die Verarmung droht!»
«Ideen trägt man im Kopf und Schuhe an den Füßen.»
Fuster verschluckte sich an der Milchschnitte, die er gerade in den Mund geschoben hatte, aber Camps amüsierte sich schon mit der minutiösen Kopie der Rezepte, die ihm Carvalho diktierte.
«Für die roten Paprikaschoten mit Meeresfrüchten braucht man in

erster Linie rote Paprikaschoten, das heißt rot, nicht sehr lang, aber fleischig. Eine oder zwei pro Person, je nach Appetit und Größe. Man schmort die Paprika vorsichtig im Backofen, damit sie beim Enthäuten nicht kaputtgehen. Dann eine Füllung aus Scampi, Muscheln und gekochten Felsmuscheln, gebunden mit einer dicken Béchamel, die zu gleichen Teilen aus dem Sud der Scampiköpfe und aus Milch besteht, gewürzt mit sehr aromatischem Pfeffer und Estragon. Mit dieser Farce werden die Paprikaschoten gefüllt, mit einer dünnen Béchamel übergossen und im Backofen bei kleiner Hitze nicht sehr lange überbacken.»

«Die Lammschulter ist schon komplizierter. Es handelt sich um ein mittelalterliches Rezept, das Eliane Thibaut i Comalade aufgeschrieben hat, eine Spezialistin für alte katalanische Küche. Ich weiß nicht, ob Sie genügend Tinte in Ihrem Montblanc haben, aber an mir soll's nicht liegen. Eine entbeinte Lammschulter, gut flachgedrückt. Für die Füllung Lammhack, Pinienkerne, Rosinen, Knoblauch, Petersilie, in Mandelmilch eingeweichtes Brot und Salz. Außerdem braucht man, ebenfalls für die Füllung, schwarzen Pfeffer, Kreuzkümmel, Fenchel, Schnittlauch, geraspelte Zitronenschale, drei Eier, eine große gebratene Zwiebel, eine große Scheibe Speck, Olivenöl und Thymian.»

«Riecht nach Mittelmeer und Mittelalter.»

«Es riecht, aber das ist auch alles. Man vermischt die Zutaten der Farce und legt sie in die Mitte der Schulter. Dann rollt man sie zusammen. Es muß alles drin sein, absolut fein gehackt und gut gemischt. Wenn sie zusammengerollt ist, wird sie mit einer Schinkenscheibe umwickelt. Man achte darauf, daß sie eine regelmäßige Form hat! Überstehendes wird abgeschnitten. Das Ganze muß wie eine riesige *botifarra* aussehen. Es wird in einer gußeisernen Kasserolle angebraten, in sehr heißem Öl. Wenn sie goldbraun ist, gießt man ¼ l Wasser dazu und gart sie auf kleiner Flamme. Um die Schulter herum legt man ganze Knoblauchzehen. Es kommt darauf an, daß die Schulter alle zehn oder fünfzehn Minuten gewendet und nicht zu sehr durchgegart wird, denn das Lamm wird zäh und undankbar, wenn es zu lange im Backofen bleibt. Wenn sie durch ist, teilt man die Schulter, nimmt den Schinkengürtel ab und legt sie gut abgetropft auf eine Platte. Der Fond wird separat verarbeitet. Man gibt Wasser und die abgezogenen, pürierten Knoblauchzehen dazu, reduziert ihn und gießt ihn ganz heiß über die Schulter. Diese muß beim Servieren warm, die Soße aber ganz heiß sein. Das war's.»

«Und die Soße dazu?»

«Der legendäre *almedroch*, der schon im *Sent Sovi* erwähnt wird, der Bibel der mittelalterlichen katalanischen Küche. Der einfachste wird gemacht mit Knoblauch, Öl und geriebenem Käse, verarbeitet wie Aioli. Wenn er zu dick wird, kann man ihn mit Wasser verdünnen, ganz vorsichtig, und nach Belieben mit Kräutern würzen. Will man ihn allerdings andicken, muß man gekochtes Eigelb dazugeben.»

(Schuß aus dem Hinterhalt)

Für etwa zehn Personen

1 entbeinte und so flach wie möglich gedrückte Lammschulter; 800 g mageres Lammfleisch, gehackt; 1 Handvoll Pinienkerne; 100 g eingeweichte Rosinen; 8 zerdrückte Knoblauchzehen; 1 Suppenlöffel gehackte Petersilie; in Mandelmilch eingeweichte Weißbrotscheiben; 1 Eßlöffel Salz; 1 Eßlöffel schwarzer Pfeffer; 1 Eßlöffel Kreuzkümmel; 1 Eßlöffel Fenchelsamen; 1 Handvoll kleingeschnittener Schnittlauch; die geriebene Schale einer Zitrone; 3 Eier; 1 große im Backofen mit Öl gebratene Zwiebel; ein großes und etwa 1 cm dickes Stück Fett vom rohen Schinken; ½ dl kalt gepreßtes Olivenöl (1. Pressung); frischer gehackter Thymian

Die geöffnete Schulter auf die Arbeitsfläche legen.
Alle Zutaten der Füllung mit den geschlagenen Eiern vermischen, in die Mitte der Schulter geben und diese zusammenrollen.
Diese Art großer Wurst mit dem dicken Stück Schinkenfett umwickeln, so daß alles davon bedeckt ist. Das

Schinkenfett festbinden. Dann an verschiedenen Stellen einstechen, damit sich keine Lufttaschen bilden.
Die gefüllte Schulter in eine ovale Cocotte mit heißem Öl legen und gut bräunen. ¼ l Wasser dazugeben und zugedeckt kochen lassen, nachdem man ungeschälte Knoblauchzehen um die Schulter herum gelegt hat. Man muß die Schulter alle fünfzehn Minuten wenden, damit sie von allen Seiten gart.
Wenn sie gar ist, aus dem Sud nehmen, die Verschnürung öffnen, das Schinkenfett entfernen und wegwerfen. Die gefüllte Schulter in Scheiben aufschneiden und entweder im eigenen Saft mit den mittlerweile zu Püree zerkochten Knoblauchzehen, deren Schalen man entfernt hat, oder mit *almedroch*, einer mittelalterlichen katalanischen Soße, servieren.
Zum Fleisch verschiedene gekochte Gemüse servieren.

Almedroch: Quitten schälen, im Backofen braten und zu Püree verarbeiten. Mit Muskatnuß, zwei Suppenlöffeln Frischkäse, zwei Eigelb, einem Teelöffel sehr fein geriebener Zitronenschale, vier oder fünf geschälten und gebratenen Knoblauchzehen und Salz in einen Mörser geben. Zerstampfen und wie Aioli binden, indem man vorsichtig und gleichmäßig Öl dazugießt. Die Soße an einen kühlen Ort stellen, aber nicht in den Kühlschrank, wo sie das Quitten- und Knoblaucharoma verlieren würde.

Cerdo Brujo y Tollos en Mojo de Cilantro

Schweinefleisch mit Zitrone und Fisch mit Koriandertunke

Das Flugzeug ist auf dem Flughafen von Santa Cruz gelandet. In dem Strom von jung verheirateten Paaren oder Touristengruppen vom Festland, die ihre Taschen mit Transistorradios oder

Uhren füllen wollen, geht Carvalho gedankenverloren über die Piste zum Hauptgebäude. Alle werden von einer Schar von Leuten erwartet, die Schilder mit Namen von Personen, Hotels und Reiseunternehmen hochhalten, und Carvalho liest die Aufschriften, die man ihnen zeigt, eine nach der anderen, bis er seinen Namen findet: Carballo.

«Das schreibt man mit ‹v› und ‹lh›.»

Das ist das erste, was er zu den beiden jungen Männern sagt, die für den Zettel zuständig sind.

«Mit ‹lh› – und was soll das sein, ein katalanischer Name?»

«Ein galicischer. Er kommt aber aus dem Portugiesischen, denn im Galicischen gibt es kein ‹lh› für ‹ll›.»

Die jungen Männer betrachten ihn mit dem Respekt, den ein Linguist verdient hätte. Sie verlassen den Flughafen und steigen in einen Lieferwagen. Carvalho mustert den Innenraum und schnüffelt ausgiebig. «Riecht nach Fisch.»

«Wir sind ja auch Fischer.»

«Der Lieferwagen gehört der Fischergenossenschaft.»

Skeptisch betrachtet Carvalho die beiden jungen Männer, die ihn zu seinem Ziel bringen, und fragt schließlich: «Was und wo kann man hier essen?»

Sie antworten nur mit Verwirrung.

«Alles und überall.»

«Ich meine einheimische Sachen.»

«Die bekommen Sie überall.»

«Überall», murmelt Carvalho wie zu sich selbst. «Und eine gute *caracaja** oder *tollos*** mit Koriandertunke?»

Die jungen Männer sehen sich noch verwirrter an.

«Was soll das denn sein?»

«Kanarische Küche.»

Die Jungen machen ungläubige Gesichter, und der entschlosse-

* gebeizte Kalbsleber in Essigsoße und Knoblauch

** kanarische Speisefische aus der Familie der Knorpelfische, zu der auch Hai und Rochen gehören

nere bemerkt: «Hier ißt man normal, Señor. Genau wie in Paris oder Valladolid.»

«Die Möglichkeit, in Paris oder Valladolid kanarisch zu essen, bleibt mir immer noch. Haben Sie noch nie *cerdo brujo** probiert?»

«Ich werde mal meine Mutter fragen, ob sie...»

«Aber was eßt ihr denn?»

«Was kommt.»

«Das *cerdo brujo* ist eine Art tranchiertes Fleisch mit Kartoffeln, Zitronensaft, gepreßtem Knoblauch und siedendem Olivenöl, das man darüber gießt, um alles zu erhitzen.»

«Haben Sie schon mal auf den Kanarischen Inseln gewohnt?»

«Nein, aber in Venezuela hatte ich einen kanarischen Kollegen, der auf seine alten Tage ein Restaurant aufmachen wollte.»

«Also von *cerdo brujo* habe ich noch nie gehört, und du?»

«Wenn man mir den Hamburger wegnimmt, bin ich verloren.»

Und dabei sind wir noch nicht in der NATO, denkt Carvalho.

(«Der fliegende Spanier» aus *Der fliegende Spanier*)

**1 kg Schweinefleisch; ¾ kg kleine Kartoffeln;
1 Knoblauchknolle; 2 saure Orangen oder Zitronen;
Öl und Salz**

Das in Stücke geschnittene Schweinefleisch in Salzwasser kochen.

Die geschälten Knoblauchzehen, Salz und den Saft der Orangen oder Zitronen im Mörser zu einer Tunke verarbeiten.

Das gekochte Fleisch herausnehmen, aufs Arbeitsbrett legen und mit dem Mörserstößel klopfen, um es noch weicher zu machen, bis man es mit den Fingern in Streifen zupfen kann.

Mit der Tunke zusammen in eine flache Schüssel ge-

* wörtl.: «Hexerschwein»

ben. Das Öl erhitzen und ganz heiß über das angerichtete Fleisch gießen. Mit den gekochten Kartoffeln sofort servieren.

1 kg *mielga* (getrockneter Dornhai); 6–8 Stengel Koriandergrün; 1 rote Paprikaschote; 1 Teelöffel Paprikapulver; 1 Tasse Öl; 1 Tasse Essig; Wasser, Salz, 6–8 Knoblauchzehen

Die *mielgas* (oder einen anderen getrockneten, weißfleischigen Fisch) in Stücke schneiden und einen Tag lang wässern.
In Salzwasser kochen und Wasser abgießen.
In eine Schüssel aus Glas oder Ton legen und mit der Tunke übergießen, so daß alle Stücke gut befeuchtet sind. Drei bis vier Stunden oder über Nacht ziehen lassen.
Mojo (scharfe Tunke): Das Koriandergrün, die mit heißem Wasser übergossene und dadurch weich gemachte Paprikaschote, das Paprikapulver, die Knoblauchzehen und Salz im Mörser zerstampfen.
Mit Öl binden und mit Essig und Wasser verdünnen, bis man die erwünschte Konsistenz erreicht hat.

Estofado de Espinazo de Cerdo

Schmortopf mit Schweinerücken

Vielleicht im Vertrauen auf die unerschöpfliche Helligkeit der Tropen hatten die Architekten es versäumt, den Garten mit genügend Lichtquellen auszustatten, um die Nacht, besonders die letzte Nacht des Jahres, im Sternenhimmel verschwinden zu lassen. Aber es gab keine Sterne mehr, oder sie waren in der Finsternis der Wolken gefangen, und eine kalte Brise schaukelte die bunten Glühbirnen, die unruhige Schatten warfen. Unter dem Hin und Her von Licht und Schatten dominierte die einstudierte Steif-

heit der festlichen Paare, die allmählich mit der Ruhe, die das im voraus Genossene und das im voraus Bezahlte verleiht, an den Tischen im Freien Platz nahmen. Abseits an einem kleinen Tisch, weit entfernt von dem Orchester am schlafenden Swimmingpool, beobachtete Ginés den Rhythmus der ankommenden Paare, die manchmal einfach, manchmal doppelt oder drei- oder vierfach, immer jedoch als Paare auftraten. Einige schleppten gelangweilte Kinder oder Jugendliche mit, die sich auf das Abenteuer der langen Nacht freuten. Es kamen hellhäutige Paare, die wegen des schlechten Wetters im *Holiday Inn* festsaßen und keinen Platz in einer Fokker nach Tobago bekommen hatten, aber vor allem gutbetuchte schwarze und indische Paare aus Port of Spain, die sich die Karte für das Bankett im *Holiday Inn* leisten konnten, das zweitbeste der Stadt nach dem vielgepriesenen Bankett im *Hilton*. Dunkelhäutiger Mittelstand, Besitzer der Geschäfte dieser Hafenstadt, Vorarbeiter in der Asphalt- und Kopraverarbeitung und Vertreter ausländischer Firmen, die Port of Spain das alltägliche Aussehen eines Popgemäldes verliehen hatten, gemalt von einem Naiven, dessen Augen die Fülle der Collagen aus Steelbandfässern und Coca-Cola, Volkswagen und Leguanen kaum fassen konnten. Die Weißen waren Nordamerikaner in gelbkarierten Anzügen à la Prince of Wales oder träge Venezolaner, in deren Venen ein Erdölderivat zirkulierte.
Sie wurden bedient von schwarzen oder farbigen Streikbrecherinnen, die mit gezücktem *Holiday Inn*-Kugelschreiber die Zaubertränke zum Jahreswechsel notierten. Ihre Indifferenz gegenüber Coca-Cola, Bier oder Mateus Rosé konnte sich schlagartig ändern, wenn jemand, wie Ginés, ausnahmsweise einen normalen Moët Chandon oder gar einen Elsässer bestellte und dafür einen Preis bezahlte, der den Preisen auf einer Weltraumstation entsprochen hätte. In diesem Falle studierte die Bedienung den Gast mit prüfendem Blick, als sehe er aus wie eine Fünfzig-Dollar-Note, als Trinkgeld zu den 50 Dollar, die er schon für das kalte Büfett bezahlt hatte. Dort gab es gedünstete Maiskolben, Fischcurrys, geschmorten Schweinerücken, gekochte Linsen, Roastbeef, süße

Bohnen, Reis, tropische Fruchtsalate, Kuchen mit Meringen aus steinhartem Karton und Konfitüren in optimistischen Traumfarben für die tropisch eleganten Paare, die brav davor Schlange standen. Man hätte sie für Schweizer halten können, obwohl sie sich aus Angst vor der Meinung der Leute noch neutraler verhielten. Die meisten von ihnen waren um die dreißig und gaben sich große Mühe, in dieser Imitation nordamerikanischer Fernsehfilme über Bankette an Bord eines Vergnügungsdampfers in der Karibik die entsprechende Rolle zu spielen.
«Wollen Sie ihn ganz alleine trinken?»
Das war das erste Anzeichen menschlichen Zweifels einer Kellnerin, eingebracht in das einfache Protokoll des Warentausches.
«Vielleicht will ich ihn mir auch nur ansehen. Möchten Sie auch ein Glas?»
«Das ist strikt verboten.»

(Die Rose von Alexandria)

2 Stücke ziemlich magerer Schweinerücken pro Person; 1 kg Kartoffeln; 1 Knoblauchknolle; grüner Pfeffer; 1 grüne Paprikaschote; Lorbeer; 1 *guindilla*; kleine Zwiebelchen; ein Eßlöffel Tomatensoße; 1 Glas Rum; Hühnerbrühe; geriebene Schale einer Limette (ersatzweise einer Zitrone); 1 Messerspitze Zimt; Erdnußöl und Schweineschmalz

Die Stücke vom Schweinerücken salzen und drei Tage lang in reichlich Salz liegen lassen.
Waschen und in einer Mischung aus dem Schweineschmalz und dem Erdnußöl braten.
Die Tomatensoße, die geriebene Limettenschale, Zimt und die grünen Pfefferkörner dazugeben, ebenso das Lorbeerblatt, die grobgehackte Paprikaschote und die *guindilla*.
Den Rum angießen, die Knoblauchknolle teilen, schälen und dazugeben und nach gutem Durchrühren die Hühnerbrühe angießen.
Gleichzeitig die kleinen Zwiebeln in Schweineschmalz

glasig dünsten und mit den kleingeschnittenen Kartoffeln zum Gericht hinzufügen, wenn es eine halbe Stunde gekocht hat. Eine weitere halbe Stunde kochen lassen und mit gebratenen Bananen und weißem Reis servieren.

Callos a la Madrileña
Kutteln auf Madrider Art

Leveder kannte sich auf der Speisekarte gut aus, war aber bemüht, sich dies nicht anmerken zu lassen. Er unterdrückte seinen ursprünglichen Impuls, Carvalho zu beraten, und ließ ihn mit einer gewissen distanzierten Unruhe sein Menü selbst zusammenstellen. Mit einem Schließen der Augen billigte er Carvalhos Auswahl; er selbst bestellte eine Ochsenschwanzsuppe und frischen Lachs vom Grill. «Ich habe ein Magengeschwür, sonst hätte ich mich Ihrer Bestellung angeschlossen.»
Carvalho hatte iranischen Kaviar und Kutteln *a la madrileña* bestellt.
«Gut gewählt», versicherte Leveder mit Überzeugung. «Den besten Kaviar gibt es im Iran und die besten Kutteln bei *Lhardy*. Wenn Sie nach Barcelona zurückfahren, können Sie sich eine eingerollte Tortilla mit Kutteln in Aspik mitnehmen. Die gibt es unten im Straßenverkauf. Fahren Sie bald?»
«Sobald ich hier fertig bin; ich bleibe nicht, weil es mir gefällt.»
Die Innenausstattung bei *Lhardy* umgab das Essen mit der beruhigenden Atmosphäre eines englischen Privatclubs, den ein französischer Innenarchitekt eingerichtet hatte, neoklassizistisch, dem diskreten Geschmack des späten 19. Jahrhunderts entsprechend. Eine ideale Umgebung für dampfende Teller, aber vielleicht nicht ganz das Richtige für kalte Küche.
«Ein exzellenter Hintergrund für ein Gespräch über die Partei.» Leveder zwinkerte ihm zu und hob sein Glas Mineralwasser an die

Lippen. «Ein herrliches Mineralwasser, Jahrgang 72. Ein sehr guter Jahrgang. Hüten Sie sich aber vor dem 73er, es hat damals kaum geregnet, und man schmeckt den Bodensatz der Brunnen. Nehmen Sie Butter zum Toast?»

«Ich finde, das wäre ein Verbrechen bei einem Kaviar, der so herrlich auf der Zunge zergeht wie dieser hier.»

Carvalho leerte noch ein Glas geeisten Wodka und sah zu, wie Leveder in Nachdenken versank, als suche er innerlich nach dem Grund dieses Treffens. Er kehrte wieder zu *Lhardy* und Carvalho zurück, ja, er beugte sich sogar über den Tisch und sagte: «Bin ich Ihr Hauptverdächtiger?»

«Nein, mein Gesprächspartner.»

«Hat mich die alte Garde angeschwärzt? Sie sind nicht gerade wütend auf mich, aber wir sprechen nicht dieselbe Sprache. Ich benutze nie Ausdrücke wie ‹objektive Bedingungen, soziales Netz, die besten Bedingungen erkämpfen, die Arbeiterklasse bezahlt den Preis der Krise› usw. Verstehen Sie? Nicht, weil ich nicht an die Wahrheit glaube, die hinter dieser Sprache steht, aber ich bemühe mich, Synonyme zu finden. In jedem Eingeborenenstamm gibt es nichts Schlimmeres als die Verletzung des linguistischen Kodes. Vielleicht bin ich deshalb suspekt. Außerdem habe ich einmal gegen Garrido gestimmt, das werden Sie wohl schon wissen. Aber ich habe ihn nicht umgebracht. Mein historischer Appetit ist groß, ich wäre gerne Napoleon oder die Jungfrau Maria, aber die letzte Entschlossenheit fehlt mir immer, vor allem, wenn es um Tyrannenmord geht.»

«War Garrido ein Tyrann?»

«Ein wissenschaftlicher Tyrann, wie alle Generalsekretäre der kommunistischen Parteien. Sie üben ihre Tyrannei nicht im göttlichen Auftrag aus, sondern im Auftrag des Exekutivkomitees, das wiederum im Auftrag des Zentralkomitees handelt, und dieses wiederum übt seine Tyrannei im Namen der Partei, im Namen der Geschichte aus.»

(Carvalho und der Mord im Zentralkomitee)

Für vier Personen
Vorbereitungszeit: 20 Minuten; Garzeit: 5 Stunden

600 g Kalbskutteln; 1 Kalbsfuß; 100 g roher Schinken; 80 g Chorizo; 1 Knoblauchknolle; 2 Karotten; 2 Porreestengel; 1 Kräutersträußlein; 4 Petersilienstengel; 10 Pfefferkörner; 100 g Schweineschmalz; 1 mittelgroße Zwiebel, mit 2 Nelken gespickt; 5 Eßlöffel Tomatenpüree; 2 rote Paprikaschoten; 2 Eßlöffel Mehl; ½ l Weißwein; 1 Eßlöffel Paprikapulver; Salz, Pfeffer; 2 geschnittene *morcillas* (Blutwürste); 1 *guindilla*

Mit einem Messer die Kutteln und den Fuß putzen. Kutteln in Stücke schneiden, den Fuß vierteln und in ein Waschgefäß mit Wasser und Essig geben. Gut waschen und abspülen.
Wasser in einer Kasserolle aufs Feuer setzen. Die Kutteln und den Kalbsfuß hineingeben. Aufkochen. Das Wasser wechseln und das Kräutersträußchen sowie den Wein dazugeben. Etwa vier Stunden auf kleiner Flamme köcheln lassen, bis die Kutteln weich sind. Den Sud aufbewahren.
Abkühlen lassen und Kutteln und Kalbsfuß in einen flachen Topf legen. Die Zwiebel, den Porree und die Karotten kleinschneiden, dazugeben und dünsten.
In einer Pfanne den in kleine Stücke geschnittenen Schinken und Chorizo braten. Das Paprikapulver und die *guindilla* dazugeben und die Mischung zu den Kutteln in den flachen Topf geben.
In derselben Pfanne das Tomatenpüree mit Öl erhitzen. Die in Stücke geschnittenen Paprikaschoten und das Mehl dazugeben. Gut vermischen und einen Schöpflöffel Sud von den Kutteln dazugeben. Durchrühren, durch ein Sieb streichen und über die Kutteln gießen. Auf kleiner Flamme etwa eine Stunde kochen lassen. Die in Scheiben geschnittene *morcilla* dazugeben. Das Kräutersträußchen herausnehmen. Ruhen und fest werden lassen.
Am besten schmecken sie aufgewärmt.

Cap-i-pota con Samfaina

Schweinefleisch von Kopf und Fuß mit Tomaten und Auberginen

Es wäre zwecklos, das Finale aufzuschieben und sich zu einem schlaflosen Schlaf hinzulegen. Beherrschte Erregung erfüllt ihn vor dem Ende des Dramas. Er verläßt sich darauf, daß ein guter Handwerker seine Arbeit im Morgengrauen beginnt, vor allem, wenn er als Erbe in einer familiären Tradition steht und von klein auf sich selbst und anderen beweisen mußte, daß er nicht schlechter war als seine Väter und Großväter. Um halb acht Uhr morgens kann man sich vornehmen, einen schmutzigen Fall zu lösen und kurz darauf den Umstand zu nutzen, daß das *Pa i Trago* ganz in der Nähe ist, um eine ausgezeichnete *cap-i-pota con samfaina* zu essen und so den Tag mit etwas zu beginnen, das den Magen erfreut, das eigentliche Herz des Menschen.
Um halb acht Uhr morgens hat Señor Gratacós mit kundigem Griff das Metallrollo hochgeschoben. Sein Vater benutzte dafür noch einen Stock, der in eine Klaue auslief. Señor Gratacós thront in der Einsamkeit seiner Kathedrale der Arbeit. Er hat sie genossen, wie man nur Paradiese genießt, deren Besitzer man ist. Nun nimmt er die Brille ab und legt sie auf den Tisch neben einen Stapel Quartbögen. Er streicht sich mit der Hand übers Gesicht, wie um seine Züge zu massieren und sich die Augen aufzuknöpfen. Er lehnt sich im Stuhl zurück, steht wieder auf, zieht den blauen Kittel aus und steht in Hemdsärmeln da. Diese krempelt er hoch und reibt sich die Arme, als genieße er den Kontakt mit seiner eigenen Haut, geht an der rechten Wand entlang und schaltet die Lampen über den Maschinen aus. Nur in der Mitte der Halle läßt er eine brennen, dort, wo sich die Wege zu verschiedenen Maschinen treffen.

(«Was wäre gewesen, wenn . . .» aus *Lauras Asche*)

«Aber Großmutter, warum hast du so große Titten?»
«Damit dein Papi besser daran nuckeln kann.»

Ein Betrunkener versucht, die kürzeste Entfernung zwischen Fahrbahn und Gehweg zu finden. Ein Strom von Kindern quillt aus irgendeinem College im Hochparterre, wo Klogestank die Atmosphäre bestimmt und der Horizont in einem Hinterhof beginnt und endet. Dort ist das Terrain des Abfalls, der Katzen und der Ratten, und auf ein paar Galerien scheint immer dieselbe Wäsche zum Trocknen zu hängen. Geranientöpfe auf brüchigen Balkonen, Bartnelken, Käfige mit mageren, gestreßten Grünpapageien, Butangasflaschen, Schilder von Fußpflegern und Hebammen, *Partit Socialista Unificat de Catalunya – Federación Centro*, Salon Maite. Fettiger Bratölgestank: panierte Kalamares, gebratene Sardinen, Pommes frites, gedünstete Hammelköpfe, Bries, Kutteln, *cap-i-pota*, Kniekehlen, Achselhöhlen, Furchen zwischen den Brüsten, Kaninchenbeine, wassersüchtige Tränensäcke, Krampfadern. Aber Carvalho kennt diese Gegend und diese Leute. Er würde nie von hier wegziehen; es ist die Umgebung, die er braucht, um sich lebendig zu fühlen, obwohl er nachts lieber aus der besiegten Stadt zum pinienbestandenen Stadtrand flieht, von dem aus man die Stadt wie eine Fremde betrachten kann. Unbezahlbar das Schauspiel an den Straßenecken des V. Distrikts, wo die Gassen in die Ramblas münden wie in einen Fluß, der die Biologie und Geschichte der ganzen Stadt, ja der ganzen Welt mit sich trägt.

Biscuter ist gerade dabei, in seiner Ecke auf dem kleinen Gaskocher eine Tortilla zuzubereiten, als Carvalho sein Büro betritt.

«So, wie Sie's am liebsten mögen, Chef, mit ganz wenig Zwiebeln und nur einer Spur Knoblauch und Petersilie.»

In Null Komma nichts zaubert Biscuter ein Gedeck auf den Schreibtisch. Carvalho widmet sich einem handtellergroßen Stück Tortilla, während Biscuter ihm gegenüber an einem weiteren Viertel kaut und auf eine anerkennende Bemerkung wartet.

«Jetzt sagen Sie bloß, daß die nicht hervorragend gelungen ist, Chef. Falls Sie noch Hunger haben – ich habe Ihnen ein wenig *cap-i-pota con samfaina* gemacht, echt lecker. Wie schmeckt's?»

«Korrekt.»

«Sie waren auch schon mal großzügiger mit Ihren Komplimenten, Chef. Ich finde sie himmlisch. Und warten Sie ab, die *samfaina* ist einfach umwerfend! Ah, ich habe ganz vergessen: Ein Pedro Parra hat angerufen, er nannte sich Oberst. Morgen hätte er alles, was Sie brauchen. Sie sollen in der Bank vorbeikommen. Und ein Telegramm ist gekommen. Ich hab's nicht aufgemacht.»
«Ankomme Barcelona Mittwoch, Rhomberg.»
«Bring mir noch was *cap-i-pota*!»
«Sie werden doch nicht danach noch zum Essen gehen, wie, Chef? Sie essen für zwei und setzen trotzdem nichts an. Aber das geht alles ins Blut, als Cholesterol.»
«Ich halt's nicht aus! Medizinische Kapazitäten, wo ich den Fuß hinsetze! Erst Bromuro und jetzt auch noch du. Bring die Tortilla, und mach dir keine Sorgen um mein Cholesterol!»
«Ich mein's ja nur gut.»
«Und du selbst, ißt du noch zu Abend nach diesem üppigen Mahl?»
«Na klar. Ich verdrücke alles, was übrig ist, als Mitternachtsmahl. Ich weiß auch nicht, was in letzter Zeit mit mir los ist, Chef. Ich muß dauernd was zwischen den Zähnen haben. Ich schlafe schlecht. Bin deprimiert. Und ich muß dauernd an meine Mutter denken. Gott hab sie selig!» Mit einer Serviette wischt sich Biscuter eine Träne ab, aber seine Augen stehen immer noch voll Wasser, das auf die grünrote *cap-i-pota con samfaina* zu tropfen droht.
«Such dir eine Freundin, Biscuter, schau öfter mal bei den Nutten vorbei, oder hol dir wenigstens ab und zu mal einen runter, das muntert auf.»
«Freundin ... Sie haben leicht reden. Und mit den Huren hab ich's noch nie gekonnt. ‹Komm, mein kleiner Glatzkopf, zeig schon, was hast du denn da Schönes? Komm, ich will dir das Schniepelchen waschen ...› Da muß ich einfach lachen. Und einen runterholen ... na, was denn sonst. Tag und Nacht. Mit der rechten und mit der linken. Außerdem mache ich den Trick mit der eingeschlafenen Hand. Man setzt sich auf die eine Hand und wartet, bis sie

blau anläuft und einschläft. Dann ist es so, als würde es mir wer anderer besorgen.»

«Hast du schon mal ein rohes Beefsteak darum gewickelt?»

«Nein.»

«Probier's mal! Du wirst begeistert sein.»

Carvalho wirft Biscuter einen Blick zu, der diesen eilfertig zum schmutzigen Geschirr greifen läßt, und zieht das Telefon zu sich herüber. Daneben liegt Rhombergs Telegramm. Aber dann hebt er doch nicht ab. Irgend etwas hindert ihn daran, der Witwe Jaumás von dem unerwarteten Auftauchen Rhombergs zu erzählen.

(Carvalho und der tote Manager)

800 g vorgekochte *cap-i-pota*, in kleine Stücke geschnitten; ½ kg rote Paprikaschoten; ½ kg grüne Paprikaschoten; *1 guindilla*; 700 g Tomaten; 1 kg Auberginen; Salz, Pfeffer; 4 Eßlöffel Mehl; Knoblauch und Petersilie; trockener Sherry; 2 große Zwiebeln

Öl in einer Pfanne erhitzen und die grob gehackten roten Paprikaschoten mit Salz und Pfeffer und der *guindilla* braten.

Zehn Minuten später die ebenfalls grobgehackten grünen Paprikaschoten und das Glas Sherry dazugeben.

Nach zehn Minuten die gehackten und in einer anderen Pfanne gebräunten Zwiebeln und die ebenfalls in Stücke geschnittenen und gebratenen Auberginen hinzufügen.

Die Tomaten, den Knoblauch und die Petersilie zu einer Soße einkochen, sorgfältig durch ein Sieb streichen und zu der vorbereiteten Mischung hinzufügen und alles auf sehr kleiner Flamme weitere zehn Minuten köcheln lassen.

Dann die *cap-i-pota* dazugeben und, wenn man will,

Stücke von weißer oder schwarzer *botifarra*, die nicht mehr als knapp fünf Minuten mitkochen darf, damit sie nicht zerfällt.

Farcellets de Cap-i-pota con Trufas y Gambas

Rouladen aus *cap-i-pota*, Trüffeln und Scampi

«Sind Sie Mittelstürmer?»
«Sozusagen. Ich bin ein ‹Goldener Stiefel› auf meinem Gebiet.»
Camps O'Shea ließ seinen Blick über die ganze Einrichtung des Büros gleiten und in Carvalhos Augen zum Stillstand kommen, wie einer, der ein vollständiges, sarkastisches Inventar aufnimmt.
«Der Schein trügt.»
«Keine Sorge. Der Schein bleibt unser Geheimnis. Machen Sie einen Kostenvoranschlag und ein Konzept.»
Er knöpfte sein Alpakajackett zu und rückte es mit derselben Sanftheit zurecht, mit der er sprach und wahrscheinlich existierte. Sein Skelett war ein Luxusmodell. Als er schon an der Tür stand, hielt ihn Carvalho mit der Frage auf: «Interessieren Sie sich sehr für Fußball?»
Der PR-Manager drehte sich um und kalkulierte die Wirkung, die seine Antwort haben konnte.
«Als Sportart finde ich ihn eine dumme Geschmacklosigkeit, als soziologisches Phänomen ist Fußball faszinierend.»
Damit ging er endgültig und hörte nicht mehr, was Carvalho mehr zu sich selbst sagte.
«Ein Soziologe. Das hat gerade noch gefehlt.»
Carvalho dachte über die Fragen nach, die er hätte stellen sollen und nicht gestellt hatte, und wurde erst aus seinen Gedanken gerissen, als Biscuter vom Einkaufen zurückkam, bepackt mit allen

Einkaufstüten dieser Welt. Der kleine Mann keuchte und blies dabei die letzten blonden, langen Härchen gen Himmel, die er noch hatte.

«Diese Treppe bringt mich noch einmal um, Chef.»

«Hast du die ganze Markthalle aufgekauft?»

«Der Kühlschrank war leer, Chef. Und ich gehe diese Treppe lieber einmal runter und rauf als zwanzigmal. Ich habe Schweinskopf und -füßchen gekauft; damit mache ich Ihnen ein paar *farcellets de cap-i-pota* mit Trüffeln und Scampi. Keine Sorge, ich mache sie *light*, mit wenig Fett, aber etwas Fett braucht der Körper, sonst quietscht er wie eine eingerostete Tür. Danach gibt es Feigen auf syrische Art, mit Nüssen gefüllt und in Orangensaft gekocht. Kalorienarm. Statt des vielen Zuckers nehme ich Honig.»

«Du liest zuviel, Biscuter.»

«Sie sollten sich mal die *Gastronomische Enzyklopädie* ansehen, die ich mir auf Raten gekauft habe! Kaum zu glauben, wie kompliziert das mit dem menschlichen Verstand ist. Was glauben Sie, wer die Idee hatte, Feigen mit Nüssen zu füllen und in Orangensaft zu kochen?»

«Wahrscheinlich ein Syrer.»

(Schuß aus dem Hinterhalt)

½ kg *cap-i-pota*; ½ kg Scampi, 2 in Likör eingelegte Trüffeln und der Likör selbst; ½ kg Schalotten; 1 Kräutersträußchen; 1 Schweinenetz (von der Leber); Butter und Öl; 1 Ei; in Milch eingeweichte Semmelbrösel

Die Scampi schälen und die Köpfe beiseite stellen.

Die *cap-i-pota* durch den Fleischwolf drehen; es soll kein Püree werden, aber auch nicht viel gröber sein.

Die Scampi in gleicher Weise verarbeiten.

Die *cap-i-pota*, die Scampi, zwei Eßlöffel Semmelbrösel, das geschlagene Ei, die gehackten Trüffeln, Salz und weißen Pfeffer vermischen.

Diese Masse in vier Teile teilen und vier Stücke des Schweinenetzes damit füllen. Die Teile einmehlen und ruhen lassen.
In einer Pfanne die Butter in Öl zerlassen und darin die Scampiköpfe braten. Herausnehmen und in etwas mehr als einem halben Liter Wasser kochen, damit man einen halben Liter Sud erhält.
Die in feine Stifte geschnittenen Schalotten in einem Teil des verbliebenen Öls bräunen, dann das Kräutersträußchen, den Likör, in den die Trüffeln eingelegt waren, und einen Eßlöffel Mehl, der geschmort werden soll, dazugeben und den Sud von den Scampiköpfen hinzufügen.
Im restlichen Öl die Rouladen goldbraun braten und in eine flache Backform legen, wo sie genügend Platz haben. Mit der eingekochten Soße übergießen und zehn Minuten im heißen Backofen überbacken.

Múrgulas con Vientre de Tocino
Morcheln mit Bauchspeck

Biscuter hatte sich einen Meter schwarzes Band gekauft und sich daraus zwei Trauerbänder gemacht, eins für seine einzige Krawatte und das andere für sein Hemd, das ihm Charo einmal geschenkt hatte, genau wie seinen ärmellosen gelben Pullover.
«Mach mir das Essen warm, das hier seit zwei Tagen herumsteht!»
«Geht nicht, Chef. Auberginen sind ganz schlecht aufzuwärmen, und was ich nicht gegessen habe, habe ich weggeworfen.»
«Dann gibt es also nichts zu essen?»
«Sie haben Glück, Chef. Heute früh nach der Beerdigung ging ich zum Boquería und entdeckte *múrgula*-Pilze. Ich koche sie mit Schweinebauch und einer Soße. Es ist schon alles vorbereitet, es dauert keine Minute.»

Carvalho hatte keine Lust auf einen schweren Wein, sein Gaumen verlangte nach der Frische eines leichten, beschwingten Weines aus einem dazu passenden langstieligen Kelch. Er füllte seinen Kelch mit einem gutgekühlten Rosé aus Cigales und genoß seinen frischen, erdigen Geschmack. Dann verzehrte er mit Genuß zwei Teller Schweinebauch mit Pilzen und der vollkommenen Verbindung zweier würziger Sülzen, der des Schweinebauchs und der der Pilze, die nach dem Humus herbstlicher Wälder schmeckten. Danach trank er zwei Tassen Kaffee mit einem Glas eisgekühltem Grappa aus dem Bierzo und steckte sich eine «Sancho Panza» an, die er erstaunlicherweise in einem Kiosk an der Calle Puertaferrisa entdeckt hatte.

«Ich lade dich für heute abend ins Kino ein. Um vier Uhr muß ich noch etwas erledigen, um fünf können wir uns am Eingang des *Catalunya* treffen.»

«Was läuft im *Catalunya*?»

«Ich weiß nicht genau, aber die Sitze sind bequem.»

«Eine schöne Art, ins Kino zu gehen! Ich erkundige mich, was läuft. Ich sehe mir doch nicht irgendeinen Mist an, nur weil das Kino bequeme Sitze hat.»

Carvalho war mit sich sehr zufrieden. Er hatte für alle getan, was er konnte, für Teresa Marsé, für Charo, für Celia Mataix und für Biscuter, und der Scheck von den Daurellas erlaubte ihm, den Stand seines Sparkontos auf eineinhalb Millionen Peseten zu erhöhen. Das war sein ganzes Kapital. Er hatte es zu Fusters Entsetzen zu einem Zinssatz von sechs Prozent bei der Caja de Ahorros angelegt.

«Bei jeder anderen Bank bekommst du zwölf bis fünfzehn Prozent!»

«Die Cajas de Ahorro sind absolut krisensicher.»

«Was nutzen dir denn die sechs Prozent bei dem Tempo, in dem heute das Geld entwertet wird? Du solltest eine größere Anschaffung machen, kauf dir eine Eigentumswohnung, und wenn du alt bist, kannst du sie wieder verkaufen.»

«Wer weiß, was in den nächsten zehn oder fünfzehn Jahren alles passiert! Das Privateigentum ist heutzutage keine Selbstverständlichkeit mehr. Die Sozialisten gewinnen die Wahl!»

«Stimmt nicht.»

«Oder es werden so viele Wohnungen zum Verkauf angeboten, daß ich auf meiner Wohnung sitzenbleibe und dann dort die Wochenenden verbringen kann.»

«Dann vermietest du sie eben.»

(Die Vögel von Bangkok)

800 g Morcheln; 750 g gekochter Schweinebauch; 1 Zwiebel; Tomatensoße; feingehackte Mischung aus Knoblauch, Mandeln, Haselnüssen und Pinienkernen; Salz und Pfeffer; 1 Glas starker Wein

Die Pilze säubern und in Würfel schneiden, ähnlich groß wie die, in die man den Schweinebauch schneidet.

Die Pilze salzen und pfeffern und in einer Pfanne in Öl braten, bis ihre Flüssigkeit austritt. Etwa ein Glas davon abgießen und den Rest verdampfen lassen. Bevor die Pilze zu bräunen beginnen, herausnehmen.

Die Schweinebauchwürfel braten, die Zwiebel feingehackt dazugeben sowie einen Eßlöffel konzentrierte Tomatensoße, mit Salz und Pfeffer würzen und die fein gehackte Mischung aus Knoblauch, Mandeln, Haselnüssen und Pinienkernen bereiten, die man in die Pilzflüssigkeit rührt. Dann gießt man alles über die Schweinebauchwürfel, rührt um und läßt alles fünf Minuten kochen.

Die Pilze und das Glas starken Wein dazugeben.

Nach fünf Minuten ist das Gericht fertig. Man kann es geschmacklich verstärken, indem man für die feingehackte Mischung nur Mandeln verwendet und ein Gläschen Klaren angießt.

Crêpes de Pie de Cerdo con Aioli

Crêpes mit Schweinsfuß und Knoblauch

Eine Nonne kommt und räumt die Teller der beiden Männer von der langen klösterlichen Tafel ab. Dann bringt sie eine Schüssel. Der Priester hebt den Kopf und gerät durch den Duft, der daraus aufsteigt, in Ekstase.
«Crêpes mit Schweinsfuß und Aioli, das reinste Wunderwerk, Carvalho, ich schwör's dir!»
Carvalho betrachtet die junge Nonne, die ihnen aufträgt, mit einem gewissen Respekt. «Haben Sie das gekocht, Schwester?»
Die Nonne errötet und schlägt die Augen nieder. «Ich? Nie im Leben. Schwester Salvadora hat das gekocht, sie hat ein Händchen dafür, das sage ich Ihnen! Sie hat wirklich ein Händchen.»
«Mein Kompliment an den Chefkoch!» sagt Carvalho, und die Nonne ist etwas verwirrt.
«Sein Kompliment an Schwester Salvadora!» korrigiert der Priester, und man hört die Nonne beim Hinausgehen kichern.

(«Der Bürgerkrieg ist noch nicht vorbei»
aus *Zur Wahrheit durch Mord*)

Für vier große Crêpes

100 g Mehl; 1 Ei; 1 Suppenlöffel Öl; 1 Prise Salz; ½ Glas mit Wasser verdünnte Milch; 4 gekochte Schweinsfüße; Aioli; 1 Eßlöffel Mehl für die Soße; Gemüsebrühe, gemischt mit dem Sud der Schweinsfüße; 1 Glas Sherry; Petersilie

Die Schweinsfüße in Wasser mit Kräutern, einer Knoblauchknolle und einem Glas Kognak eine halbe Stunde im Drucktopf garen.
Das Mehl, das Ei, Salz, Öl und die verdünnte Milch zu einem Teig für die Crêpes vermengen.
In einer Pfanne in Öl backen und beiseite stellen.
Die gekochten Füße vorsichtig entbeinen, damit das Fleisch so wenig wie möglich zerfällt.

Einen Fuß in die Mitte von jedem Crêpes legen und einen Eßlöffel Aioli darübergeben.
Die Crêpes einrollen und nebeneinander in eine flache Backform legen.
Für die Soße das Mehl in Öl bräunen und die gemischte Brühe, das Glas Sherry und schließlich gehackte Petersilie dazugeben.
Über die Crêpes gießen und sie im Backofen gratinieren.

Pies de Cerdo con Nabos Negros
Schweinsfüße mit schwarzen Rüben

Durch das viele Lesen hatte Laura eine gekünstelte Sprache angenommen, die Carvalho manchmal auf die Nerven ging. Trotzdem war er darauf bedacht, es nicht zu zeigen, um das Vertrauensverhältnis nicht zu gefährden, das sie brauchte, um mit ihm ins Bett zu steigen und diese Bücherbeziehung zu sexualisieren. Aber Carvalho bekam immer mehr das Gefühl, daß Laura ihm im Bett den wichtigen Dienst spiritueller Erlösung bezahlte und versuchte, ihre Beziehung zu vergeistigen, indem sie die Momente der Sexualität verkürzte und immer mehr Zeit damit verbrachte, ihm ihre Fortschritte in der Aneignung von Kenntnissen vorzuführen. Wann hatte er begonnen, das Interesse an ihr zu verlieren? Vielleicht an jenem Nachmittag, als sie ihm, während er ihr die Bluse aufknöpfte, einen Absatz aus der *Einführung in die politische Ökonomie* von Karl Marx zitierte.
Carvalho auf einem Erinnerungsspaziergang durch das Viertel, wo er Laura begegnet ist. Fast nichts hat sich verändert. Neue junge Mütter mit Kindern. Eine junge Mutter mit Kind, die an einen Kiosk tritt, in den Zeitschriften blättert, aufschaut und Carvalhos Blick begegnet. Parkspaziergang eines einsamen Carvalho, der bei der Rutschbahn seinen Erinnerungen nachhängt, während er auf

der Bank von damals sitzt. Danach wiederkäuende Aktivität im Büro mit einem Biscuter, der glaubt, mit Carvalho zu reden und in Wirklichkeit Selbstgespräche führt.
«Mögen Sie Schweinsfüße mit Rüben? Es sind schwarze Rüben aus der Cerdanya, das Beste, was es zu Schweinsfüßen gibt. In der Boquería gab es welche, aber fragen Sie nicht, was sie kosten! Wenn Sie mich das fragen, weiß ich gar nicht, was ich antworten soll, Chef. Wenn man bedenkt, daß wir in meinem Dorf die Rüben selbst im Garten hatten!»
Carvalho überfliegt noch einmal die Zeitungsmeldungen zu dem Mord an Laura Buscató.

Mord an der Lehrerin: Verhaftung eines Verdächtigen, dessen Name nicht bekanntgegeben wurde

(«Lauras Asche» aus *Lauras Asche*)

Für vier Personen
Vorbereitung: 15 Minuten; Garzeit: 1 Stunde

4 geviertelte Schweinsfüße, 1 dl Öl; 2 in kleine Stücke geschnittene Knoblauchzehen; 1 gehackte Zwiebel; Thymian, Oregano, Lorbeer; Salz, Pfeffer; 1 Glas Schnaps; 2 Gläser Weißwein; Tomatenpüree; ½ kg geschälte und in Stücke geschnittene *nabos negros* (schwarze Rüben)

Die Schweinsfüße in einer Pfanne mit dem Knoblauch, der Zwiebel, den Kräutern und dem Lorbeerblatt anbraten. Salzen und pfeffern. Den Wein und den Schnaps angießen, heiß werden lassen und das Tomatenpüree dazugeben. Eine Kelle Brühe hinzufügen. Auf kleiner Flamme kochen lassen.
Nach einer halben Stunde die schwarzen Rüben dazugeben, die von der Soße bedeckt sein müssen. Auf kleiner Flamme noch eine halbe Stunde kochen lassen, mit Salz abschmecken und servieren.

Pies de Cerdo a la Catalana
Schweinsfüße auf katalanische Art

«Destabilisieren, Biscuter.»
«Was heißt das eigentlich genau, destabilisieren?»
«Man schafft den Eindruck, daß die Staatsgewalt nicht mehr imstande ist, die Ordnung aufrechtzuerhalten.»
«Und wozu das alles?»
«Fast immer besorgt sich der Staat so die nötigen Alibis und Blankoschecks, um nach Belieben durchgreifen zu können.»
«Es gibt keine Gerechtigkeit, Chef! Man sollte sie alle aufhängen, oder noch besser ins Arbeitslager stecken, mit Hacke und Schippe! Ab zum Steineklopfen! Da gehören sie hin, diese Hammelfüße! Verdammte Scheiße!»
Das Zischen des Schnellkochtopfs ist verstummt. Biscuters Schimpfen erreicht fast gleichzeitig mit den ersten Schreien Carvalhos Ohr. In Sekundenschnelle verwandeln sich die nächtlichen Ramblas in einen Hexenkessel voller Mennschen in panischer Flucht. Wie Bleisoldaten hinter Glas rücken die Ordnungshüter in wütendem Laufschritt vor, den Knüppel zum Schlag erhoben. Plötzlich halten sie an, wie von einer kollektiven Schaltung gesteuert, und die fliehenden Demonstranten sammeln sich langsam wieder, mit dezimierten Kräften zwar, aber immer noch stark genug, um mit dem Ruf «Amnestie für alle» in Sechserreihen herausfordernd auf die Polizei zuzumarschieren. Erneuter Angriff. Unter der Vorhut der Polizei explodiert ein Molotowcocktail und zerstört die Logik des Vorrückens. Der beherrschte Zorn weicht blinder Wut, die alles vernichten will. Fußgänger werden im Vorbeilaufen niedergeknüppelt, und wer Tränengasgranaten oder Gummigeschosse abfeuert, lehnt sich dabei zurück, um dem Schuß auf die Fliehenden mehr Durchschlagskraft zu verleihen. Der Knall eines Schusses versetzt den Fenstervoyeur Carvalho in Alarmzustand. Die Polizei ist stehengeblieben und mustert prüfend Straßenecken und Fassaden. Einer feuert blind ein Gummigeschoß gegen die Häuser ab, und das Publikum schließt die Lo-

gentüren so hastig wie bei einem Wolkenbruch. Carvalho legt die Fensterläden vor und sieht durch die Ritzen eine Polizeiattacke, aseptische Momentaufnahmen der Ordnungskräfte, die gezwungen sind, sich durch sein enges Gesichtsfeld hindurchzuzwängen. Biscuter ruft aus der Küche: «Jetzt das Hackfleisch in den Topf, und fertig, Chef! Das *sofrito* habe ich schon eingedickt.»
Als der Duft von den Tellern ihn veranlaßt, sich umzuwenden, herrscht unten wieder Friede. Die Polizei übt wieder wie zuvor bedächtige Wachsamkeit, und in den «Wannen» klappen die Zivilgardisten das Plastikvisier auf.
«Waren sie auch richtig sauber?»
«Ich habe ein paar Borsten selbst abgeschabt, die noch dran waren. Sie sind ganz zart.»
Auf der Basis von *sofrito* und Hackfleisch hat sich eine so gute Volksküche entwickelt wie die katalanische, und Biscuter hat seine Lektion gelernt. Das Männchen ißt, ohne einen Blick von Carvalho zu lassen, und lauert auf die fällige Lobeshymne.
«Prima, was, Chef?»
«Korrekt.»
«Nur korrekt? Verflucht noch mal! Ihnen muß man wohl erst Wellensittichhoden in Béchamel servieren, damit man mal ‹Ausgezeichnet, bravo, Biscuter!› oder ‹Phantastisch!› zu hören kriegt.»
Kurz darauf trinkt Carvalho im *Café de la Opera* einen *carajillo**, umgeben von den Resten der Demonstration und den ersten Ramblaschnecken, die sich nach dem Knüppelregen wieder aus ihrem Häuschen wagen. Instinktiv sondiert er, wer ein Zivilpolizist sein könnte. Wer von uns ist eigentlich kein Polizist? Wenn schon keiner in Zivil, so doch einer, der im Geist einen kleinen, verbietenden Polizisten mit sich herumträgt. Zwei Adepten der Homosexualität liebkosen sich unter einem Jugendstilspiegel, der ihre zarten Nacken wiedergibt. Siebzehn Mädchen, die alle wie von zu Hause ausgerissene Haschraucherinnen aussehen, kommen ge-

* Kaffee mit Kognak

rade von zu Hause und bestellen ein stilles Wasser. Zweihundertdreißig Gäste des *Café de la Opera* sind die Hauptdarsteller dieser Kinoinsel. Von draußen betrachten sie schüchterne Passanten, die als Voyeure oder zu den Nutten unterwegs sind. Wie schwarzweiße Schlangen winden sich die Kellner durch die Inselbewohner. Der Magnet ihrer Hände hält Messingtabletts mit dem Rost von anno dazumal, dem Rost von übergeflossenen Absinthgläsern aus den heißen Nächten der Kolonialherren und ihrer Maorigeliebten.

«Mehr Bullen, wir haben Krieg!» schreit einer mit einem doppelten Buckel, der versucht, sich Platz zu schaffen. Seine Klamotten muffeln nach Gras, seine Achselhöhlen nach Mensch und sein Mund nach Tabak und Bocadillos, hastig hinuntergeschlungen wie Benzin für die lange Reise des Körpers vom Nichts durch die absolute Appetitlosigkeit zum Tod. Von den Schultern eines langhaarigen, knochigen Riesen schaut ein zweijähriges Kind in den Schlund eines Gin-Tonic hinab und nimmt huldvoll das Himbeereis entgegen, das ihm der Kellner mit den rosigen Wangen zusteckt. In seiner Ecke läßt ein prätuberkulöser Junge die etwas schmutzigen Haarsträhnen über die Saiten fallen und lauscht einsam seinem Gitarrensolo. Am Eingang bauen sich breitbeinig zwei Bereitschaftspolizisten auf, das sardonische Grinsen hinter dem heruntergeklappten Visier plattgedrückt. Sie kommen nicht weiter herein, geben aber auch nicht wieder hinaus, sondern sehen sich um und lauschen wahrscheinlich der durch ihr Auftauchen verursachten Stille, die nur durchbrochen wird von Husten und Gläserklirren auf einem Marmortischchen. Das Kind fängt an zu weinen. Das Ordnungskommando zieht ab.

(Carvalho und der tote Manager)

Für vier Personen
Vorbereitung: 2 Tage; Garzeit: 4 Stunden

4 Schweinsfüße; 3 l Wasser; Salz; 60 g Butter; 100 g Semmelbrösel; 3 Eßlöffel gehackte Petersilie; 60 g Schweineschmalz; 1 Karotte; 1 Zwiebel;

1 Kräutersträußchen mit Lorbeer, Thymian, Kerbel und Petersilie; 1 Glas starker Wein; Salz und Pfeffer

Die Füße putzen und abflämmen. 2 Tage lang in Salz legen. Waschen und abtrocknen.
Mit der Karotte, der Zwiebel und dem Kräutersträußchen in eine Kasserolle geben und mit Wasser zum Kochen bringen. Vier Stunden lang kochen lassen.
Die Füße abkühlen lassen und der Länge nach zweiteilen. Entbeinen, aber das Spitzbein daran lassen.
In einer Pfanne die Butter zerlassen und darin die Schweinsfüße wälzen, bis sie von allen Seiten gut eingefettet sind. Dann in den mit den drei Eßlöffeln gehackter Petersilie gemischten Semmelbröseln wälzen, salzen und pfeffern und in eine flache Backform geben.
Den Backofen vorheizen und die Füße darin braten. Nach der halben Garzeit umdrehen und mit dem Fond, der sich gebildet hat, übergießen. Den Wein angießen und fertigbraten.
Vor dem Servieren den Fond durch ein Sieb streichen und wieder darüber gießen.

Pollo con Alcachofas

Hähnchen mit Artischocken

Biscuter notiert Namen und Telefonnummer des Mannes.
«Und Sie, haben Sie keine Adresse?»
«Sie hat mit der Geschichte nichts zu tun, sie kam nur so mit. Sie finden uns sowieso fast jeden Abend im *Sot*.»
«Sie sind also Studenten von Marcos Núñez, stimmt's?»
«Er gab uns Ihre Adresse.»
Núñez hat also aus der Ferne diese Ironie inszeniert und lacht wahrscheinlich gerade wie ein Irrer über mich.
«Ich arbeite nur auf Rechnung.»
«Das dachte ich mir.»

«Bezahlen Sie?»
«Mein Vater.»
«Was arbeitet Ihr Vater?»
«Im Baugeschäft. Sehr solvent, keine Bange.»
«Wäre er damit einverstanden, wenn ich den Fall übernähme?»
«Ich kann ihn hierherbringen; Sie können sich selbst überzeugen.»
«Ich melde mich bei Ihnen!»
Eine Frau im Taschenformat. Als sie hinter ihm hinausgeht, stellt sich Carvalho vor, wie sie rittlings auf ihm sitzt, seinen Penis in sich gefangenhält, die Hände auf seine Brust stützt, den Kopf mit geschlossenen Augen in den Nacken geworfen und die Zunge zwischen den Zähnen, um ein leichtes Keuchen zu unterdrücken. Die Endivienblätter schwingen auf und ab, als blase sie jemand aus dem Innern des Köpfchens mit dem kleinen Gesicht an.
«Was halten Sie davon, Chef?»
«Ein Wintermärchen. Paßt nicht in den Frühling. Wie Geschichten von Bären und Ertrunkenen, die auf dem Grund von Meeren, Seen, Flüssen und Tümpeln hausen.»
«Also ich kriege davon eine Gäsehaut.»
«Für mich ist das Ganze ein Komplott des Bischofs und der ‹Christen für den Sozialismus›, die den Untergang der Kirche verhindern wollen. Laß mich in Ruhe damit, Biscuter! Ich will etwas essen.»
«Soll ich Ihnen das von gestern aufwärmen? Wissen Sie noch? Nierchen in Sherry und Pilaw.»
«Was brutzelst du jetzt im Moment?»
«Hähnchen mit Artischocken.»
«Das schmeckt morgen gut, wenn es aufgewärmt ist. Gib mir die Nieren und den Reis, aber wenn der Reis hinüber ist, wirfst du ihn weg und machst einen neuen!»

(Carvalho und der tote Manager)

1 Hähnchen von etwa einem Kilo, in acht Stücke zerteilt; 1 kg Artischocken; Hühner- und Gemüsebrühe; Knoblauch; 1 Zwiebel; Tomatensoße, Mandeln, Haselnüsse, Pinienkerne und getoastetes Weißbrot; Safran; 1 Glas Weißwein; Salz und Pfeffer; Petersilie

Die Hähnchenteile goldbraun braten und aus der Pfanne nehmen.
Die Artischocken putzen, so daß kaum mehr als das Herz und die zartesten Blätter übrig sind. Vierteln, salzen, in Mehl wälzen und im verbliebenen Öl braten. Herausnehmen.
Im verbliebenen Öl mit der gehackten Zwiebel und der Tomate ein *sofrito* bereiten, zu dem man eine feingehackte Mischung aus dem Knoblauch, den Mandeln, Haselnüssen, Pinienkernen, dem getoasteten Brot und Safran gibt, die in dem Glas Wein vermischt wurde.
Die Brühe dazugießen, kochen und etwas reduzieren lassen. Dann die Hähnchenteile dazugeben, eine Viertelstunde kochen lassen, die Artischocken dazugeben und eine weitere Viertelstunde kochen lassen.
Man kann der gehackten Knoblauch-Nuß-Mischung ein hartes Ei hinzufügen und das Gericht, bevor man es vom Feuer nimmt, mit gehackter Petersilie bestreuen.

Pato a las Hojas de Té

China-Ente mit Teeblättern

Carvalho wollte den schlechten Geschmack loswerden, den er noch von dem proteinhaltigen Mittagsmenü im Mund hatte, und erkundigte sich nach einem China-Restaurant, das das Prädikat «chinesisch» auch wirklich verdiente. Die Meinungen von Peter Pan, dem Empfangschef, und einem rothaarigen Schotten, der dick und betrunken alleine an der Hotelbar saß und genügend Thai sprach, um sich mit den Kellnern verständigen zu können, gingen weit auseinander. Carvalho vermutete, daß die Meinung des Schotten am wenigsten durch die Zahlung einer Kommission zu beeinflussen war, und hörte aufmerksam zu, was er ihm riet. «Man wird Ihnen das *Bangkok Maxim* oder das *Chiu Chao* des *Ambassador Hotels* empfehlen, aber gehen Sie ins *Große Shangarila*, es ist ganz in der Nähe und ausgezeichnet.»

Im Erdgeschoß des *Shangarila* befand sich ein riesiges, volkstümliches Restaurant, in dem ein beträchtlicher Prozentsatz der tausend Millionen Chinesen, die es auf der Welt gibt, dabei waren, stäbchenklappernd ihrer Gefräßigkeit zu frönen. Über eine Treppe gelangte man in die oberen Stockwerke, wobei sich das Etablissement von Stockwerk zu Stockwerk zu einem teuren Restaurant mauserte, mit Hostessen in langen, roten, seitlich geschlitzten Kleidern, die ihre herrlichen asiatischen Beine mit den Lackschühchen zur Geltung brachten. Ein Servierwagen mit einer Pekingente wurde an Carvalho vorbeigeschoben, und er folgte seinem Duft zu einem kleinen Tisch, der ihm zugewiesen wurde. Die nutzbringende Höflichkeit der Asiaten zeigte sich an der Tatsache, daß ihm angesichts seiner Einsamkeit ein schwuler Kellner geschickt wurde, der sich aus zehn Zentimeter Entfernung von seinem Gesicht nach seinen gastronomischen Wünschen erkundigte. Dabei klimperte er mit den Winpern wie die Freundin von Donald Duck und sprach Englisch wie eine mannstolle Gouvernante. Carvalho bestellte eine Portion gebratenen Reis nach Kanton-Art, eine halbe Portion Abalone mit Austernsoße und Ente in Teeblättern «Long Jing Ya», was auf spanisch genauso gut klang wie auf chinesisch. Auf diesem Stockwerk saßen die reichen und neureichen Chinesen, die die fundamentalen Quellen des Reichtums des Landes beherrschten. Wie überall in Südostasien hatten auch die Chinesen Thailands im Lauf der letzten beiden Jahrhunderte, vom Hunger getrieben, ihr Land verlassen und ihren Überlebenswillen der Gelassenheit der tropischen Völker aufgezwungen. Auch jener zwanghaft essende Chinese war ein Neureicher, der die Geschwindigkeit der Nahrungsaufnahme seiner beiden etwas diskreter essenden Tischgenossen dirigierte. Er zerlegte mit Begeisterung den in Algen gekochten Fisch, vervielfachte seine Stäbchen über den Schüsseln, die den Tisch bedeckten, und verschlang allein fünf Schalen weißen Reis, die er sich an die Lippen hielt, um kein einziges Körnchen zu verlieren. Dieser Chinese aß aus Erinnerung, und nicht nur aus seiner individuellen, sondern aus der kollektiven Erinnerung eines Volkes, das auf der Flucht vor dem Hunger war – seltsamerweise erweckte er Vertrauen in die historische Funktion des menschlichen Appetits. Carvalho war in bester Stimmung, als die Servierteller mit Reis, Abalone und Ente vor ihm aufgebaut wurden. Die Ente war etwas Neues für ihn, und als er den Kellner bat, ihm die Zubereitung zu erläutern, entschuldigte sich der Junge und erklärte, er verstehe leider nichts davon, aber der Oberkellner werde ihm gerne Auskunft geben.

Der Oberkellner erkärte es ihm: Das Gericht müsse mit frischen Teeblättern zubereitet werden, möglichst aus der chinesischen Provinz Sezuan, aber weil man diese Teeblätter nicht das ganze Jahr über bekommen könne, hätten sie getrocknete Blätter benutzt, aber nur die besten, die mit dem feinsten Aroma. Die Ente wurde eingelegt in Ingwer, Zimt, Sternanis, Teeblätter und ein Glas Shao-Hsing-Wein, nachdem sie vorher mit Zucker und Salz eingerieben worden war. Der Beize wurde ein Glas Wasser hinzugefügt, dann wurde die Ente im Wasserbad zwei Stunden lang gekocht. Danach mußte sie abkühlen, und man bereitete einen Topf Long-Jing-Tee, in welchem die Ente weitere vier Minuten kochen mußte. Jetzt war sie praktisch fertig. Man mußte noch die Stücke der Ente in Erdnußöl braten, bis sie goldbraun waren, um sie dann schön heiß zu servieren.

«Wollen Sie den Shao Hsing probieren? Es ist der ideale Wein zu diesem Essen.»

(Die Vögel von Bankok)

1 Ente; 20 g frischer Ingwer; 5 g Zimt; 5 g Macisblüte; 1 Glas Shao-Hsing-Wein (ersatzweise trockener Sherry); 80 g Long-Jing-Tee; Erdnußöl; Salz, Zucker

Die Ente wird ausgenommen, gesäubert und von außen und innen mit Salz und Zucker eingerieben.
Mit dem in Scheibchen geschnittenen Ingwer, dem zerkleinerten Zimt, der Macisblüte und dem Glas Shao Hsing in einen tiefen Topf geben, 1 dl Wasser angießen und im Wasserbad zwei Stunden garen.
Die Teeblätter auf einer Metallplatte oder in einer Pfanne rösten und zur Ente geben. Den Topf wieder schließen und vier oder fünf Minuten kochen und Geschmack nehmen lassen.
Das Öl in einer großen Pfanne erhitzen und darin die abgetropfte Ente goldbraun braten. Zerlegt servieren.

Salmis de Pato
Ente aus der Röhre

Nach dem Anruf bei Parra wählt er die Nummer seines Büros.
«Nichts Neues, Chef. Der Deutsche hat noch nichts von sich hören lassen.»
Ein Tag Verspätung. Komisch. Das Hippieleben hat unseren Dieter Rhomberg ganz schön verändert, denkt Carvalho. Er hat das Bedürfnis, sich von den Gesprächen und von sich selbst zu entgiften, und darum macht er sich auf den Weg ins Kino. Dann würde er entspannt nach Hause kommen, bereit, etwas Aufwendiges zu kochen, etwas, das ihn reizte und voller schwieriger Feinheiten steckte. *Die Nacht ist in Bewegung* war ein Film mit Gene Hackman, ein Gangsterstreifen in der Art alter Bogart-Filme. Carvalho bewunderte Gene Hackman in seiner Rolle als Privatdetektiv mit Innenleben, in der Art von Marlowe oder Spade. Die große, eckige Schönheit Susan Clarke fand er sehr erotisch, und obendrein bekam er eine reife Blondine von der spontanen Schönheit einer flüchtenden Antilope serviert. Ein weiteres Verhaltensmodell. Wen soll ich imitieren? Bogart, der Chandler spielt? Allan Ladd als

eine der Gestalten von Hammett? Paul Newman in *Harper*? Gene Hackman? Während sich sein Auto die Flanken des Tibidabo hinaufwindet, spielt Carvalho all ihre Tricks durch. Den feuchten Hundeblick und die verächtlich heruntergezogene Unterlippe Bogarts, den übertrieben aufrechten Gang, mit dem Allan Ladd seinen Zwergenwuchs kaschierte und ständig seinen Blondkopf hochreckte, als wolle er den Hals verlängern. Paul Newman, der mit seinen klassischen Zügen kokettierte, und Gene Hackman mit dem Lebensüberdruß eines Mannes, den seine Frau betrügt und der über 100 Kilo wiegt.

«Noch immer nichts, Chef. Kein Pieps von dem Deutschen.»

«Wenn er doch noch anruft, sag ihm, er soll sich bei mir melden, ganz gleich, wie spät es ist!»

Um ein Uhr nachts eine Ente zuzubereiten, gehört wohl zu den herrlichsten Verrücktheiten, die ein menschliches Wesen begehen kann, das nicht verrückt ist.

Carvalho verschreibt der jungen Ente zunächst eine Schlankheitskur im Backofen, bei der sie all ihr Fett einbüßt und zudem knusprig braun wird. Während das Tier vor sich hin brutzelt, läßt er in einer Pfanne ein paar Speckwürfel aus, in deren Fett er dann Zwiebeln und Champignons dünstet. Weißwein dazu, Salz, Pfeffer, eine gehackte Trüffel samt einem Schuß von dem Kognak, in den sie eingelegt war. Die Trüffeln kommen aus Villores, einem Dorf im Maestrazgo, und er bezieht sie von einem lateinkundigen, alleinlebenden Steuerberater, der in der Nachbarschaft wohnt.

(Carvalho und der tote Manager)

1 kleine Ente mitsamt der Leber; das Knochengerüst der Ente aufbewahren; 100 g in dicke Scheiben geschnittener Speck; Salz; 4 Schalotten; Pfefferkörner; 1 dl guter Rotwein; 3 cl Kognak oder Armagnac; 100 g Butter; feingehackte frische Kräuter (Thymian, Salbei, Rosmarin, Oregano)

Die Ente auf dem Rost im Backofen 15 Minuten lang schmoren, damit alles überschüssige Fett austritt. (Das-

Fett kann man aufbewahren und zum Kochen von getrockneten Hülsenfrüchten verwenden, beispielsweise weiße Bohnen oder Kichererbsen.)

Die Ente zerlegen, die Keulen ganz lassen, den Rest in dünne Scheiben schneiden. Blut und Fleischsaft auffangen.

Die Ententeile in eine Backform legen, ein Glas Kognak, Salz und gemahlenen Pfeffer, gehackte Schalotten, Butter und Speck dazugeben, der in kleine Würfel geschnitten und kurz in etwas Entenfett gewälzt wurde.

Für drei Minuten in den heißen Backofen stellen, dann herausnehmen, aber warmhalten.

Gleichzeitig wird das weichgekochte Knochengerüst zerstückelt und zerkleinert (im Fleischwolf oder mit einem Tranchiermesser).

Einen Eßlöffel Butter in der Pfanne zerlassen. Darin drei grobgehackte Schalotten, den Rotwein, die Gewürze, die Kräuter, die gehackten Knochen, das Blut und den Fleischsaft, die aufgefangen wurden, den Sud vom Knochengerüst und den Fond der Leber, die man in Butter geschmort und zu Püree reduziert hat, eine halbe Stunde lang köcheln lassen.

Diese Soße durch ein Sieb streichen und über die Ente in der Backform geben, die dann weitere fünf Minuten im Backofen schmoren muß. Mit geröstetem Weißbrot servieren.

Confit d'oie

Eingemachte Ente

Das Confit ist ausgezeichnet, goldbraun, mit festem Fett, das in eine qualitativ andere Substanz übergegangen ist, voller taktiler Überraschungen: Punkte flüchtigen Geschmacks, leicht verbrannt, knusprig wie die Haut unmittelbar unter der Fettschicht. Das Fleisch ist faserig, aber nicht trocken, vollgesogen mit

Kräuter- und Gewürzaromen während seines unbeweglichen Schlafes im kalten Fett.
«Nachtisch, die Herren?»
Núñez zwinkert Carvalho zu. «Bringen Sie uns einen Aracata-Joghurt, ein Glas frischen Orangensaft und ein Gläschen Triple Sec. Ich mische es mir dann selbst... Kann ich Ihnen nur empfehlen, Carvalho. Das Rezept stammt von Argemi höchstpersönlich. Ich bestelle es mir jedenfalls, wenn ich essen gehe – und schon hat er wieder einen Joghurt mehr verkauft.»
Núñez hat mäßig gegessen und kaum etwas getrunken. Carvalho ahnt, daß er seine jugendliche Erscheinung verteidigt, daß er Tag für Tag darum kämpft, trotz seiner fünfundvierzig Jahre wie vierundvierzig auszusehen.
«Ich werde Sie jetzt dasselbe fragen wie später Ihre Freunde. Was glauben Sie, wie ist Jaumá umgekommen?»
«Ich habe genug Krimis gelesen, um zu wissen, daß man zunächst nach einem Motiv suchen muß. Und ein offizielles Motiv gibt es ja auch. Eine Abrechnung im Nuttenmilieu. Jaumás Frau bezweifelt das freilich. Ich habe keinen Grund, daran zu zweifeln, aber es erscheint mir allzu präpariert und inszeniert. Wenn wir dieses Motiv beiseite lassen, bin ich selbst am wenigsten in der Lage, Ihnen ein anderes vorzuschlagen. Den Krimis nach könnte Jaumá aus geschäftlichen Gründen ermordet worden sein, es könnte die Rache eines seiner Arbeiter gewesen sein, oder es war ein Streit um eine Erbschaft oder um seine Frau, die einen Liebhaber hatte... Das Ganze könnte auch ein Irrtum gewesen sein. Suchen Sie sich aus, was Sie wollen – bei jeder Möglichkeit spricht mehr dagegen als dafür. Mord ‹aus geschäftlichen Gründen› gibt es bei kleinen Geschäftsleuten oder Industriellen, die sich im harten Überlebenskampf täglich Aug' in Auge gegenüberstehen, aber nicht unter Managern der Chefetage. Was Arbeitskämpfe angeht, so habe ich Ihnen ja bereits gesagt, daß sich Jaumá sehr darum kümmerte und sie mit großem Geschick vermied. Erbschaftshändel scheiden aus, seine Kinder sind noch zu jung, um einer Erbschaft wegen zu töten, und außerdem hing das ganze Wohl und

Wehe der Familie von Jaumás Einkommen ab. Er besaß zwar viele Dinge, aber die meisten davon waren noch nicht abbezahlt. Seine Pension und selbst die Lebensversicherung, die er abgeschlossen hatte, werden das nicht abdecken. Und daß Concha fremdgegangen sein sollte, erscheint mir völlig absurd. Ihnen wahrscheinlich auch, seitdem Sie sie kennen. Bleibt die Möglichkeit, daß man ihn verwechselt hat – ein Irrtum.»

(Carvalho und der tote Manager)

4 Stücke einer confitierten Ente; Fett, in dem sie confitiert war; ½ kg gekochte weiße Bohnen oder Kartoffeln

Die Ente ist in einem Glasgefäß im eigenen Fett aufbewahrt, das mit kleinen Trüffelstücken und dem Salz und Pfeffer des eingelegten Tieres gewürzt ist. Manche Leute übergießen die Ente mit einem Schuß Armagnac, wenn sie im Backofen geschmort wird, damit das Fett austritt.

Die Stücke aus dem Gefäß nehmen und in der Pfanne erhitzen, damit das Fett schmilzt und die äußere Haut kroß wird.

In dem geschmolzenen Fett die in Würfel geschnittenen Kartoffeln braten oder das Fett einfach über zuvor gekochten weißen Bohnen gießen.

Kartoffeln oder Bohnen sind dann zwar die Garnierung der Ente, aber mit den wesentlichen Geschmackskomponenten gesättigt, die sie in der lethargischen Ruhe im Glasgefäß gespeichert hat.

Essen – ein Genuß ohne Reue

Tarta de Arroz a la Naranja

Reistorte mit Orangen

«Araquistain machte daraus einen Spaziergang über den nackten Körper dieses Mädchens.»

«Wer ist sie?»

«Sie war hier fremd. Sie war zum erstenmal dabei und verschwand dann wieder. Jetzt erinnere ich mich. Ich glaube, Santidrián hatte sie ihm beschafft. Sie war eine Kriminelle, oder beinahe. Ein Mädchen aus einem dieser verrufenen Viertel. Diese Art von Schauspielern, wie sie Saura oder Manuel Gutiérrez Aragón einsetzten.»

«War da nichts zwischen ihr und Araquistain?»

«Soviel ich weiß, nicht. Und ich weiß normalerweise eine ganze Menge darüber.»

Es wurde allmählich Zeit fürs Abendessen, und diesmal bestellte Carvalho bei *Zalacaín* einen Schmortopf mit Austern und Scampi in Cidre, Filetschnitten in Sherryessig und Reistorte mit Orangen. Cifuentes war an der Grenze seines rationalen Begriffsvermögens. Er war sozusagen kurz vor dem Erbrechen, als er nur die Speisenfolge hörte. Dann tauchten sie wieder in andere Folgen der Serie ein, aber für den Rest des Abends hatte Carvalho nur die dunklen

Brüste jenes Mädchens vor Augen, und ihren mürrischen Blick, auf dessen Grund trotzdem die Naivität jedes Jungtieres leuchtete. Als der letzte Schlußakt der Serie Sánchez Bolin nahte, fühlte er, wie sich seine Augen in schmerzende Knöpfe verwandelt hatten, und neben sich hörte er die entkräftete Stimme von Cifuentes. «Es reicht für heute, nicht?»

«Rufen Sie mal an und finden Sie heraus, ob Villariño noch im Amt ist!»

«Er ist noch. Vorderhand.»

(«Mord in Prado del Rey» aus *Das Zeichen des Zorro*)

Für den Milchreis

300 g Reis; 200 g Zucker; 1 ½ l Milch, 30 g Butter; 1 Vanilleschote; dünne Schale einer Zitrone; gemahlener Zimt; 1 Prise Salz; 2 Eßlöffel Curaçao

Für die Torte

3 Orangen und Stücke von der Schale kandierter Orangen; 100 g Rosinen; 190 g Puderzucker; ½ Zitrone; 1 Gläschen Cointreau; 20 g Butter

Der Milchreis wird von einem Tag auf den andern gemacht.

Den Reis waschen, Wasser mehrmals erneuern.

In einem Topf die Milch mit der Vanilleschote, der Zitronenschale, der Butter und dem Zucker zum Kochen bringen.

Den Reis in Wasser knapp fünf Minuten kochen. Abgießen und mit der Milch und dem Curaçao eine Viertelstunde köcheln lassen.

Die Zitronenschale und die Vanilleschote herausnehmen und den Reis, mit Zimt überstäubt, über Nacht im Kühlschrank ruhen lassen.

Die Rosinen und kandierten Orangenschalen in heißem Wasser einweichen. Die Orangen schälen, in Spalten teilen und sehr vorsichtig enthäuten.

Den Reis in eine flache Schüssel stürzen und darauf die

Rosinen, Orangenspalten und kandierten Schalen legen.
Den Zucker mit Butter, Zitrone, Cointreau und Wasser karamelisieren und über die Reistorte gießen.

Flaons

«*Flaons!* Die hast du für mich mitgebracht, Enric?»
Sie umarmten sich wie zwei Landsleute, die sich auf dem Nordpol treffen, und erklärten dem erstaunten Carvalho, daß *flaons* die Krönung der Desserts aller Länder Kataloniens sind. Man macht einen Teig aus Mehl, Öl, Anis und Zucker und eine Füllung aus Quark, gemahlenen Mandeln, Eiern, Zimt und geriebener Zitronenschale.
«Meine Schwester hat sie mir gestern gebracht. Der Quark ist eine empfindliche Sache, die schnell verdirbt.»
Beser und Fuster nahmen Hände voll von dem Duft, der der Paella entstieg, und führten sie zur Nase.
«Zuviel Paprika», urteilte Beser.
«Wartet, bis ihr gekostet habt, ihr Bauern!» gab Fuster zurück, der wie ein Alchimist über seinen Retorten brütete.
«Ein paar Schnecken obendrauf, um der Sache den letzten Pfiff zu geben. Das ist es, was fehlt. Pepe, heute bekommst du eine königliche Paella, die echte, wie sie gemacht wurde, bevor die Fischer kamen und ihre Fische darin ertränkten.»
«Gut, dann kannst du sie allein essen.» Beser war beleidigt.
«Ich treibe doch nur Anthropologie, ihr Banausen!»
Sie richteten die Paella mitten auf dem Küchentisch an, und Carvalho war bereit, sie wie die Bauern auf dem Land zu essen, das heißt ohne Teller, wobei sich jeder ein bestimmtes Territorium auf der runden Platte aussuchen darf. Es war eigentlich eine Paella für fünf Personen, aber sie verzehrten sie ohne Anstrengung zu dritt. Dabei waren sie bemüht, ordentlich Wein zu trinken, um den Ma-

gen freundlich zu stimmen. Sie leerten den Sechs-Liter-Ballon und holten den nächsten. Dann brachte Beser eine Flasche Alcalá de Chisvert zu den *flaons*.

«Bevor du nicht mehr zwischen einem Sonett und einem Fragment aus dem Telefonbuch unterscheiden kannst, beantworte doch bitte die Frage, die dir mein Freund, der Detektiv, stellen will. Ach ja, ich habe euch noch nicht miteinander bekannt gemacht. Zu meiner Rechten Sergio Beser, 78 Kilo saure Milch mit roten Haaren, und zu meiner Linken Pepe Carvalho. Wieviel wiegst du? Das ist der Mann, der alles über Clarín weiß. Er weiß so viel, daß er Clarín umbringen würde, wenn er es wagen sollte, aus dem Grab aufzuerstehen. Nichts Literarisches ist ihm fremd. Und was er nicht weiß, weiß ich. ‹Kräftige Sklaven, schweißbedeckt vom Feuer des Herdes, brachten die Speisen des ersten Ganges auf großen Platten von rotem saguntischem Ton.› Woher stammt das?»

«Aus *Sonnica, die Kurtisane* von Blasco Ibáñez», rief Beser ohne rechte Lust.

«Woher weißt du das?»

«Weil du immer, wenn du anfängst, dich zu betrinken, die Ode an die Paella rezitierst, und dann, wenn du betrunken bist, kommt die Szene aus dem Bankett, das Sonnica in Sagunt für Actaion aus Athen gibt.»

«Hinter jedem der Geladenen stand ein Sklave zu seiner Bedienung, und jeder von ihnen füllte das Glas zum ersten Trankopfer», rezitierte Fuster im Alleingang weiter, während Carvalho aus seiner Tasche den Zettel hervorkramte, auf dem er die literarischen Hieroglyphen Stuart Pedrells abgetippt hatte. Beser nahm plötzlich die ernste Miene eines Diamantenprüfers an, und seine diabolischen roten Augenbrauen sträubten sich angesichts der Herausforderung. Fuster hörte auf zu deklamieren, um sich den letzten *flaon* in den Mund zu schieben. Beser erhob sich und umrundete zweimal seine Gäste. Er trank noch ein Glas Likör, und Fuster schenkte ihm nach, damit er nicht durch Mangel an geistigem Treibstoff ausfiel. Der Professor las die Verse leise vor, als versuche er sie auswendig zu lernen. Er nahm seinen Sitz wieder ein und legte das Papier auf den Tisch. Seine Stimme klang kühl, als hätte er die ganze Nacht nichts anderes als eisgekühltes Wasser zu sich genommen, und während er sprach, drehte er sich mit «Ideales»-Tabak eine Zigarette.

(Tahiti liegt bei Barcelona)

600 g Mehl; 50 g Zucker; ¼ l Öl; 125 ccm Anis; 50 g gemahlene Mandeln; 100 g Quark; 1 Ei; 1 Messerspitze Zimt

Öl, Anis, Zucker und Mehl zu einem Teig verarbeiten.
Wenn alles gut durchgeknetet ist, zehn kleine runde Fladen formen, wie für kleine Empanadas.
Für die Füllung den Quark mit den gemahlenen Mandeln, dem Ei und Zimt vermischen.
Je einen Suppenlöffel Füllung auf die Fladen geben, diese zu Halbmonden zusammenklappen und an den Rändern zusammendrücken.
Im Backofen backen und mit Zucker bestreut servieren.

Yogur a la Naranja

Orangen-Joghurt

Es gibt Porreesuppe und gedünsteten Steinbutt, und Parra zeigt sich höchst zufrieden über das Menü, das ihn nicht in seinem präventiven Kampf gegen Cholesterol und Harnsäure zurückwirft.
«Du lebst nicht schlecht hier oben! Das ist also deine Nahkampfdiele?»
«Meine Nahkampfdiele ist überall, wo ich bin – im Norden, Süden, Osten und Westen.»
«Ihr Junggesellen könnt die Käfigtür dauernd offenstehen lassen.»

Parra ißt zügig und konzentriert, als müsse er einen Auftrag erledigen, nimmt nur ein Glas kalten Perelada Piscator und schaut fasziniert zu, wie Carvalho Joghurt, Orangensaft und etwas geriebene Orangenschale verquirlt. Obwohl er unwillkürlich den Mund verzieht, als er entdeckt, daß auch Triple Sec und Cointreau dazugehören, beruhigt ihn Carvalhos Versprechen, nur ganz wenig zu nehmen. Kaffee lehnt er ab. Statt dessen zieht Parra eine kleine Papiertüte aus der Tasche.

«Tut mir leid, wenn ich die Zeremonie unterbrechen muß, aber kannst du mir das schnell aufbrühen? Ich mach's auch gerne selbst.»

«Was ist denn das?»

«Eine Kräutermischung, die die Katalanen *puniol i boldo* nennen. Es gibt nichts Besseres für Magen und Leber.»

Aus derselben Tasche zieht er ein silbernes Schächtelchen, nimmt daraus zwei Saccharintabletten und legt sie neben seinen Teller. Während Parra an seinem Tee schluckt, schenkt sich Carvalho eine große Tasse Kaffee ein, trinkt zwei Gläser Grappa und sucht zuerst in Parras Augen und dann in seinen Worten nach der Ironie, als dieser meint: «Wenn es soweit ist, bist du nicht in Form. Und ich habe auf dich gezählt.»

«Immer noch die Revolution?»

«Mein alter Plan. Ich mußte ihn natürlich den veränderten Umständen anpassen.»

Vor zwanzig Jahren hatte Parra präzise berechnet, wie viele Aktivisten man brauchte, um die fünf größten Städte des Landes in die Hand zu bekommen.

«Wir müssen nur abwarten, bis der Staatsapparat die ersten Risse bekommt, dann heißt es zuschlagen.»

Enttäuscht über den zunehmenden Opportunismus der Linken, hat Parra seinen Plan auf unbestimmte Zeit aufgeschoben, bis die Avantgarde der Arbeiterklasse ihre historische Klarsicht wiedergewinnt und aufhört, sich selbst zu bemitleiden und um die Gunst der Bourgeoisie zu buhlen.

«Hier, dein Stammbaum. Aber ich sag's dir gleich, solche Graphi-

ken geben nicht viel her. Reine Show. Tamames hat sie mit seiner Monopolstudie in Mode gebracht. Aber für mich hat das nichts mit Volkswirtschaft zu tun, eher mit plastischer Kunst.»
«In diesem Fall interessiert mich auch nicht die Volkswirtschaft, sondern genau die plastische Kunst.»

(Carvalho und der tote Manager)

1 Joghurt pro Person; geriebene Schale einer Orange; 1 Gläschen Cointreau; 1 Gläschen frischen Orangensaft pro Person

Den Joghurt mit dem Orangensaft schlagen.
Die geriebene Schale und das Gläschen Cointreau dazugeben und weiterschlagen.
Die Mischung im Kühlschrank ruhen lassen.
Kalt servieren.

Mel i Mató
Honigquark

Er kauft seine *botifarras* in La Garriga; frisch gekocht, mit Blut und mit Ei. Unter den Europäern verstehen es nach den Deutschen die Katalanen am besten, das Hausschwein für die gastronomische Kultur zu nutzen. Abgesehen von dem zu weichen, faden Schinken gebührt den Schweinen des Landes die Ehre, wahre Wunderwerke der Phantasie in Gestalt von Würsten hervorzubringen. Ein Paradebeispiel für Carvalhos Überlegungen prangt auf dem Anrichtetisch der *Fonda Europa* in Granollers, die manchmal das Ziel seiner Eskapaden ist. Jedesmal stellt er überrascht und bewundernd fest, daß man hier der guten gastronomischen Tradition treu geblieben ist. Auf der Anrichte türmen sich die Würste, die zu dem auf der Speisekarte *matança de porc de Llerona** ge-

* Schlachteplatte vom Schwein nach Art von Llerona

nannten Gericht gehören. Wie jedes gute Mineral hat auch die Schlachteplatte einen Anteil an taubem Gestein. Neben den hervorragenden einheimischen Würsten – wohl aus Llerona – finden sich industriell hergestellter Chorizo und der feuchte Schinken des Landes, der eher in Meerwasser eingelegt als an der Luft getrocknet zu sein scheint – ein mißratener Verwandter des Parmaschinkens, der dessen delikate Zartheit nie erreicht.

Die *matança de porc de Llerona* als Entree zu bestellen ist ein pantagruelischer Einfall, der bei der Auswahl der nachfolgenden Speisen großes Fingerspitzengefühl verlangt. Er muß auf Schinken und Chorizo verzichten und im Spektrum der *botifarra* bleiben, das von der schweren Grundform des *salchichón*, einer dicken Salami, bis zur ätherischen Leichtigkeit der «weißen» *botifarra* mit Ei und des *fuet*, einer dünnen Hartwurst, reicht. Der Kellner stellt eine Tonne Wurst vor ihn auf den Tisch und legt ein Messer und ein Brett zum Guillotinieren dazu. Wenn er dann die pantagruelische Angst beschwichtigt hat, er könnte sterben, bevor er alles gekostet hat, was dem Menschen zusteht, pflegt er in der *Fonda Europa peu i tripa* zu bestellen, eine besondere Art von Kaldaunen und Schweinsfüßen mit einer ähnlichen Sülze wie die andalusische Variante, bei der zur strengen kastilischen Version noch Schweineschnauze hinzugefügt wird. Ihm gefällt der stets spürbare Wille der Gäste, möglichst viel zu verzehren, vor allem an Markttagen, wenn Händler und Vertreter in der Absicht in die *Fonda* strömen, das umfangreichste und gehaltvollste Gericht herauszufinden. Außerdem ist es ein Restaurant mit viel Raum, wo jeder Tisch seine eigene Umgebung schaffen und sich selbstgenügsam dem Geschäft des Essens widmen kann, ohne von der Loge des Nebentischs mit jenem Dekolletéspannerblick beäugt zu werden, mit dem neugierige Menschen das Essen anderer ausspionieren. Auch die Naivität der Wandbemalung in einem inflationären Jugendstil dient durchaus gastronomischen Zwecken: sie zeigt verdauungsfördernde Themen in verdauungsfördernden Farben, entweder weil eins wie das andere auf der metaphysischen Ebene existieren könnten oder weil der gesättigte Gast zu kompromißlo-

ser Zuneigung gegenüber Wandbemalungen in einem inflationären Jugendstil fähig ist.
Der Wein entspricht nicht dem Niveau des Essens, und obwohl er den Rioja für das kleinere Übel hält, denkt Carvalho einmal mehr über das Mißverhältnis nach, das in Katalonien zwischen der exzellenten traditionellen Küche und dem mangelhaften Ausbau der populärsten Weine besteht. Das Dessert, *mel i mató*, ist so gut wie im Ampurdán. Carvalho bestellt es eher aus Respekt vor der gastronomischen Kultur als aus Appetit. Als gläubigem Anhänger des tragischen Eßgefühls erscheint ihm ein Dessert, das nicht aus Früchten besteht, stets als verwerfliche Frivolität, und Desserts aus der Konditorei annullieren schließlich immer den Geschmack der tragischen Gerichte, von dem man wünscht, daß er nie vergeht.

(Carvalho und der tote Manager)

80–100 g *mató* oder Quark pro Person;
3 Suppenlöffel Honig pro Person

Den *mató* in zentimeterdicke Scheiben schneiden und auf einen Teller legen.
Den Honig darüber gießen, der ihn bedecken, aber nicht ertränken soll.
Kann mit Nüssen oder Pinienkernen, am besten aber mit Walnüssen, garniert werden.

Mousse de Chocolate

Mousse au chocolat

Die elektrischen Trompeten verkünden pünktlich die Zeit des Abendessens in der fünften Galaxis. Jacqueline verteilt wie üblich die olfaktorischen Speisekarten: Kohltorte, Schweinesteaks in Senfsoße und *Mousse au chocolat*. Sie muß meine ärgerliche Grimasse bemerkt haben, als ich bei den Weinen angelangt war,

denn sie fragte mich mit einer gewissen Besorgnis: «Sagen Ihnen die Weine aus Monterrey nicht zu?»
«Der Rosé ist im Geschmack zu säuerlich, er harmoniert nicht gut mit den Steaks.»
Jacqueline brach in Tränen aus. «Es ist Ethels Schuld. Immer gibt sie dem *maître* absurde Anweisungen. Ich habe in diesem Hause nichts zu sagen!»
Mir wurde bewußt, daß ich im Begriff war, einen Bruch zwischen den Schwägerinnen zu provozieren, und ich lobte die vortreffliche Harmonie zwischen den süffigen Weinen aus Monterrey mit der Torte, vor allem, wenn es gelungen sei, ihnen ein altes Bouquet zu verleihen. Jacquelines Verstimmung ließ nach, aber sie verflog nicht gänzlich. Den ganzen Abend lang war sie bemüht, meine Meinung zu den Speisen und jeder einzelnen Zutat zu erfahren.
«War die Soße gut? Meinen Sie nicht, daß zu viel Sahne verwendet und der Senfgeschmack verwässert wurde? Und die Äpfel? Ist das Kernhaus sauber entfernt?»
Ich bestätigte es ihr mit wachsender Begeisterung, einerseits weil ich mich mit Vergnügen in den Geschmack des Abendessens vertiefte, andererseits weil ich den wachsenden Groll bemerkte, mit dem Robert Kennedy Jacquelines Bemühungen um mich verfolgte. Dazuhin begann der *maître* mich trotz meines Lächelns zu hassen, und die mörderischen Instinkte der *maîtres* sind bekannt, auch derjenigen in den besten Familien.
Robert Kennedys gewohnte Abneigung vertieft sich. Auf gepflegte Art ungekämmt, mit wohlgezogenen künstlichen Falten, die seine politische Reife und sein Werbelächeln akzentuieren, plaudert er mit dem sowjetischen Botschafter, und manchmal betrachten sie mich mit ironischer Einmütigkeit.

(Ich tötete Kennedy)

200 g Schokolade zum Schmelzen; 200 g Butter; 5 Eigelb; 6 Eiweiß; 60 g Zucker

Die Schokolade im Wasserbad schmelzen.
Die Butter zerlassen, mit den Eigelb und dem Zucker schlagen und unter die geschmolzene Schokolade rühren.
Das Eiweiß steif schlagen und mit einem Holzlöffel vorsichtig unter die Schokoladenmischung ziehen. Die Schokoladenmischung muß dabei fast kalt sein.
In einem Gefäß im Kühlschrank zwölf Stunden kalt stellen. Jean-Louis Neichel serviert sie mit Vanillecreme.

Sorbete de Marc de Champagne

Sorbet von Marc de Champagne

«Können Sie mir folgen? Glauben Sie, diese interne Kultur könnte die gleiche sein in einer Partei, die Gramsci oder Togliatti geprägt haben, wie in einer, die unter dem Einfluß von Thorez oder Marchais Leute wie Nizan, Lefèbvre und Garaudy vor die Tür gesetzt hat?»
«Für Sie war Garrido also ein Bremsklotz.»
«Ja, weil er allein war. Er hatte wertvolle Leute im Stich gelassen, die ihn bei diesem Kampf unterstützt hätten. Aber als er sie dann brauchte, war er von Leuten umgeben, die ihm weder helfen wollten noch konnten, die Partei den neuen Verhältnissen anzupassen. Dazu kam noch, daß er jedem mißtraute, der immer zu allem Ja und Amen sagte, was er vorschlug. Die Würfel sind gefallen. Wir hätten so weitermachen können in dieser Pattsituation, nicht Fisch, nicht Fleisch, bis zum Jahr 2000. Jetzt müssen wir uns immerhin entscheiden.»
«Wer ist Ihr Kandidat?»
«Jeder, nur nicht Santos.»
«Warum?»
«Weil er ein Heiliger ist, der mit dem Fernando Garrido seines Herzens Nekrophilie treiben würde. Mir ist es lieber, ein Schlaumeier gewinnt, der Sinn für die Realität hat.»

«Wer ist denn so ein Schlaukopf?»
«Alle und keiner. Ein Schlaumeier in einer Partei wie dieser ist immer nur relativ schlau. Die wirklichen Schlaumeier sind in den Parteien zu finden, die heute schon Wahlen gewinnen können.»
«Gibt es jemanden mit so viel Ehrgeiz, daß er töten würde, um den Posten zu bekommen?»
«Nein. Dieser Gedanke ist dumm. Das Attentat ging nicht gegen Garrido, sondern gegen die Partei. Wer könnte eine Partei umbringen wollen, um sie zu besitzen?»
«Aber der Mörder ist einer der Ihren.»
«Der Mörder ist ein Verräter. Um das zu kapieren, braucht man weder besonders helle noch Privatdetektiv zu sein.»
Carvalho legte den Plan des Saals im Hotel *Continental* auf den Tisch, wenige Millimeter von seinem Marc-de-Champagne-Sorbet entfernt, und zog einen Kreis um den Präsidiumstisch. «Der Mörder befand sich auf Grund der Zeit, die er hatte, innerhalb dieses Kreises. Sehen Sie sich die Namen genau an, die hier stehen, und sagen Sie mir, wer der Mörder ist!»
Leveder sah Carvalho fest in die Augen, heftete dann seinen Blick auf das Papier und studierte jeden einzelnen Namen. Dann ließ er sich gegen die Rückenlehne seines Stuhles fallen, seufzte, und so etwas wie Tränen schimmerte in seinen Augen. «Zahlen Sie das Essen?»
«Ja.»
«Dann entschuldigen Sie mich bitte!» Er erhob sich und ging zu der Treppe, die zum Ausgang führte.

(Carvalho und der Mord im Zentralkomitee)

Für vier Personen

1 ½ dl Wasser; 100 g Zucker; ½ Vanilleschote; 1 Zitrone; 6 cl Marc de Champagne (oder *orujo* oder Grappa); Hagelsalz; zerstoßenes Eis

Das Wasser mit der Zitronenschale und der Vanilleschote in einem Topf aufkochen.

Durch ein Sieb geben und abkühlen lassen.
Die Zitrone ausdrücken und den Saft auffangen.
Das Hagelsalz und das zerstoßene Eis in die Eismaschine geben. Den kalten Sud, den Zitronensaft und den Schnaps in die Eismaschine geben und rühren, bis die Mischung fest zu werden beginnt.
Sofort eiskalt servieren.

Crêpes de Mermelada de Naranja

Crêpes mit Orangenmarmelade

Carvalho beschloß das Mahl mit einem Brie und konnte danach dem Lockruf einiger Crêpes mit Orangenmarmelade nicht widerstehen. Darauf trank er zwei Tassen Kaffee und zwei Gläser Genever, um einen Schlußstrich unter den Geschmack der verschiedenen Genüsse zu ziehen, den er schon mehr im Gedächtnis als am Gaumen spürte. Die unvermeidliche Nach-Tisch-Philosophie beschäftigte Carvalhos Geist. «Die guten Genüsse sind immer im Gedächtnis.» Er sagte es mit lauter Stimme, so daß der Kellner näher kam, in der Meinung, er wolle etwas bestellen. Carvalho übersetzte ihm den Satz ins Englische, und der Kellner lächelte herablassend, aber an seinen Augen und an der Art, wie er sich wieder zurückzog, konnte man erkennen, daß er entweder mit Carvalhos Philosophie nicht einverstanden war oder die Nase voll hatte von diesem zeitraubenden Essen oder aber den letzten Sinn des Satzes nicht verstanden hatte.
Während er dem Kellner diese drei Kommunikationshindernisse zu erklären versuchte, kam Carvalho der Verdacht, etwas betrunken zu sein, denn unter solchen Umständen hatte er noch nie versucht, intellektuell mit einem Kellner anzubandeln.

(Carvalho und die tätowierte Leiche)

Für etwa 15 bis 20 Crêpes

250 g Mehl; 4 Eier; 1 Suppenlöffel Öl; 1 Suppenlöffel Öl; 1 Suppenlöffel Rum oder Kognak; 1 Prise Salz; 2 Eßlöffel Zucker; 1 Glas mit Wasser verdünnte Milch; 1 Glas Orangenmarmelade; Cointreau

Das Mehl mit dem Salz und einem der beiden Eßlöffel Zucker in eine Salatschüssel oder ein ähnlich geformtes Gefäß geben.
In der Mitte eine Vertiefung machen und die Eier, das Öl und den Kognak oder Rum geben. Mit einem Rührlöffel zu einem glatten Teig verrühren und langsam die mit Wasser verdünnte Milch zugeben.
Mit einem sauberen Tuch zudecken und eine Stunde ruhen lassen.
Ist der Teig zu fest geworden, noch etwas verdünnte Milch einrühren.
Um schneller arbeiten zu können, nimmt man zwei Pfannen von etwa 14 cm Durchmesser. So viel Öl verwenden, daß der Pfannenboden gut bedeckt ist, aber nicht mehr.
Einen Eßlöffel Teig in die Pfanne geben, diese am Stiel hochheben und mit einer Kreisbewegung rütteln, daß sich der Teil gleichmäßig verteilt. Es gibt Leute, die den Crêpe in der Luft wenden können, es ist aber vernünftiger, einen Teller zu Hilfe zu nehmen. Während ein Crêpe in der Pfanne backt, kann man den nächsten beginnen.
Ein Gefäß mit heißem Wasser mit Aluminiumfolie verschließen und darauf die Crêpes aufschichten, um sie warm zu halten.
Wenn sie fertig sind, die Crêpes auf eine Arbeitsplatte legen, in die Mitte einen großen Eßlöffel Orangenmarmelade geben und zusammenklappen. Nebeneinander auf eine Platte legen.
Den zweiten Eßlöffel Zucker in etwas Wasser auflösen und pro Person einen Eßlöffel Cointreau hinzugeben. Die Soße erhitzen und die Crêpes damit übergießen.

Camembert Rebozado con Confitura de Tomate

Gebackener Camembert mit Tomatenconfitüre

Er sprach nicht in Versen, obwohl er ein Dichter war, folgte aber einem geheimen Rhythmus, als er die Speisenfolge des Silvesterbanketts vortrug. Das Restaurant lag hundert Meter von der Kathedrale und ebenso weit von der Jefatura Superior de Policía entfernt, in einer Gasse mit dem schönen Namen «Copóns» – Hostienkelche. Der Name erinnerte Carvalho an die koffeinfreien Blasphemien seines Vaters, sein «Ich scheiße auf den Coupon», das sich aber nie zu einem «Ich scheiße auf den *copón*» gesteigert hatte.

«Vorspeise: Miesmuscheln mit Knoblauchmousse, Anchovis in Blätterteig, kleine Leckerbissen, dazu Sekt aus der eigenen Kellerei, Cava Odisea.»

«Ihr habt eine eigene Sektkellerei?»

Ohne mit der Wimper zu zucken, erklärte der Gastronom, daß auch noch ein Mas-Via-de-Mestres, Jahrgang 1973, zur Verfügung stehe.

«Endiviensalat mit Entenleber in Essig aus eigenen Weinen, Pastete mit Pilzen und *Fines Herbes*, Wolfsbarsch mit Austern und schwarzen Oliven, Wildschweinpfeffer mit Kastanienpüree, Sorbet von Kakifrüchten, panierter Camembert mit Tomatenkonfitüre, Mokka-Blätterteig, Gebäck nach Wahl und Kaffee.»

Zum Hauptgang gab es einen weißen Reserve Chardonnay Raimat und einen roten Odisea, Jahrgang 1978. Der *maître* wahrte Distanz zu ihnen, obwohl Carvalho wegen seiner Gänseleberspezialitäten oft bei ihm zu Gast war, aber er kannte Charo und Biscuter noch nicht. Dieser Fötus flößte mit seiner aufgesetzten Großtuerei wenig Respekt ein, Charo dagegen wußte sich zu benehmen, und ihre Schönheit kam vorteilhaft zur Geltung durch ein weißes Make-up und Lidschatten wie die Kameliendame in der letzten Etappe ihrer Rolle und ihres Lebens.

«Für fünftausend Piepen können Sie das schon alles herausrücken, Chef!»
Das «Chef» galt dem *maître*, dem Carvalho entschuldigend zuzwinkerte.
«Antonio, mein Freund ist nämlich ein Konkurrent von dir.»
«Besitzt er ein Restaurant?»
«Es ist eher ein Klo mit Küche als ein Restaurant, aber dort vollbringt er wahre Wunder.»
«Also, wenn ich die nötigen Voraussetzungen hätte, Chef, wenn ich die technischen Mittel hätte...!»
Das vorzügliche Menü ließ Biscuters kritische Reserviertheit immer mehr dahinschmelzen, so daß er schließlich jedesmal, wenn sich der Besitzer näherte, die Gelegenheit wahrnahm, um ihn zu loben. Als sie beim überbackenen Camembert mit Tomatenkonfitüre angelangt waren, ging er sogar so weit, dem *maître* die Hand zu drücken und so laut, daß es im halben Restaurant zu hören war, auszurufen: «Ich gratuliere Ihnen! Nur ein Genie kann auf den Gedanken kommen, einen Camembert zu überbacken!»
Der Wein und die Kalorien hatten sein Gesicht gerötet, und als er wieder am Tisch saß, gab er Charo ein Küßchen und erklärte: «Ich mußte das einfach sagen, weil es ein verdammt gutes Abendessen war, Chef, einfach großartig, und ich und Sie, Chef, wir beide können das beurteilen, weil wir etwas davon verstehen! Und Sie, Señorita Charo, müssen durch den Umgang mit uns auch schon eine Expertin sein. Uns führt man nicht so einfach mit ein paar Tricks hinters Licht. Wir wissen es zu schätzen, wenn gute Ideen gut ausgeführt sind. Korrekte Arbeit, stimmt's, Chef?»

(Die Rose von Alexandria)

½ Camembert pro Person; 1 geschlagenes Ei; weißes Mehl; Semmelbrösel; Öl; Marmelade von Tomaten (oder Brombeeren, Himbeeren, Erdbeeren oder Äpfeln)

Jedes Camembertstück einmehlen und dann im geschlagenen Ei wälzen.
In Semmelbröseln wälzen und in reichlich Öl sehr heiß braten und beiseite stellen.
Auf Küchenkrepp legen, damit das Fett aufgesaugt wird, und warm mit einer der Marmeladen servieren, am besten mit der Tomatenmarmelade.

Leche Frita

Milchschnitten mit Zucker und Zimt

«Jetzt fehlen nur noch die Milchschnitten.»
«Camps, verlangen Sie bloß nicht von mir, daß ich Ihnen das auch noch diktiere!»
«Es ist wie eine magische Formel für mich. Unbedingt wichtig!»
«Magisch? Wenn Sie meinen. Mischen Sie etwa 100 g Zucker mit 50 g Weizenmehl, geben Sie vier Tassen Milch dazu, und schlagen Sie es mit dem Schneebesen, während Sie noch ein kleines Stückchen Butter hinzufügen. Auf kleine Flamme setzen und weiterschlagen, bis es dick wird. Dann gießt man die Mischung auf eine Platte und läßt sie abkühlen und fest werden. Schneiden Sie die Masse dann in regelmäßige Vierecke, wälzen Sie sie in Mehl und Ei, braten Sie sie ganz leicht in sehr heißer Butter und servieren Sie sie mit Puderzucker bestäubt.»
Fusters Gähnen nahm zu, nicht an Lautstärke, sondern an Größe der Mundöffnung, und Carvalho erwartete schon, daß er jeden Moment zum Rückzug ansetzen würde. Er tat es, indem er zur Küche ging. Carvalho folgte ihm, um zu hören, was er ihm unter vier Augen zu sagen hatte.
«Nächstes Mal erzählst du mir vorher, welche Art von Vieh geschlachtet wird! Es geht über meine Kräfte, und ich nehme an, daß er bereits einen Steuer- und Finanzberater hat. Es wäre also mit meinem Bleiben nichts gewonnen.»

«Mir geht er genauso auf die Nerven wie dir, aber du bist entlassen. Ich brauchte dich, um das Eis zu brechen.»
«Nächstes Mal kassiere ich dafür!»
Als er sich von Camps verabschiedete, war er wundervoll oder bezaubernd. Er gab vor, früh aufstehen zu müssen und bat um sein Urteil und seinen Rat für den Kauf von Besteck, da er dabei sei, seine *menagerie* zu verändern. Er sprach es mit der korrekten Aussprache des radikal Frankophilen.
Camps lächelte verbindlich und verdrehte die Augen, um in den Schubfächern seines Gedächtnisses nach der passenden Antwort zu suchen.

(Schuß aus dem Hinterhalt)

1 l Milch; 60 g Zucker; Schale einer Zitrone; 1 Stück Zimtstange; ein Stück Vanilleschote; 100 g Mehl; 10 g Butter; 2 Eier

Die Milch mit dem Zucker, der Zitronenschale, dem Zimt und der Vanille kochen und durch ein Sieb geben. Die Hälfte in ein Gefäß geben, das auf dem Feuer steht.
Die andere Hälfte in eine Mischung aus dem Mehl, der Butter und einem Eigelb einrühren. Sofort anschließend auch die andere Hälfte, die auf dem Feuer stand, einrühren und unter ständigem Rühren zehn Minuten kochen lassen.
Sobald eine halbfeste Creme entstanden ist, in eine gefettete Form geben. Sobald sie abgekühlt ist, in kleine Vierecke von etwa drei Zentimeter Kantenlänge schneiden. Diese in Mehl und geschlagenem Ei panieren und in Olivenöl oder Butter braten.
Kann vor dem Servieren mit Puderzucker bestäubt oder flambiert serviert werden.

Variante: Zwölf Stücke davon in eine Edelstahlpfanne geben, mit Puderzucker bestäuben und braten. Sobald sie zu bräunen beginnen, den Saft einer halben Orange und ein Gläschen roten Grand Marnier angießen, anzünden und die Pfanne rütteln, bis die Flamme erloschen ist. In vier Schalen auf einem Stück weißem Nougateis anrichten und mit der Flambierflüssigkeit übergießen.

Profiteroles y Terrina de Naranja al Marnier

Profiteroles und Orangendessert mit Grand Manier

«Niemand weiß heute, was ein alter Mensch ist. Nur die Alten wissen es, und ich fühle mich noch nicht alt. Denk mal dran, daß man sogar das Wort dafür verschwinden lassen hat. Man spricht von Leuten im ‹Seniorenalter›. Das erinnert mich an die Franco-Zeit, als die Arbeiter Produzenten genannt wurden. Arbeiter zu sein war politisch unanständig und gefährlich. Alt sein ist biologisch unanständig und gefährlich.»

«Mach mich nicht noch trauriger, Pepe! Komm, freu dich und trink!»

Er fürchtete Charo, wenn sie aufdrehte und die trinkfreudige Südländerin herauskehrte, die in ihr steckte.

«Mensch, dieser Wein ist toll, ganz super, Pepe!»

«Was hat Bromuro?»

«Ach, Pepe, ich muß gleich heulen. Warte damit bis zum Nachtisch. Was gibt es als Nachtisch, Pepe?»

«Zum Beispiel Orangendessert mit Grand Marnier, oder *profiteroles.*»

«Dann nicht. Sprechen wir lieber jetzt über Bromuro, weil ich eine Naschkatze bin und den Nachtisch gutgelaunt genießen will.»

«Das mit Bromuro paßt besser zu Foie gras.»

«Du wirst mir noch den Appetit daran verderben, Pepe. Wirklich, es war alles so traurig... Hast du mal Bromuros Unterhosen gesehen?»

«Nein.»

«Ich hatte nicht daran gedacht, etwas zu ihm zu sagen, und als ich ihn am ersten Tag dort hinbrachte, ich weiß nicht, ob vor den Scanner oder zum Röntgen oder zur Radiographie der inneren Organe, was weiß ich, was die alles untersucht haben, jedenfalls, Pepe, als der Ärmste in Unterhosen dastand, wußte ich nicht, wo ich hinschauen sollte. Unterhosen von dem Kaliber, wie sie mein Vater anhatte. Geflickt, mit Urinflecken, und das Unterhemd sah aus wie ein Lumpen, sauber, aber in Fetzen. ‹Mann Gottes›, sagte ich zu ihm, als die Schwester mal draußen war, ‹hattest du nichts Besseres anzuziehen?› Da war er beleidigt, der Gute, und sagte, die ganze Unterwäsche sei völlig unwichtig, wir seien nackt auf die Welt gekommen und nackt würden wir sie auch wieder verlassen, und auf dem Rußlandfeldzug habe er sich Zeitungen statt Unterhosen umgelegt. Außerdem hätte Franco die Sozialklinik gegründet, damit der Arbeiter zum Arzt gehen könnte, wie er Lust habe. Das mit Franco sagte er, als die Schwester schon wieder im Zimmer war, und die machte vielleicht Augen, ich dachte schon, Charo, die bringt ihn noch um, und dann grinste ich, wie wenn Bromuro verrückt wäre, und sagte: ‹Was du wieder alles erzählst.› Die Schwester war schon sauer und fragte mich, ob er mein Vater sei, und mir war das peinlich, daß Bromuro mein Vater sein sollte, in diesen Unterhosen und diesem Hemd, und ich sagte schnell Nein, so schnell, daß es Bromuro auffiel, und da wurde er noch trauriger, Pepe, ich bekam einen richtigen Kloß in der Kehle und wurde auf mich selbst wütend. Also sagte ich: ‹Er ist genau wie ein Vater für mich.› Da war der Alte gerührt.»

(Schuß aus dem Hinterhalt)

Profiteroles

125 ml Wasser; 85 g Butter; 75 g Mehl; 4 Eier; Salz; steif geschlagene Sahne

Das Wasser mit der Butter und dem Salz zum Kochen bringen. Vom Feuer nehmen und das Mehl einrühren. Wieder aufs Feuer stellen. Wenn die Mischung am Boden und an den Seiten anzuhängen beginnt, herunternehmen, die Eier nacheinander einrühren und einen glatten Teig herstellen.
Mit der Spritztüte walnußgroße *profiteroles* auf ein gefettetes Blech spritzen. Mit geschlagenem Ei einpinseln und bei mittlerer Temperatur im Backofen backen.
Abkühlen lassen und etwas oberhalb der Mittellinie durchschneiden. Mit Schlagsahne füllen, den Deckel aufsetzen und mit Puderzucker bestreuen.
Mit halbbitterer, heißer Schokoladensoße servieren.

Orangendessert

Für vier Personen

1 kg Orangen; 250 g Zitronen; 5 g Gelatine in dünnen Scheiben; 1 Glas Grand Marnier; 100 g Zucker; Saft von Orangen und Zitronen

Die Orangen schälen, in Spalten teilen und in Stücke schneiden. In eine Schüssel geben und Orangen- und Zitronensaft dazugeben. Mit dem Zucker und dem Glas Grand Marnier vermischen. Die Gelatine im Wasserbad vorbereiten und darüber gießen.
Zwei Stunden in den Kühlschrank stellen. Vor dem Servieren nach Belieben garnieren.

Higos Rellenos a la Siria

Gefüllte Feigen nach syrischer Art

«Interessieren Sie sich sehr für Fußball?»
Der PR-Manager drehte sich um und kalkulierte die Wirkung, die seine Antwort haben könnte. «Als Sportart finde ich ihn eine

dumme Geschmacklosigkeit, als soziologisches Phänomen ist Fußball faszinierend.»

Damit ging er endgültig und hörte nicht mehr, wie Carvalho mehr zu sich selbst sagte: «Ein Soziologe. Das hat gerade noch gefehlt.»

Carvalho dachte über die Fragen nach, die er hätte stellen sollen und nicht gestellt hatte, und wurde erst aus seinen Gedanken gerissen, als Biscuter vom Einkaufen zurückkam, bepackt mit allen Einkaufstüten dieser Welt. Der kleine Mann keuchte und blies dabei die letzten blonden, langen Härchen gen Himmel, die er noch hatte. «Diese Treppe bringt mich noch einmal um, Chef.»

«Hast du die ganze Markthalle aufgekauft?»

«Der Kühlschrank war leer, Chef. Und ich gehe diese Treppe lieber einmal runter und rauf als zwanzigmal. Ich habe Schweinskopf und -öhrchen gekauft. Damit mache ich Ihnen *farcellets de cap-i-pota* mit Trüffeln und Scampi. Keine Sorge, ich mache sie *light*, mit wenig Fett. Aber etwas Fett braucht der Körper, sonst quietscht er wie eine eingerostete Tür. Hinterher gibt es Feigen auf syrische Art, mit Nüssen gefüllt und in Orangensaft gekocht. Kalorienarm. Statt des vielen Zuckers nehme ich Honig.»

«Du liest zuviel, Biscuter.»

«Sie sollten sich mal die *Gastronomische Enzyklopädie* ansehen, die ich mir auf Raten gekauft habe! Kaum zu glauben, wie kompliziert das mit dem menschlichen Verstand ist. Was glauben Sie, wer die Idee hatte, Feigen mit Nüssen zu füllen und in Orangensaft zu kochen?»

«Wahrscheinlich ein Syrer.»

(Schuß aus dem Hinterhalt)

500 g ganze getrocknete Feigen ohne Stiele;
25 cl Orangensaft; 1 Eßlöffel Zitronensaft; 1 Eßlöffel geriebene Zitronenschale; 150 g Zucker;
150 g geschälte Mandeln oder Walnüsse

In einem Topf die Säfte, die Zitronenschale und drei Eßlöffel Zucker mischen. Die Feigen dazugeben und alles zum Kochen bringen.
Topf schließen und auf kleiner Flamme kochen, bis die Früchte weich sind (30–60 Minuten).
Feigen abtropfen und abkühlen lassen.
Wenn sie kalt sind, mit einem scharfen Messer dort einschneiden, wo der Stiel saß, und in jede Feige eine Mandel oder Walnuß stecken.
Feigen schließen und im restlichen Zucker wälzen.
Auf ein Gitter legen und über Nacht trocknen lassen.
Man kann sie direkt verzehren oder in einem Glas mit Schraubverschluß aufbewahren, wobei man zwischen die einzelnen Schichten gewachstes Papier legt.

Rezeptverzeichnis

Alltägliche Kleinigkeiten

Die Einsamkeit der Langstreckengerichte

Die Küche der läßlichen Sünden

Die Küche der Todsünden

Essen – ein Genuß ohne Reue

Manuel Vázquez Montalbán

«Der originellste Neuzugang, den die Gilde der Detektive in den letzten Jahren erhielt, kommt nicht aus Amerika, sondern aus Spanien. **Manuel Vázquez Montalbáns** Detektiv heißt José Pepe Carvalho und ist in Barcelona zu Hause. Er hat in seiner Jugend der Kommunistischen Partei nahegestanden, dann aber eine ganze Weile für die CIA gearbeitet. Aber immer ist Carvalho ein großer Feinschmecker und ein vorzüglicher Koch geblieben - und auch anderen leiblichen Genüssen nicht abgeneigt.»
Radio Bremen

Carvalho und der Mord im Zentralkomitee
(thriller 2717)

Carvalho und die tätowierte Leiche
(thriller 2732)

Carvalho und der tote Manager
(thriller 2680)

Manche gehen baden
(thriller 2834)
Ausgezeichnet mit dem zweiten Preis des Deutschen Krimi-Preises 1989.

Schuß aus dem Hinterhalt
(thriller 2955)

Tahiti liegt in Barcelona
(thriller 2698)
«Montalbán entwirft Personen, die einem im Gedächtnis bleiben, vom sportlich-dynamischen Aufsteiger über den korrupten Aristokraten bis zum innerlich verwahrlosten Millionärstöchterlein.»
Süddeutscher Rundfunk

rororo thriller

Die Vögel von Bangkok
(thriller 2772)
«... ein schönes, lebendiges und todtrauriges Buch.»
FAZ

Zweikampf *Drei Carvalho-Stories*
(thriller 2909)

Zur Wahrheit durch Moral *Drei Carvalho-Stories*
(thriller 2930)

Lauras Asche *Drei Carvalho-Stories*
(thriller 2882)

Ich tötete Kennedy *Eindrücke, Beobachtungen und Erinnerungen eines Leibwächters*
(thriller 2893)

«Wer einmal dem Charme des nordspanischen Schnüfflers Pepe verfallen ist, wird sowieso alle seine Abenteuer kennlernen wollen.» Viva